地域文化研究叢書・嶺南文化叢刊

嶺南人物與近代思潮

上冊

宋德華　著

目次

「嶺南學叢書」緣起

　　吾國土地廣袤，生民眾多，歷史悠遠，傳統豐碩。桑田滄海，文化綿延相續，發揚光大；高谷深陵，學術薪火相傳，代新不已。是端賴吾土之凝聚力量者存，吾民之精神價值者在。斯乃中華文化之壯舉，亦人類文明之奇觀。抑另觀之，則風有四方之別，俗有南北之異；學有時代之變，術有流別之異。時空奧義，百轉無窮；古今存續，通變有方，頗有不期而然者。

　　蓋自近代以降，學術繁興，其變運之跡，厥有兩端，一為分門精細，一為學科綜合。合久當分，分久宜合；四部之學而為七科之學，分門之學復呈融通之相，亦其一例也。就吾國人文學術言之，舊學新學，與時俱興，新體舊體，代不乏人。學問之夥，蓋亦久矣。是以有專家之學，許學酈學是也；有專書之學，選學紅學是也。有以時為名之學，漢學宋學是也；有以地為名之學，徽學蜀學是也。有以範圍命名之學，甲骨學敦煌學是也；有以方法命名之學，考據學辨偽學是也。外人或有將研究中國之學問蓋稱中國學者，甚且有逕將研究亞洲之學問統名東方學者。是以諸學之廣博繁盛，幾至靡所不包矣。

　　五嶺以南，南海之北，或曰嶺表嶺外，或稱嶺海嶺嶠；以與中原相較，物令節候殊異，言語習俗難同，蓋自有其奇胲者在。嶺南文化，源遠流長。新石器時代，已有古人類活動於斯；漢南越國之肇建，自成其嶺外氣象。唐張曲江開古嶺梅關，暢交通中原之孔道；韓昌黎貶陽山潮州，攜中原文明於嶺表。宋寇準蘇東坡諸人被謫之困厄，洵為嶺隅文明開化之福音；余靖崔與之等輩之異軍突起，堪當嶺

外文化興盛之先導。明清之嶺南，地靈人傑，學術漸盛。哲學有陳白沙諶甘泉，理學有黃佐陳建，經史有孫屈大均，政事有丘濬海瑞。至若文學，則盛況空前，傳揚廣遠，中土嘉許，四方矚目，已非僅嶺南一隅而已。明遺民詩家，自成面目；南園前後五子，各領風騷。韶州廖燕，順德黎簡，彰雄直狷介之氣；欽州馮敏昌，嘉應宋芷灣，顯本色自然之風。斯乃承前啟後之關鍵，亦為導夫先路之前驅。晚清以還，諸學大興，盛況空前。其穎異者，多能以先知先覺之智，兼濟天下之懷，沐歐美之新風，櫛西學之化雨，領時代之風騷，導歷史之新潮，影響遠播海外，功業沾溉後世。至若澳門香港之興，則嶺海之珠玉，亦華夏之奇葩；瞭望異邦，吾人由斯企足；走向中國，世界至此泊舟。故曰，此誠嶺南之黃金時代也。然則嶺南一名之成立，則初由我無以名我，必待他者有以名我而起，其後即漸泯自我他者之辨，而遂共名之矣。

　　晚近學者之矚目嶺南，蓋亦頗久矣。劉師培論南北學派之不同，嘗標舉嶺南學派，並考其消長代變；汪辟疆論近代詩派與地域，亦專論嶺南詩派，且察其時地因緣。梁任公論吾國政治地理，言粵地背嶺面海，界於中原，交通海外；粵人最富特性，言語習尚，異於中土；蓋其所指，乃嶺南與中原之迥異與夫其時地之特別也。梁氏粵人，夫子自道，得其精義，良有以也。斯就吾粵論之，其學亦自不鮮矣。有以族群名之者，若潮學客家學；有以宗派名之者，若羅浮道學慧能禪學；有以人物名之者，若黃學白沙學。晚近復有以各地文化名之者，若廣府、潮汕、客家、港澳，以至雷州、粵西、海南之類，不一而足；且有愈趨於繁、愈趨於夥之勢。

　　今吾儕以嶺南學為倡，意在秉學術之要義，繼先賢之志業，建嶺南之專學，昌吾土之文明。其範圍，自當以嶺南為核心，然亦必寬廣遼遠，可關涉嶺南以外乃至吾國以外之異邦，以嶺南並非孤立之存

在，必與他者生種種之關聯是也。其方法，自當以實學為要務，可兼得義理考據、經濟辭章之長，亦可取古今融通、中西合璧之法，冀合傳統與現代之雙美而一之。其目標，自當以斯學之成立為職志，然其間之思想足跡、認識變遷、求索歷程均極堪珍視，以其開放相容之性質，流動變易之情狀，乃學術之源頭活水是也。倘如是，則或可期探嶺外之堂奧，究嶺表之三靈，彰嶺嶠之風神，顯嶺海之雅韻也。

考鏡源流，辨章學術，為學當奉圭臬；學而有法，法無定法，性靈原自心生。然何由之從而達於此旨，臻致此境，則時有別解，地有歧途；物有其靈，人有其感；惟所追慕嚮往者，則殊途同歸、心悟妙諦之境界也。吾輩於學，常法樸質之風；吾等之懷，恒以清正為要。今此一名之立，已費躊躇；方知一學之成，須假時日。嶺南學之宣導伊始，其源遠紹先哲；嶺南學之成立尚遠，其始乃在足下。依逶迤之五嶺，眺汪洋之南海；懷吾國之傳統，鑒他邦之良方；願吾儕之所期，庶能有所成就也。於時海晏河清，學術昌明有日；國泰民安，中華復興未遠。時勢如斯，他年當存信史；學術公器，吾輩與有責任。

以是之故，吾等同仁之撰著，冠以嶺南學叢書之名目，爰為此地域專學之足音；其後續有所作，凡與此相關相類者，亦當以此名之。蓋引玉拋磚，求友嚶鳴，切磋琢磨，共襄學術之意云耳。三數書稿既成，書數語於簡端，略述其緣起如是。大雅君子，有以教之；匡其未逮，正其疏失，是吾儕所縈望且感戴焉。

左鵬軍

丁亥三秋於五羊城

前言

　　中國近代，是一個急劇變化而又迅速前行的時代，與此相伴，近代思潮也獲得了前所未有的發展。當人們研究這一思潮的時候，不難發現一個十分顯著的歷史現象，就是嶺南人物與近代思潮之間，有著非常密切的關係。順著學界慣常所論的經世致用思潮、太平天國思潮、洋務思潮、早期改良思潮、維新思潮、民主革命思潮乃至新文化思潮的序列數下來，可以舉出一大批引領這些思潮，甚至往往在其中充當主要代表的嶺南著名人物。嶺南人物在中國思想文化史上佔有如此重要的歷史地位，這在鴉片戰爭前是難以想像的。本書以嶺南人物與近代思潮為研究主題，就是試圖通過嶺南人物這一特定的視角，對近代思潮表達出更加具體而深入的認識。限於筆者的學力，研究的範圍並不寬廣，只選擇了部分自認為較有代表性的專題進行了探討。第一編洪秀全與太平天國思潮，集中研究了洪秀全早期思想演變的歷程和拜上帝教與中西文化之間的關係這兩大問題。關於前者，作者不同意過早認定洪秀全有發動農民起義思想的傳統觀點，而認為是在經過救世意識、布道理論這兩個階段的鋪墊並與現實鬥爭緊密結合之後，洪秀全才走上了武裝開創新朝的道路；關於後者，指出拜上帝教雖然是中西文化結合的最早產物之一，但其結合的畸形性十分突出，表現在結合的內容極為混雜，對中西文化隨意改造並導致其嚴重扭曲，利用文化作為工具的功利心太重，等等，給後人留下了深刻的歷史教訓。第二編康有為與維新思潮，是作者用功較多的部分。其中，對康有為早期新世界觀的形成、康有為多次上書與中國知識分子政治意識

覺醒之間的關係、康有為的變法指導思想和西方富強觀、維新派對列強的矛盾態度等學界較少涉及的問題作了系統全面的論述。在重新解讀舊文獻和充分利用新史料的基礎上，著重探討了一系列有關康有為及維新思潮的重要問題，如怎樣恰當評價康有為的「君權變法」思想，康有為「大同三世」說形成與演變的過程，戊戌時期維新派的政治綱領有沒有倒退，如何認識早期維新派的議院觀，維新派為何要保救光緒皇帝，慈禧太后究竟反不反對變法，等等，提出了筆者獨自的見解，並就不同看法的分歧之點作了比較細緻的辨析，多有與學界商榷的意見。

第三編梁啟超與君主立憲思潮，將梁啟超君主立憲思想的演變分為萌芽、發展、蛻變、成熟與轉向等四個時期，主要對後三個時期演變的原因、基本內容、產生的影響等作了比較詳盡的闡述。筆者指出：第二時期梁啟超銳氣猶存，與時俱進，在批判清朝的專制主義、宣揚民權論和新民說等方面作了很大努力，與革命派相互呼應，異曲同工，值得充分肯定；第三時期梁啟超受制於改良的根本立場，錯誤分析中西國情差異，堅決反對民主共和，其君主立憲思想明顯倒退，並一度陷入「開明專制」論的泥沼；第四時期梁啟超寄希望於清朝的預備立憲，對君主立憲的理論和原則作了全面論述，但最終絕望於清朝的冥頑不靈，被迫倒向共和。

第四編孫中山與民主革命思潮，一方面就如何認識孫中山早期政治思想演變的過程及其性質、如何評價孫中山與康梁派的合作嘗試及其失敗原因等學界尚存爭議的問題進行討論，力圖盡量減少主觀好惡因素的影響而進行更為客觀辯證的分析，得出新的結論；另一方面，為了豐富和深化對孫中山思想的研究，進一步探討了孫中山力主「建立民國」的近代化意義、民國建立前後孫中山民權主義思想的變化、孫中山一生信守的「革命程序論」的前後差異等問題，將孫中山置於

特定的時代背景之中，既深刻理解和高度評價孫中山的時代先進性，同時也指出其思想發展過程中的起落變化，以便更好地接受或借鑒這位偉人所留下的思想遺產。

　　嶺南人物與近代思潮是一個大課題，本書所論只是其中的一些點，這樣的點還很多，值得筆者與學界同仁們繼續努力探求。

宋德華

二〇〇七年十月八日

第一編
洪秀全與太平天國思潮

從傳教救世到開創新朝

　　洪秀全成為太平天國的開創者和領導者之前，曾是熱衷科舉功名的鄉村塾師。他由傾心仕途到決意武裝倒清，其間經歷了一個長期的發展變化過程。如何認識洪秀全早期思想演變的原因、基本性質以及內容，還值得深入探究。

一　救世意識是洪秀全拜上帝的思想基礎

　　研讀《勸世良言》之後開始拜上帝，是洪秀全早期思想中最令人注目的一次轉變。一個中國封建社會的知識分子，為什麼會仰拜陌生的西方上帝？對此，學者們有過多種解釋。我認為，其原因是洪秀全這時（1843年左右）具有了救世意識的思想基礎，拜上帝不過是他救世意識的昇華和宗教化。

　　洪秀全的救世意識主要是在其科舉功名理想逐漸破滅的過程中產生的。

　　在一段較長時間裏，洪秀全作為一個出生於普通農民家庭的讀書人，與中國農村中一般封建士子所走的道路沒有什麼顯著的不同。從十六歲起的十五年中，他先後四次赴廣州應試，表現出強烈的功名事業心。他學業成績優異，鄉人皆知，在縣城考試也是名列前茅，但赴廣州府試卻每次都失敗了。這不能不使他精神上受到很大的刺激。起

初，還只是因「道試不售，多有抱恨」。[1]接著，就由這種怨恨中引發出強烈的憤世情緒。在1837年落第後的大病中，他幾度神智紊亂，做幻夢，見「異象」，自言當皇帝，嚴詞斥妖魔，對個人的科場厄運和封建的正統觀念表示了浪漫的挑戰。最後，落榜的一再打擊，終於導致了他與科舉功名的決裂。1843年第四次落第一回家，他就氣憤謾罵，將經史典籍盡棄於地，發誓自己開科取士。[2]浪漫的挑戰變成了現實的抗議。

斷念於科舉後的洪秀全，轉而更加關心和注重社會現實。在鴉片戰爭後日益動盪不安、危機四伏的時局環境的深刻影響下，他對社會的不滿逐漸代替了對科場失意的不滿。他經常慷慨激昂地抨擊時政，將清王朝對「十八省」、「中土」、「五萬萬兆之華人」的統治視為奇恥大辱，對鴉片戰爭以來金銀外流、國困民窮的災難深感痛心，為中國的命運和前途拍案三歎。[3]他憤懣、苦悶、憂鬱，苦苦思索能夠拯救自己、拯救民族、拯救社會的方法，「救世」之念開始成為他思想意識上的主題。這是當時普遍存在於下層群眾中的反清思想在洪秀全頭腦中的特殊表現。需要說明的一點是，這種救世之念，此時尚未達到可用明確的語言表達出來的程度，它還處於朦朧的醞釀狀態之中，就如命運多蹇的猶太民族醞釀產生宗教救世主觀念時一樣。

正是這種萌芽中的救世意識，使洪秀全對《勸世良言》產生了濃厚的興趣，並受到它的重大影響。《勸世良言》一書洪秀全早在1836年就得到了，可是當時他求功名心切，對此書稍一流覽便束之高閣，

---

1 《洪仁玕自述》，《太平天國》第二冊（上海市：神州國光社，1952年），頁847。下引該書同此版本，不再另注。

2 簡又文：《太平軍廣西首義史》（北京市：商務印書館，1944年），頁82。

3 《英傑歸真》，《太平天國印書》下冊，（南京市：江蘇人民出版社，1979年），頁761。下引該書同此版本，不再另注。

現在他卻「潛心細讀」，並因此而「大覺大悟」，[4] 其原因就是由於書中的某些內容符合了他的思想需要。

《勸世良言》是一本宣傳基督教的通俗性小冊子。作者梁發是位虔誠的基督教徒，他編寫此書的根本目的，是要用基督教的精神浸染人心，使更多的中國人信教。為此，書中聯繫中國社會實際，對基督教教義作了系統而又簡明的宣講。洪秀全當時並不具備梁髮式的一心信教的思想基礎。他一開始就是以自己思想需要的眼光來看待《勸世良言》，書中許多前所未聞的新東西和宗教救世精神引起了他的強烈共鳴，並從中受到啟示。這部書宣傳一神教，把上帝描繪成無所不在、無所不知、無所不能，比人間君王更加至高無上的自然神和人格神；宣稱一切人類不分貴賤都是上帝的子女，都有拜上帝的權力；反對偶像崇拜，對各種偶像進行了批判；揭露中國社會的一些「顛倒乾坤，變亂綱常，以惡為善……詭詐欺騙，強暴淩虐」的弊病；[5] 指出一條通過拜上帝而獲得天堂永樂、免除地獄永苦的修善去惡的道路……。所有這些，為洪秀全的厭惡清朝政府，不滿社會現實，企圖使人們擺脫清朝的黑暗統治和嚴密控制，提供了一種最初的理論依據和行動方法。

因此，他一方面把基督教關於上帝、耶穌、原罪、不拜偶像、天堂地獄等教義，作為新的信仰和理論加以接受，自行洗禮信教，將原來所崇拜而又沒有庇祐他考取秀才的偶像──孔子的牌位棄去；一方面又進一步完全按照自己的理解和臆想對書中的某些詞句進行穿鑿附會，把自己想像為中國的救主：「每見書中有『全』字則輒以為是指其本名秀全」，把《舊約》詩篇中的「聲聞全世」解釋為「秀全的世

4　《太平天國起義記》，《太平天國》第六冊，頁846。
5　《勸世良言》，《近代史資料》1979年第2期，頁16。

界」，把「全然公義」解釋為「秀全是公義比黃金更可羨慕」，並「以為『天國降臨』即是指中國，而上帝選民乃指中國人及洪秀全」，相信「自己確為上帝所特派以拯救天下——即是中國——使回到敬拜真神上帝之路者」。[6]他把自己的世俗觀念宗教化，又把宗教觀念世俗化，就在這種半是虔誠、半是不敬的態度中，他的救世意識得到很大發展。

這裏有必要特別提一下洪秀全的所謂「異夢」。洪秀全自云《勸世良言》使他回憶起六年前病中所做的幻夢，而從書中找到瞭解釋「夢兆」的關鍵，並覺得書中所言與夢中所見多處相符，因而把《勸世良言》稱為上帝特賜的天書。這一點常使後人感到困惑莫解。事實果真如此，還是純屬洪秀全的蓄意編造？顯然都不是。聯繫洪秀全在此之前的生活經歷和思想發展，似可作兩方面的解釋。一方面，他的那場大病是因屢遭科場失意的打擊、精神受到嚴重傷害的結果，它所造成的創傷一直沒有也不可能完全癒合。他在病中所做的那個「皇帝夢」，不僅表現而且加強了他的憤世情緒。他不能忘記在夢中當過一回受命於天的「真命天子」，而現實處境又只允許他將其視為一個虛無飄渺的幻夢。讀《勸世良言》之後，書中的宗教語言誘發了他對「異夢」的回憶，應該說是十分自然的。另一方面，洪秀全讀《勸世良言》的真實結果，是發展了他的救世意識。但是，他不願意直接承認這是由於他自己思想的需要和書中內容的啟迪。他要為尊奉「大異於尋常中國經書」[7]的《勸世良言》和信仰被視為邪教的基督教，為自己不符合封建正統思想的異端意識，尋找一個強有力的根據。他像其它生活在封建社會的迷信的人們一樣，把「夢兆」這種虛幻的經驗

6　《太平天國起義記》，《太平天國》第六冊，頁848-850。

7　《太平天國起義記》，《太平天國》第六冊，頁846。

看得更為重要。他的「夢兆」由於開始出現時就部分取材於宗教（洪秀全1836年曾在廣州街頭聽外國人講演基督教義，並流覽過《勸世良言》），因而後來回憶時恰好與《勸世良言》中的某些內容相吻合，所以似乎顯得真實和更加神秘。它對洪秀全的思想發展起了推波助瀾的作用，進一步加強了他的救世意識。

這種救世意識就成為洪秀全開始拜上帝的思想基礎。它本來產生於現實生活的土壤，其實質內容是反清。但由於它一出土就飽吸了宗教思想的養分，因而顯出一副被歪曲了的面目。它穿著宗教的外衣，說著宗教的語言，它的世俗內容完全採取了宗教的形式，救世意識集中表現為宗教救世主意識。

有不少研究者認為，洪秀全是為了發動農民起義而拜上帝的。這種看法值得商榷。

誠然，洪秀全的信教，既不是由於基督教教義的感化，也不是要做一名虔誠的基督信徒。他的「『宗教感情』本身是社會的產物」，[8]他拜上帝是出於自己世俗的目的。但這個世俗目的還只是救世，而不是發動農民起義。當時由於各種條件的限制，洪秀全還不可能產生農民起義思想。從主觀上說，他才剛剛擺脫功名心的束縛，不會突然由登科致仕的抱負中迸發出明火執仗地造反的念頭。他雖然對清政府的黑暗統治嚴重不滿，但又「獨恨中國無人」，不知道改變這個黑暗社會的力量所在。《勸世良言》的影響使他將自己看做是中國的救主，把勸人拜上帝、傳播上帝真道作為救世的惟一方法。從客觀上說，儘管洪秀全看到了群眾的反抗鬥爭，提出了「貧者安能守法」[9]的大道理，但他畢竟還置身於實際的階級鬥爭之外，對廣大被壓迫群眾的利

---

8 《關於費爾巴哈的提綱》，《馬克思恩格斯選集》第一卷（北京市：人民出版社，1972年），頁18頁。下引該書同此版本，不再另注。

9 《英傑歸真》，《太平天國印書》下冊，頁761。

益和要求缺乏深切的感受，不會去自覺充當他們的首領。

實際情況也是如此。洪秀全的信教，是因為「覺得已獲得上天堂之真路，與及永生快樂之希望」[10]。這只是出於一種抽象的精神信仰，而不是出於明確的政治目的。他最初的傳教活動，還只是以好友、家人和族人為對象的普遍的宗教宣傳活動，既無組織可言，也不是掩飾某種政治意圖的手段。他外出傳教，是由於在本村受到了挫折，希望在外鄉找到較多的拜上帝的信徒和獲得對「先知」的尊敬，並沒有預定的計劃和確切的目的，更非宣傳革命，尋找開創革命大業的根據地。他從廣東珠江三角洲到廣西貴縣賜穀村沿途的活動，還只限於勸人皈依上帝、去惡從善的宗教宣傳，並沒有對群眾進行艱苦細緻的組織、發動工作。正因為如此，他受到了社會的冷遇，幾個月的傳教成績微乎其微，受他感化而願拜上帝的人並不多，就是這很少一部分人也不都是出於真心信教。同洪秀全一道外出傳教的三人中，有兩人早因「厭倦行程」半途而返[11]；始終相伴的馮雲山因與洪秀全「語言有拂逆」[12]，兩人各奔東西，兩年之中不通音信。這也證明洪秀全等人的外出傳教並不是有組織地發動農民起義。還有一點要指出的是，洪秀全當時不僅不可能想到發動農民起義，而且與正在開展的群眾鬥爭無論在認識或行動上都有相當的距離。他沒有投身於廣州人民轟轟烈烈的反對外國侵略者的愛國鬥爭，相反還在1847年去廣州外國傳教士那裏閱讀《聖經》，企求洗禮，被派往鄉下布道。他與兩廣頻繁不斷的會黨活動幾乎沒有聯繫，反而向群眾宣揚「安貧」、「戒殺」，反對所謂「聚黨橫行」。[13]他還不相信農民起義能成大事，他對

10　《太平天國起義記》，《太平天國》第六冊，頁346。
11　同上書，頁852。
12　《太平天日》，《太平天國印書》上冊，頁45。
13　《原道救世歌》，《太平天國印書》上冊，頁12-13。

自己傳教救世的方式充滿了信心和希望。

由於救世意識是洪秀全拜上帝的思想基礎，這使他的宗教活動不僅僅是一種個人的活動，而且是一種對社會具有影響的活動。他也的確由於拜上帝，一開始就與周圍的社會發生了衝突。迷信的人們對洪秀全的拜上帝表示了一種本能的懷疑和敵視，指責他幹「瘋狂愚蠢之事」。他因不拜孔子而失掉了教席，更因不肯遵囑歌頌偶像而與鄉村父老發生了糾紛。但這種逆境並未使他沮喪和屈服。儘管他的基督教知識還是這樣膚淺，以至於時而「以紙書上帝之名」而拜之，時而「用香燭紙帛以拜上帝」[14]，卻並不妨礙他信教的決心和傳教的勇氣。他的宗教激情與其說是來自對於宇宙間至善至美的上帝的崇敬，不如說是來自對於人世間至深至重的苦難的悲憤。惟其如此，他才開始對中國舊的神權、族權等表示了一種不妥協的反抗態度。他像過去執著地追求功名一樣，狂熱地宣揚上帝，為此他寧可犧牲自己的教席、名譽、與親戚朋友的情感、對家鄉故土的眷念，他要做救苦救難的布道者，要為自己的救世理想而奮鬥不息。這個理想推動他從家鄉一隅走向廣闊的社會，深入廣大下層群眾。因此，在此意義上我們又可以說，救世意識不僅是洪秀全拜上帝的思想基礎，也是他後來與農民階級的利益和要求相結合的思想基礎。

二　布道理論是吸收改造耶教和儒學的產物

從1845年起，為了更好地傳教救世，洪秀全開始了拜上帝理論的創立工作，先後寫下了《百正歌》、《原道救世歌》、《原道醒世訓》、《原道覺世訓》等文章，形成了他的布道理論（我們將此稱做「布道

14　《太平天國起義記》，《天平天國》第六冊，頁850、858。

理論」，是根據洪秀全撰寫這些文章的目的，在於用「正道」來救世覺民）。如果說，救世意識是洪秀全早期思想的胚胎，那麼，布道理論則表明了他早期思想的成熟。

從思想淵源來看，洪秀全的布道理論與基督教和儒學有著非常密切的關係。他根據自己的救世需要，從耶教和儒學中分別吸取了思想資料。從基督教中主要接收了關於上帝是真神、偶像是妖魔、人皆上帝子女、耶穌降生救世等教義；從儒學中主要採用了三代之世、大同理想、賢人正德等觀念，並進一步用中國的歷史傳統比附基督教教義（如證明三代皆拜上帝），用基督教教義渲染儒家思想（如將「正人正己」塗上「天條」、「天誡」的色彩），在對二者進行嚴格取捨的同時，使二者得到了成功的結合，產生了一個精神上的混血兒。

綜觀洪秀全的布道理論，主要具有三方面的內容，這就是以拜上帝為核心的宗教思想，以「大同之世」為模式的社會思想，以「正人正己」為旗幟的倫理思想。

洪秀全主張一切人都應不分貴賤地拜上帝，這方面他的論述很多，如：「開闢真神惟上帝，無分貴賤拜宜虔」、「上帝當拜，人人所同」[15]，等等。由此，他進一步闡明人們之間的相互關係應該是：「天下多男人，盡是兄弟之輩，天下多女子，盡是姊妹之群」，「天下總一家，凡間皆兄弟」。[16]這些話，經常被引來作為洪秀全具有「政治平等」思想的證明。的確，在這些詞句中有著某種「平等」觀念。但這是一種什麼樣的「平等」呢？通觀全篇，在上下文的聯繫中洪秀全自己已經說得很清楚：普天下人群之所以都是兄弟姊妹，是因為他們有一個共同的「天父」，他們的姓氏同出於一個「原祖」，他們的靈魂都

---

15 《原道救世歌》，《太平天國印書》上冊，頁10。
16 《原道醒世訓》、《原道覺世訓》，《太平天國印書》上冊，頁15、16。

來自上天。因而，無論君王還是百姓，都應平等地敬拜上帝，在這一點上，不應分什麼貴賤高低。這是一種非常有限的「平等」，即上帝（加上祖宗）面前的「平等」。在這種「平等」之中，就已經暗示和包含著「上帝」與眾人之間的不平等：一方是絕對的權力，一方卻是無條件的服從。而且，這些「平等觀念」都是來自《勸世良言》的宣傳。[17]我們並不否認，洪秀全接受和宣傳人人都有拜上帝權力的觀念，對於中國幾千年封建社會中只有皇帝才有祭天特權的現象，是一種批判和挑戰。特別是當他嚴厲譴責自秦漢至清朝的統治者皆不拜皇上帝，以至於被「差入鬼路」、「被閻羅妖所捉」[18]時，這種批判和挑戰就不僅具有神權上的意義，而且具有了某種政治上的意義。我們不會忘記洪秀全拜上帝的目的是要救世，他對「滿洲人以暴力侵入中國」一直懷恨在心，渴望「上帝助吾恢復祖國」[19]。但儘管如此，它也沒有「政治平等」的含意。恩格斯在談到基督教平等觀念時曾深刻地指出：「基督教只承認一切人的一種平等，即原罪的平等，⋯⋯此外，基督教至多還承認上帝的選民的平等，但是這種平等只是在開始時才被強調過。」[20]洪秀全吸收和利用了基督教的平等思想，卻沒有改變它的實質內容。歷史上，從基督教教義中引申出政治平等結論的情況是有的，它曾出現於16世紀以後歐洲一些國家的宗教改革運動中。它是以新生產力的發展要求改革舊的生產關係，新階級的產生要求改變舊的政治制度，作為必要的基礎和前提。19世紀上半葉的中國還沒有這種基礎和前提，光憑《勸世良言》的小冊子和個人的救世意識，洪秀全絕不會成為「政治平等」思想的先驅。恰恰相反，在他的

---

17 《勸世良言》，《近代史資料》1979年第2期，頁38、135。

18 《天條書》，《太平天國印書》上冊，頁27。

19 《太平天國起義記》，《太平天國》第六冊，頁854。

20 《反杜林論》，《馬克思恩格斯選集》第三卷，頁143。

文章中，我們一再看到政治不平等的思想。如《百正歌》中的「真正作公作侯」；《原道醒世訓》中的「王者不卻眾庶」；《原道覺世訓》中的「君王之官府，是其親手設立調用，故能輔君王以治事也」，「皇上帝乃是帝也，雖世間之主稱王足矣」。後來在《天條書》中又說，對於上帝，「君長是其能子，善正是其肖子，庶民是其愚子，強暴是其頑子」。[21]這些都明白無誤地說明，洪秀全早期的政治思想仍然是封建等級思想，「政治平等」不符合他的「正道」。

對於未來社會，洪秀全引用了《禮記》「禮運」篇中「大道之行也，天下為公……」那段著名的話來描繪他的新世界，並且運用基督教教義對古老的大同思想作了進一步的發揮，主張中外同奉皇上帝為大共之父，以實現「天下一家，共用太平」。他的這種思想是否像人們通常所認為的那樣，具有「經濟平等」的意義呢？這也是值得認真研究的。最早記載於儒家經典《禮記》中的大同思想，是古代思想家對遠古無階級社會的一種理想化的描繪，是針對所謂「天下為家」的私有制小康社會的種種弊病而提出來的。不言而喻，這種描繪具有空想的性質，即使對原始共產社會而言，這種描繪也並不真實。同時，這種大同思想並未明確地談及社會生產的組織方式，它所涉及的經濟思想，只是一部分分配社會財富的方法，而這種以平均為特徵的分配所賴以存在的基礎，如果不是指小農經濟的私有制，那麼只能意味著更加落後的原始共耕制。這距離近代的「經濟平等」是相當遙遠的。誠然，大同思想中所描述的某些無階級社會都會具有的共同特徵，包含著對建立在私有制基礎上的階級剝削和壓迫的否定因素，給予人們一種對於人類未來社會的美好憧憬。正因為如此，它成為中國古代思想中的寶貴遺產，引起歷代思想家的注意和重視。但是，大同思想在

---

21 《太平天國印書》上冊，頁14-26。

不同時代有著不同的實際意義，對不同的思想家也有著不同的啟示作用。例如在近代孫中山先生那裏，大同思想與他的革命民主主義是聯繫在一起的。而洪秀全並沒有民主主義思想，他只是相信「天下有無相恤，患難相救，門不閉戶，道不拾遺，男女別途，舉選尚德」的唐虞三代之世在歷史上是一定存在過的；不過自秦以後，由於不拜皇上帝而走入了歧途。他尤其有感於現實社會的「乖離澆薄」、「陵奪鬥殺」，決意通過自己的努力，重新恢復和建立起大同之世。很顯然，這將不是一個「經濟平等」的社會，而至多只能是一個類似「貞觀之治」那樣的「太平盛世」。

在倫理思想方面，洪秀全提出了「正人正己」的概念。對於什麼是「正」，他沒有確切地下過定義，但實際上在他的文章中，這個概念的意思是非常明確的。他所宣揚的是君正、臣正、父正、子正等規範，並以古代聖賢如堯舜禹稷周文孔丘等作為典型；他所提倡的是忠孝廉恥、非禮四勿、貧富有命等觀念，其榜樣是諸如伯夷、叔齊、顏回、楊震等歷史上的「正人」；他所斥責的是貪色、放縱、淫亂、忤父母、行殺害、為竊賊、為巫覡、賭博等種種不正行為。在這些內容中，當然含有繼承民族倫理道德思想遺產、批判社會上某些醜惡現象的合理因素，但在根本精神上，它仍然從屬於封建主義的倫理道德，而不是什麼「反封建」的革命思想。

從以上分析中我們可以看出，就其在思想史上的意義而言，洪秀全的布道理論並沒有超出耶教和儒學的範圍。但是，如果就其現實政治意義來說，他的布道理論則與耶教和儒學有著很大的不同。

洪秀全創立布道理論的目的，是要使之成為救世的思想武器。他不僅吸收而且更重要的是改造了耶教和儒學，他與它們之間的關係本質上不是繼承，而是利用。布道理論本身歸根結底是當時社會的巨大危機和深刻變化在洪秀全頭腦中的反映。因此，他的布道理論充滿了

強烈的異端精神，並且不斷突破耶、儒的束縛，表現出自己的獨創性。首先，布道理論不是維護清朝的統治，而是企圖用皇上帝的權威來對抗這種統治，這在《原道覺世訓》中表現得特別明顯。《原道覺世訓》是一篇寫作較晚的布道理論文章。據考證，它應寫於1847年洪秀全廣州學道之後。[22]它與洪秀全原來所寫的布道文章有較大的不同，表現了他的布道理論的發展。這篇文章十分鮮明地提出了上帝真神與閻羅妖邪神之間的對立，把三代以下的歷代帝王都劃到邪神一邊，並宣佈上帝獨尊，人間君王不可僭越、覥然稱帝，對在位的愛新覺羅氏表示了相當程度的不敬。其次，布道理論不是與現存社會和解妥協，而是對其進行批判。它認為這個社會已經「亂極」、「暗極」，非用「公平正直」的另一世道來取代不可。它所宣傳的「大同之世」與現實社會是尖銳對立著的。最後，布道理論主要不是注重對人心的教化，而是注重對社會的拯救。「正人正己」的目的是要「作中流之砥柱」、「挽已倒之狂瀾」[23]，這與僅僅局限於個人修身養性的封建倫理道德是有所不同的。

　　總之，洪秀全的布道理論是頗為獨特的。它既不是純粹的基督教，也不是正統的儒學；它是兩者的混合，又是兩者的異端；它使虛幻的宗教語言變得現實，又使現實的政治目的顯得虛幻；它儘管還不是「民主主義」思想，卻達到了批判和要求改變現存社會狀況的高度。由於具有這樣的性質、內容和特點，它在隨後太平天國農民起義成功和失敗的過程中，都起了不可忽視的重要作用。

22　王慶成：《論洪秀全的早期思想及其發展》（下），《歷史研究》1979年第9期。
23　《原道醒世訓》，《太平天國印書》上冊，頁16。

三 新朝思想是由傳教救世到武裝倒清的重大轉折

1847年7月洪秀全第二次入桂，這是他真正與廣大被壓迫群眾相結合，並逐步走上反清武裝起義道路的起點。從這個起點開始，一方面是他被捲入具體、尖銳、嚴酷的階級鬥爭，受到深刻的影響；另一方面是他運用自己的理論，去組織、鼓舞和號召群眾，起了重要的作用。在此過程中，洪秀全自發的救世思想進一步發展成為自覺的開創新朝的思想。洪秀全決意開創新朝的主要標誌是寫成了《太平天日》。這部書有意識地利用洪秀全1837年的「異夢」，編造了一個有頭有尾、充滿宗教性和政治性的神話。其中心內容，是宣佈洪秀全為受命於天的「真命天子」。在這個神話中，洪秀全匠心獨運地無限擴大了上帝的權威。在此之前他所寫的布道文章中，作為具有一定人格的超自然的神，上帝的觀念與基督教中的上帝觀念還沒有什麼顯著的不同。而這時，上帝卻被完全人格化、人倫化，成了一個有妻有子、有帝王意志，特別是有至高權能的宇宙萬物的主宰。它的確已經不是基督教的上帝，而是洪秀全的「皇上帝」，洪秀全就用這個皇上帝來為自己的政治目的服務。他把自己說成是皇上帝的次子，宣稱皇上帝親自授予他金璽寶劍，封他為「太平天王大道君王全」，差遣他下凡做世間之真主。於是，一個在天上親受皇上帝之命的「太平天子」誕生了。新天子的出現，是新王朝出現的象徵。洪秀全正是通過新天子的降生，表現了徹底改朝換代的決心。此後，以《太平天日》為嚆矢，開創新朝就成了洪秀全早期最重要的指導思想。

新朝思想是洪秀全早期思想合乎邏輯的發展，是當時特定的歷史條件和階級鬥爭形勢下的必然產物。

決意開創新朝是洪秀全在階級鬥爭現實的教育下，思想逐漸發生

深刻變化的結果。最初的影響來自拜上帝會。[24]這個組織有數千群眾，遍佈紫荊山附近的廣大地區。它雖然形式上還是一個宗教組織，但實際上已是一個被壓迫群眾互助自救的團體。其會員在紫荊山區大部分是兩廣的客家人，其中主要又是燒炭工人。他們大多經濟上貧窮，政治上備受官吏和地主土豪的欺凌。在其它州縣，會員也「俱是農夫之家，寒苦之家」。[25]這些人的入會，使拜上帝會組織具有了特定的階級性質。洪秀全與拜上帝會群眾相結合的第一步，就是在會員的祈禱詞中千篇一律地寫進求皇上帝保祐「日日有衣有食，無災無難，今世見平安，昇天見永福」、「萬事勝意，大吉大昌」[26]的內容，迎合了受苦受難群眾最迫切的心理，加強了群眾宗教情緒的世俗基礎。同時，又規定了一整套非常詳盡而繁瑣的宗教儀式和十款天條，使歷來生活散漫、迷信鬼神的群眾具有共同的精神紐帶、絕對的宗教信仰和嚴格的道德生活。

　　對洪秀全更大的影響來自士紳階級對拜上帝會的迫害。他們實行迫害的藉口表面上是因為拜上帝會到處搗毀偶像，實質上則是由於農民群眾的組織和鬥爭觸犯了封建統治階級的利益。地主階級的代表王作新就指控拜上帝會「結盟」作亂、「不從清朝法律」[27]，拜上帝會領導人馮雲山和會員盧六因此而下獄。這起嚴重的政治迫害事件，促使洪秀全第一次深深思考「因真理而受迫如此」的嚴峻的階級鬥爭現實，正視與宗教鬥爭緊密相連的政治鬥爭。他在這時所寫的一首古風

---

24 關於「拜上帝會」是否存在，史學界有不同意見。筆者依據邢鳳麟的考證（見《拜上帝會考》，《學術研究》1982年第2期），認為該組織的存在更為可信。

25 《李秀成自述》，《太平天國》第二冊，頁787。

26 《天條書》，《太平天國印書》上冊，頁28、30。

27 《中興別記》，《太平天國資料彙編》第二冊（上）（北京市：中華書局，1980年），頁6。

中，渴求「義膽忠肝」的先生、呼喚「雲龍風虎」的聚會[28]，清楚地表明他正在把眼光從宗教的力量轉到現實的力量，從傳教救世的道路轉到政治反抗的道路上。馮雲山出獄後，洪秀全急於與馮相見，匆匆往返於兩廣，正是這種重大轉變開始發生的明顯跡象。實際上，正是馮雲山，這位拜上帝會的實際創造者和領導人，向洪秀全挑明了他們共同的政治目的以及達此目的的惟一手段。《李秀成自述》中說「謀立創國者出南王之謀，前做事者皆南王也」[29]，就是一個證明。他們一起秘密「預定計劃，準備應付方略，只候適當時機然後舉義」[30]。《太平天日》就是這個舉義計劃的理論根據，是洪秀全的政治態度與清朝統治根本對立的集中體現。

決意開創新朝是進一步用皇權主義團結和號召群眾的需要。在此之前，拜上帝會對群眾起精神上的統攝作用的，還是比較單純的神權。它宣揚了一個比偶像邪神更有神性的皇上帝，「若世人肯拜上帝者，無災無難，不拜上帝者，蛇虎傷人」，「為世民者俱是怕死之人，雲蛇虎咬人，何人不怕？故而從之」[31]。洪秀全的權威也還只是一種非常有限的宗教的權威。他「每食必祭天，不祀偶像，見寺宇塑像輒毀之，人皆疑其有術，故從之者眾」[32]。但是，隨著拜上帝會人被官府迫害下獄致死，這種虛幻的神權勢必而且確實發生了很大動搖。一段時間裏，信徒們「不知真主所在，仍然叛逆天父」、「真道兄弟姊妹多被妖人恐嚇」[33]，更有甚者，「黃氏有族人出言反對耶穌教訓，且引

---

28 《太平天國起義記》，《太平天國》第六冊，頁861。

29 《李秀成自述》，《太平天國》第二冊，頁788。

30 《太平天國起義記》，《太平天國》第六冊，頁869。

31 《李秀成自述》，《太平天國》第二冊，頁787。

32 《摩盾余談》，《太平天國史料叢編簡輯》第一冊（上海市：中華書局上海編輯所，1961年），頁91。

33 《天情道理書》，《太平天國印書》下冊，頁519-520。

人離道」[34]。在這種情況下，要穩定人心，拜上帝會領導人需要的不是神化上帝，而是借助上帝神化他們自己。於是，就有洪秀全、馮雲山在廣東寫《太平天日》，楊秀清、蕭朝貴在廣西假裝「天父」、「天兄」下凡，他們的認識可以說是相當的一致。同時，要實施武裝起義計劃，使拜上帝會員萬眾一心地去從事打江山的事業，光有皇上帝的神權是遠遠不夠的，還必須要有與神權相一致的皇權。封建時代的農民是天然的皇權主義者。「他們不能代表自己，一定要別人來代表他們，他們的代表一定要同時是他們的主宰，是高高站在他們上面的權威。」[35]在中國歷史上，圖謀帝王大業的人物以皇權主義對群眾相號召的事蹟屢見不鮮，這種號召也總是伴隨著篝火狐鳴、蒼龍赤帝、符瑞圖讖之類的神話。這是中國的歷史傳統，從「堯眉分八彩，舜目有重瞳」就開始了的。讀書人出身的洪秀全對此當然是很熟悉的，他對「異夢」的編造可說是駕輕就熟。與歷史上不同的是，他大大加重了宗教的成分，借用和塑造了一個活靈活現的「皇上帝」，這與他的布道理論相一致，也使他的受命之說更容易被人相信。

決意開創新朝也是洪秀全總結下層群眾反清起義經驗教訓所得出的結論。湘、粵、桂三省的天地會活動歷來非常活躍。就在洪秀全第二次入桂之初，以湖南雷再浩為首的湘桂邊區瑤漢人民聯合起義，迅速形成了以天地會為核心、以廣西為基地的三省農民起義高潮。此外，以「匪患」表現出來的各種形式的群眾反抗鬥爭更是連綿不絕，愈演愈烈。這種鬥爭形勢不僅為拜上帝會的存在和發展創造了有利條件，加強了洪秀全的反清民族情緒和鬥爭信心，而且使他能從山堂林立、轉徙無定、旋起旋滅的天地會起義活動中，總結勝敗得失的經驗

---

34 《太平天國起義記》，《太平天國》第六冊，頁866。
35 《路易‧波拿巴的霧月十八日》，《馬克思恩格斯選集》第一卷，頁693。

教訓，認識到「反清復明」口號的歷史局限性，「拜魔鬼邪神及發三十六誓，又以刀加其頸而迫其獻財為會用」等數種惡習的危害性，得出「如我們可以恢復漢族山河，當開創新朝」的結論。[36]這種看法在當時來說，的確不失為對農民起義成功之路的一種正確認識。

新朝思想對太平天國起義的發動起了重要的促進作用。在新朝思想的指導下，拜上帝會的一切活動，無論在形式或內容上都從宗教方面轉到了政治方面，轉到了武裝起義的實際準備工作方面。領導上，形成了以洪秀全為首的核心，他們已「深知」開朝建國、深遠圖為的大節[37]。組織上，拜上帝會活動公開化，開館訓練隊伍。軍事上，加速了武器的鑄造[38]。與此同時，拜上帝會開始大批接受前來尋求庇護之所的難民、饑民、被官兵圍剿搜捕的起義者、宗族械鬥中失敗的客家人，從而完全變成了一個農民階級和其它被壓迫群眾對抗封建統治階級的革命團體。當起義條件成熟、革命高潮到來之際，洪秀全及時地借上帝之口預言災禍，發佈集中團營的總動員令。號令一下，他得到了廣大拜上帝會眾和其它群眾的熱烈響應，「蓋人人均信洪為上帝特選，以為其領袖者也。無論老幼貧富，有勢有才，秀才舉人，一體挈眷而來」[39]。洪秀全的太平新朝，成為號召廣大被壓迫群眾揭竿而起的戰鬥旗幟。

綜上所述，洪秀全拜上帝伊始，完全是出於個人的救世目的，而不是為了發動農民起義。為了更好地傳教救世，他主要吸收、利用和改造了耶教和儒學的思想資料，創造了獨特的布道理論。這個理論具有積極的現實政治意義，但沒有包含近代民主主義的內容。通過與農

36 《太平天國起義記》，《太平天國》第六冊，頁872。

37 《李秀成自述》，《太平天國》第二冊，頁787。

38 《太平天國起義調查報告》（北京市：三聯書店，1956年），頁36、43。

39 《太平天國起義記》，《太平天國》第六冊，頁871。

民群眾的階級鬥爭實際相結合，他的布道理論不僅被賦予新的意義，
而且進而發展為開創新朝的思想，成為發動和號召農民起義的有力的
思想武器。從救世意識、布道理論到新朝思想，大致構成了洪秀全早
期思想發展的三部曲，它為洪秀全的一生和整部太平天國農民革命的
偉大樂章彈出了一個基調。

拜上帝教：中西文化畸形結合的產物

　　拜上帝教是太平天國農民起義的思想理論武器，而從中西文化交流史的角度來看，它又是近代中西文化結合的先驅。對此結合，史學界從太平天國對西方宗教的利用、拜上帝教與基督教的本質差別、拜上帝教的中國化特徵等許多方面作過比較深入的探討，但對拜上帝教在結合中西文化時所表現出來的嚴重的畸形性，似尚未予以足夠的注意。在筆者看來，要正確理解拜上帝教的獨特性質、作用和結局等，充分認識此種畸形性是很有必要的。所謂畸形性，就是非正常性。嚴格說來，由於中國近代處於半殖民地半封建社會的特定歷史階段，中西文化交流雖然是不可避免的發展趨勢，卻不具備正常交流的客觀條件。因此，在整個交流的過程中，都或多或少地存在著中西文化畸形結合的現象。但比較而言，拜上帝教的畸形性顯得尤為集中突出，以致成為一種頗為引人注目的「文化怪狀」的典型。

一　在拜上帝教中，中西文化的結合極為混雜

　　拜上帝教源於西方基督教。從這一宗教源頭來考察，拜上帝教所接觸到的內容其實並不繁雜。作為基督教文本的著作只有數種，即梁發所撰的《勸世良言》，《舊約》和《新約》聖經，傳教士麥都思的《天理要論》（此著經節錄後與《聖經》一道被刻入太平天國「旨準

頒行詔書」），以及洪秀全1847年在廣州美國牧師羅孝全那裏可能讀到
的羅自己編注的《救世主耶穌新遺詔書》、《耶穌聖書》、《真理之
教》、《問答俗話》等基督教小冊子。[1]這些著作不論精粗深淺，它們
所傳播的基督教基本教義是保持一致的，其所體現的宗教精神和所希
望達到的目的也是沒有差異的。它們提供給拜上帝教的，是一種自成
體系、比較單純的西方宗教。然而，洪秀全等人雖然接納了基督教，
卻並未像基督教徒那樣對基督教採取始終虔誠信奉、潛心鑽研其精義
的態度，他們接納外來的宗教是為了創建自己的宗教。在拜上帝教創
立和發展的過程中，為了理解、證明、傳佈來自中國之外的陌生的宗
教教理教義，更重要的是，為了使單純的基督教符合自己多種多樣的
需要，他們在基督教教義中摻入，或者說在基督教教義之外附加了大
量中國傳統文化的資料。這些資料十分龐雜，大約言之，可分為以下
兩大類。

　　一類是帶有宗教性的名詞概念。如用來印證上帝自古以來就作為
獨一真神而存在，記載於中國歷史典籍《詩經》、《尚書》中的帝、上
帝、皇上帝、天、皇天、神天等稱謂，用來代表與上帝為敵的邪神魔
鬼的閻羅妖、東海龍妖、菩薩和神仙偶像，以及邪教、堪輿、卜、
筮、祝、命、相、聘、佛、尼、女巫等事物。[2]此外，還有用做太平
天國諸王神性封銜的風師、雲師、雨師、雷師、電師等稱號及用以泛
指神異力量的天兵天將等說法。在這些名詞概念中，見於古籍的帝、
天等詞儘管在中國歷史發展的某些時期曾具有至上神的意義，但從未
成為像基督教耶和華這樣的代表獨一真神的專有名詞，中國的祭天拜

1　王慶成著：《太平天國的歷史和思想》（北京市：中華書局，1985年），頁29。下引
　　該書同此版本，不再另注。當然不能斷定這些就是洪秀全等人所讀到的基督教著作
　　的全部，例如洪仁玕在香港就很可能還閱讀了其它有關著述。

2　同上書，頁295-296、321-326。

帝與基督教的敬奉上帝在內涵上相差甚遠；拜上帝教反對信邪教、拜偶像與基督教是一致的，但它所指斥的有形無形、天上人間的魔鬼與基督教所賦予的魔鬼的意義又很不相符。至於將風雲雨雷電等天象比附人事，更是與基督教完全不同的文化觀念。可見，即使在宗教這同一個層面，中西文化的結合也是很不吻合的。

另一類是世俗性的思想文化觀念。這一類資料佔有相當大的比重，其涉及面非常廣泛。其中既有自古以來，中國人所崇尚和追求的以「唐、虞三代之世」、堯舜禹稷湯武之行、孔子大同之道為代表的美好社會理想，又有對現實社會中「世道乖漓，人心澆薄，所愛所憎，一出於私……相陵相奪相鬥相殺而淪胥以亡」等黑暗現象的譴責和對「公平正直之世……強不犯弱，眾不暴寡，智不詐愚，勇不苦怯之世」的呼喚[3]；既有對代表統治者利益的中國傳統綱常觀念和秩序的堅決維護，規定天王掌握對臣民的賞罰乃至生殺予奪大權[4]，「總要君君、臣臣、父父、子子、夫夫、婦婦」[5]，又有對下層人民基本生活願望的鮮明反映，主張「有田同耕，有飯同食，有衣同穿，有錢同使，無處不均勻，無人不飽暖」[6]，祈求「有衣有食，無災無難，今世見平安，昇天見永福」、「災病速退，身體復安」、「家中吉慶，萬事勝意」等等[7]；既有對中國傳統倫理道德觀念的肯定，主張「非禮四勿」、孝敬父母、知命安貧、積善除惡、嚴男女之別等等，又有對各種違背道德規範的「不正」之行，如淫亂、忤父母、行殺害、為盜賊及賭博、吸洋煙等的批判；既有對奮勇殺敵、起義成功後盡享榮華富

3　《原道醒世訓》，《太平天國》第一冊，頁91-92。

4　《天朝田畝制度》，《太平天國》第一冊，頁323-324、321-322。

5　《王長次兄親目親耳共證福音書》，《太平天國》第二冊，頁515。

6　《天朝田畝制度》，《太平天國》第一冊，頁323-324、321-322。

7　《天條書》，《太平天國》第一冊，頁75-76。

貴的封許和誇耀，所謂「脫盡凡情頂高天，金磚金屋光煥煥。高天享福極威風，最小最卑盡綢緞。男著龍袍女插花，各做忠臣勞馬汗」[8]，所謂「出則服御顯揚，侍從羅列，乃馬者有人，打扇者有人，前呼後擁，威風排場，可謂蓋世」[9]，又有對違犯太平天國各項紀律規矩的嚴厲懲罰，如犯第七天條（不許淫邪）者「一經查出，立即嚴拿斬首示眾，決無寬赦」[10]，又如告誡「手不顧主該斬手，頭不顧主該斬頭」；「看爾想試雲中雪，天情道理不識得，看爾想試五馬分，因何大膽自作孽」[11]；等等。這些現實觀念與基督教教義並非毫無相通之處，毋寧說，有些方面的內容正好是彼此契合的，最顯著的事例就是摩西十誡與中國某些傳統道德觀念的一致。但總的說來，西方基督教教義與中國世俗性思想文化觀念是兩大互相獨立的文化體系，基本宗旨和根本精神的重大差異決定了它們不可能內在地融合在一起。何況就是上述中國世俗性思想文化觀念本身，也是博採旁收，良莠不齊，無法形成有機的文化統一體。然而，以上所有這些中西文化資料，卻都在拜上帝教的名目下極為混雜地結合在一起。其結果，就使拜上帝教顯露出一副非西非中、亦西亦中，非真非幻、亦真亦幻，非雅非俗、亦雅亦俗的模糊面貌；它既不同於基督教和中國傳統文化，又十分依賴於基督教和中國傳統文化，而自身缺少嚴謹、清晰、確定的趨向和思路。在這種混雜的情形之下，中西文化的互補是以互損作為代價的：傳統文化因洋教的混雜而與中國人拉開了距離，基督教因中國傳統文化的混雜而令西方人感到困惑；宗教的精神往往使現實世界顯得虛幻，而現實的訴求又反過來使宗教教義變得庸俗不堪。這種混雜

8　《天命詔旨書》，《太平天國》第一冊，頁68。

9　《天情道理書》，《太平天國》第一冊，頁390。

10　《天命詔旨書》，《太平天國》第一冊，頁68。

11　《天父詩》，《太平天國》第一冊，頁481。

性，是太平天國農民起義缺乏獨立的利益追求，無力創建新的思想文化體系的一個重要的表徵。

二 拜上帝教對基督教既有依賴性而又扭曲了其宗教精神，對中國傳統文化既有繼承性而又窒息了其人文精神

　　拜上帝教從創立到形成龐雜的體系，都離不開基督教，基督教給了它一整套現成的可資借用的名詞術語、思想觀念、成熟的教義乃至巧妙編造的宗教神話故事。如果說，農民起義的發動與宗教工具的運用之間存在著某種必然聯繫的話，那麼基督教就顯然比中國歷史上曾被運用過的五斗米教、道教、白蓮教等更具宗教的神性魅力，對達到起義領導者的目的具有更顯著的效用。（此處應說明的是，洪秀全拜上帝之初並非是為著發動農民起義，不少學者已論證了這一點。）假如沒有基督教作為一種文本的、基本信仰的依據，拜上帝教也就失去了其存在的立足點。就此而言，洪秀全等人對基督教是下過一番很大的研究功夫，並且頗有領悟的。但是，基督教本身具有宗教的純粹性，它在本質上是神學而不是人學，其關心人的心靈歸宿更勝過關心人的現實處境；不論其簡約的宗教觀念（如上帝、耶穌、天堂、地獄等）還是其玄妙深奧的宗教教理（如三位一體、降身贖罪等），都不是為解答現實社會問題而設計，而是為其神學目的服務的，儘管不能說基督教的神性世界與世俗的人性世界完全沒有這樣或那樣的聯繫。很顯然，它對於洪秀全等人的實際需要來說，是不能直接適用的。為了使基督教更好地為己所用，洪秀全等人在混雜中西文化的同時，還對基督教教義作了多方「改造」。

　　這種「改造」最突出的表現是拜上帝教對上帝的形體化。上帝的

觀念既是基督教也是拜上帝教最重要的觀念之一。拜上帝教一方面接受了基督教關於上帝的基本教義，對上帝的永恆存在、創造之功和絕對權能等作了很多通俗的宣傳；但另一方面，它又不願意、事實上也不可能信守上帝只是無形的靈性存在的教旨，執意要將上帝形體化。這一形體化的「改造」主要是通過「異夢」與「下凡」兩種方式而實現的。

　　「異夢」是將上帝在天上形體化。早在創立拜上帝教之初，洪秀全就把他於1837年生重病期間所做的「異夢」，當做證明自己與上帝之間具有父子關係、君權授受關係等種種神秘關係的最有力、最確鑿的證據。此後，「異夢」的內容廣為傳播，肆意編造渲染，出現多個大同小異的版本，成為拜上帝教不可或缺的一項根本信義。洪氏「異夢」的產生、流行有多方面的原因和作用，這裏不作評價，僅指出「異夢」中的上帝是怎樣形體化的。在《太平天日》版的「異夢」中，上帝的形象被描述為「頭戴高邊帽，身穿黑龍袍，滿口金須，拖在腹尚，像貌最魁梧，身體最高大，坐狀最嚴肅，衣袍最端正，兩手覆在膝尚」，兩腳八字排開。[12] 在其它版本中，上帝之形也大略如此。除了金須拖腹較為罕見外，完全就是一副人間威嚴老者的樣子。上帝除了有人的形體外，也像凡人一樣，有妻有子有媳，有喜怒哀樂的情感，所用語言也與凡間並無二致。這種僅僅存在於夢中的上帝在天之形，本來是一種無法印證的個人虛幻的體驗，但當它一旦與造神的宗教教義和信神的民眾心理融會結合在一起，就彷彿變成了一種不言自明、不容置疑的實跡。

　　「下凡」則是將上帝在地上形體化。這就是太平天國東王楊秀清被天父上帝附體下凡和西王蕭朝貴被天兄耶穌附體下凡（此處只論天

---

12 《太平天日》，《太平天國》第一冊，頁632-633。

父下凡）。所謂「下凡」也如同「異夢」一樣，在發生之初只是一個偶然的事件。但發生之後，由於它顯著的現實功用性（其實還有拜上帝組織內部的權力爭奪和配置等原因，此處不論），因而被拜上帝教所認可；在東王被害之前，除了「異夢」之外，它幾乎成了上帝發佈意旨的惟一管道。我們至今仍不能確切地知道東王下凡之前作為一名凡人，與他下凡之中作為上帝的現身，在表情和形體動作上有何具體的不同，但似乎可以肯定的是，這種來源於民間「降僮」巫術的下凡行為，在臨場表演時一定會有某種特異的表徵。而這種表徵，由於被賦予了極為威嚴的意義及被頻繁地使用，就使下凡之時的東王儼然具有了一副人間上帝的形象。洪秀全有時甚至直截了當地就將東王等同於上帝的人間化身。有次當東王並非下凡而對眾官講了一通須以平和的態度對待下屬、不要動輒斥罵的為官之道後，洪即對眾官降旨道：「爾為官者，須知爾東王所言，即是天父所言也，爾等皆當欣遵。」眾官則皆答曰「遵旨」。[13]東王簡直就是一個活生生的上帝。

不論天上還是地上，對於拜上帝教來說，一個有形的上帝毫無疑問要比無形的上帝更為有利有用。如果說，「異夢」通過上帝的天上形體化而減少了上帝的陌生感、增加了上帝的可信度的話，那麼，「下凡」則通過上帝的地上形體化而收束了上帝的虛幻性、擴大了上帝的威懾力。這是一位遠在天邊近在眼前，既可在天上大逞神威又可在凡間大行權能的上帝，是拜上帝教所真正需要的上帝。然而這種形體化的「改造」對於基督教的上帝來說，卻不能不說是極大的扭曲。

此外，在關於魔鬼、天堂、救贖等基本觀念的闡釋上，拜上帝教也都完全按照自身的需要，對基督教教義作了許多扭曲性的改變，其宗旨精神與基督教都是甚相背離的。正因如此，儘管拜上帝教在形式

---

13 《天父下凡詔書二》，《太平天國》第一冊，頁36。

上與基督教有不少共同的語言，甚至運用政權的力量將拜上帝的活動、儀式搞得比西方國家還更為普遍而隆重，但其教義卻始終得不到西方傳教士的認可。

　　既要依賴於基督教，又不能不改造基督教，而這種改造，又只能以扭曲的方式進行，這是拜上帝教無法擺脫的一種文化困境。

　　拜上帝教既離不開基督教，更離不開中國傳統文化；它的源頭來自基督教，它的根卻縶在中國傳統文化的土壤中；它不是純粹的宗教，而是為人們現實利益要求服務的宗教。因此，如前所述，中國傳統文化資料是拜上帝教的一個重要組成部分。中國傳統文化諸多方面的觀念，在拜上帝教中都有程度不一的繼承。然而，拜上帝教在繼承這些思想文化觀念的時候，卻未能使之沿著獨立的、積極的方向繼續向前發展，而是將其束縛於宗教的大框架之內，一切以上帝的名義、視上帝的好惡（實際上也就是洪秀全等人的好惡）而決定其取捨，與宗教的教義相混合、相調適，這無異於給本質上屬於人文的、入世的中國傳統文化戴上了一副沉重的宗教枷鎖。拜上帝教對待以孔子為代表的儒學的態度，頗能典型地說明這種情況。

　　在中國傳統文化中，儒學佔有主導的地位，對中國人特別是讀書人具有根深蒂固的影響。洪秀全等人在拜上帝之前，長期所受的也主要是儒學的薰陶，拜上帝之後所採用的中國傳統文化資料，其實大部分來自儒學。他們雖然直接引用孔孟等人的原話不多，但源於孔孟等人的思想文化觀念卻比比皆是。可是，儒學的祖師爺孔子重人道，遠鬼神，當然也就不拜上帝，這是拜上帝教所絕對不能容忍的。於是，他們在天界和凡間都對孔子及儒學進行了極為嚴厲的懲處。在洪秀全的「異夢」中，孔子被指斥為「教人之書多錯」，是妖魔作怪的根由，被捆綁起來押至上帝之前，「天父上主皇上帝怒甚，命天使鞭撻他。孔丘跪在天兄基督前，再三討饒，鞭撻甚多，孔丘哀求不已，天

父上主皇上帝乃念他功可補過，準他在天享福，永不准他下凡」。[14]

洪秀全並沒有指出孔子究竟錯在哪裏，也未講清他到底有何功勞可以補過，等於是含含糊糊地給了孔子一頓痛打。這雖然只是象徵性的懲處，但卻鮮明地表示了上帝必須統制一切，順上帝者昌，逆上帝者亡的態度。太平天國一建立，天京就掀起了一場反孔運動，搗毀孔廟，焚燒儒家書，宣佈凡讀孔孟及諸子百家書者都立斬。由於東王楊秀清借天父之名對此表示反對，認為「孔、孟之書不必廢，其中有合於天情道理亦多」，極端的反孔毀儒舉動才改為待刪改後始準閱讀的政策。[15]

在這種狂熱的宗教情緒的影響之下和濃厚的宗教氣氛包圍之中，中國傳統文化生存發展的空間是極為狹窄的，其人文精神的進一步弘揚也是不可能的。一些具有積極進步意義的思想文化觀念，如大同之世，如公平正直無私，如人人飽暖太平，如自主自尊，等等，我們在太平天國文獻中能見其點點閃光，卻未能見其連綴成片、聚集為炬而驅散宗教的迷霧。相反，中國傳統文化中一些帶有落後性、消極性的東西卻因宗教壓倒理智，而每每惡性膨脹，流變為不可理喻的、對人性的壓抑甚為嚴苛的規條。[16]

三　拜上帝教對中西文化結合採取的是極為功利主義的態度，將文化完全屈從於現實乃至私利的需要

早在拜上帝教創立之初，洪秀全研讀《勸世良言》時就表現出明顯的功利態度，認為此書是特為其個人而作的天賜之著，每每將書中

14　《太平天日》，《太平天國》第一冊，頁635-636。

15　羅爾綱：《太平天國史》第二冊（北京市：中華書局，1991年），頁739。

16　參見《天父詩》及《幼主詔書》等，《太平天國》第2冊。

的詞句與其個人的聲名聯繫起來，如將「聲聞全世」解為「秀全的世界」、將「全然公義」解為「秀全是公義比黃金更可羨慕」等等。[17]這種比附當時應該說有助於洪秀全堅定走上通過拜上帝而救世的道路，更多地帶有正義性，而還未顯現其危害性。

隨著太平天國起義的發動和發展，拜上帝教的功利性有了很大的擴張。這種功利性一方面有反映起義農民願望和利益的意義，如宣傳拜上帝之人都是上帝子女[18]，宣傳「蓋天下皆是天父上主皇上帝一大家，天下人人不受私，物物歸上主，則主有所運用，天下大家處處平勻，人人飽暖矣。此乃天父上主皇上帝特命太平真主救世旨意也」等等[19]，把下層民眾最為關心的溫飽、免災除病、老幼不愁生計等問題都當成上帝賜恩關懷的要事。但另一方面，拜上帝教又是極力維護以洪秀全為首的統治集團的利益的。拜上帝教反覆把洪秀全說成是上帝的次子、耶穌的胞弟，由上帝親命下凡為天下萬國真主，而洪秀全之子幼主洪天貴福也順理成章地成為上帝之孫，被宣佈為耶穌和洪秀全的共同繼承人。太平天國其它領導人，也曾被納入上帝小家庭的體系，馮雲山稱為上帝第三子，楊秀清稱為第四子，蕭朝貴為帝婿，韋昌輝、石達開為第六、七子。[20]世襲制和特權制通過與上帝虛擬的血緣關係而神聖化了。為了在太平天國領導人中實行多妻制，洪秀全以上帝的名義宣佈「妻子數目應是多個」，規定「東王西王各十一妻，自南王至豫王等各六妻，高級官員三妻，中級官員二妻，低級官員以及其餘人等各一妻。自高而低，依級遞減，上多下少，切莫妒忌」。[21]

---

17 《太平天國起義記》，《太平天國》第六冊，頁849。

18 《天情道理書》，《太平天國》第一冊，第382-383。

19 《天朝田畝制度》，《太平天國》第一冊，頁321-322。

20 王慶成：《太平天國的歷史和思想》，頁376。

21 《多妻詔》，《洪秀全集》（廣州市：廣東人民出版社，1985年），頁206。下引該書同此版本，不再另注。

為了使等級秩序一目了然，太平天國印製了從天王到諸王各就其位的《朝天朝主圖》[22]。越到太平天國後期，拜上帝教功利性的後一方面表現得越為突出，一味宣揚「爺哥朕幼」同坐江山、洪氏王朝永享天福的詔令越發越多，私利性日漸完全壓倒了公利性。

在這種功利主義立場的支配下，拜上帝教對待文化的態度越來越隨心所欲，文化的規範性、理智性在拜上帝教中逐漸變得越來越少，以至最後蕩然無存。洪秀全後期對基督教經典《舊約》、《新約》所作的極為實用主義的修改和批解頗能反映這一點。據羅爾綱先生研究，其修改的約十一項內容，都「只考慮他的需要，完全不顧原書的本意，往往改成相反的事實」，其批解「更是條條都為利用而寫的」。洪秀全尤為強烈地反對作為基督教基本信仰之一的三位一體（即聖父、聖子、聖靈）教義，在所寫八十二條批解中，就有二十九條是直接針對三位一體教義而發的，因為這一教義與他所宣傳的自己是上帝的次子、被上帝派到人間當「天下萬郭太平真主」等觀念是完全相反的。[23]實際上，不少批解已不僅僅是「利用」的問題，而且表明洪秀全在文化觀念上已滑到了任意妄說、荒唐無稽的地步。例如，洪秀全為了證明他既具有原始的神性，又具有下凡人世做主的人性，竟然自稱曾經降生過兩次：「太兄暨朕及東王等，未有天地之先，既蒙天父上帝原配，即是天媽肚腸生出。……後爺命朕由天上另一位亞媽肚腸而生，以便入世。朕還記得，朕入這位亞媽之胎爺做有記號，即是穿太陽以示身內胎生是太陽也。誰知蛇魔閻羅妖亦知得這媽身胎是朕，上帝特差生入世誅滅這蛇者。故蛇欲吞食冀占上帝之業，豈知上帝無所不能，生出之兒蛇不能害。」[24]這種言之鑿鑿而又離奇無比的神

---

22 《朝天朝主圖》，《洪秀全集》，頁227-228。

23 羅爾綱：《太平天國史》第二冊，頁686-703。

24 《洪秀全集》，頁141。

跡，已遠非當初編造的「異夢」所能相比。

上述畸形性的發生有其深刻的歷史、社會、文化乃至拜上帝教創立者個人的原因，限於篇幅，不能詳論。從其結果看，拜上帝教由於在相當程度上適應了舊式農民起義的需要，因而得以在一定的歷史時期和一定的人群之中成為令人敬畏的、具有很大鼓舞激勵作用的精神武器，而基於物質利益衝突和客觀歷史條件成熟發動的農民起義的一度勃興，亦對拜上帝教的重大作用提供了某種顯著的證明。然而，畸形結合的方式注定了拜上帝教這種文化的怪胎不可能有長久的生命力。這不僅是指將基督教和中國傳統文化混雜、異變的拜上帝教終究不能給農民起義以正確的指導，反而隨著客觀歷史進程的演變會從精神上麻痺和毒害起義者的意識，成為農民起義終於失敗的重要原因，而且意味著拜上帝教在中西文化兩個領域都不可能有何積極的作為，既不能為基督教的流佈作有價值的貢獻，也不能為中國傳統文化的發展開拓前進的道路，更未能通過中西結合而創造出超越以往的新的思想文化。因此，當太平天國起義一失敗，拜上帝教就隨之銷聲匿跡，在中國近代思想文化史上不見其流風餘響，是毫不奇怪的。

第二編
康有為與維新思潮

《康子內外篇》與康有為新世界觀的形成

　　康有為在其早期思想的發展過程中，曾經歷了一個從西學中「悟道」的特別時期[1]。這一時期他寫下了兩部對他畢生活動都有重要影響的著作──一部是《人類公理》，一部是《康子內外篇》。如果說，前一部著作是康有為為人們相互關係和人類社會生活重新制定的最高準則，那麼，後一部著作則表明了他在哲理上對自然與人世一系列根本問題的重新認識和解釋，構成了其新世界觀的雛形。兩者都是這一時期嶺南中外文化交流的具有代表性的成果，並與康有為隨後不久力倡於全國的變法維新思想有十分密切的聯繫，值得深入研究。這裏，僅就《康子內外篇》如何在西學影響下提出新哲理、新哲理的基本內容及其價值等作一粗淺的探析。

　　康有為撰寫《康子內外篇》受西學影響最突出也最集中的表現是為他的哲理思考找到了一個新的基礎，即「氣質」（或「氣」）的基礎。「氣」的概念在中國哲學史上出現很早，對中國哲學思想的發展亦起著重要作用。在中國哲學史上，不乏重視「氣」的哲學意義並給予唯物主義解釋的哲學家（如王充、張載、王廷相、呂坤、顧炎武、王夫之、戴震等）。但就中國占統治地位的傳統哲學的基本傾向而

1　時間大致是從1879年開始接受西學到1887年寫成《人類公理》，參見《康南海自編年譜（外二種）》（北京市：中華書局，1992年），頁8-15。下引該書同此版本，不再另注。

言，重理（道）仍然甚於重「氣」（器）。特別是宋明以來，程朱理學強調理在氣先，以理為本，使中國哲學更朝性理一端偏斜。《康子內外篇》與占統治地位的傳統哲學思想的最大區別，就在於十分明確地將「氣質」作為宇宙萬物的本源和研究一系列哲學命題、文化現象乃至社會歷史進程的出發點，有時甚至直接用「氣質」來解釋不同文化和不同歷史之間的差別（這當然有失於簡單粗糙）。「氣質」成為康有為新哲理的一個顯著標誌，中國傳統哲學和傳統文化中的根本觀念信條都必須用「氣質」來進行檢驗或受到「氣質」的洗禮。

這種變革一方面是對傳統哲學和傳統文化中的積極因素加以繼承、總結和發揚的結果（書中所引用的大量中國典籍材料足以說明這一點），另一方面更是西學知識的啟迪使康有為在世界觀和方法論上發生了具有根本性意義的轉變。康有為曾在自編年譜中較為詳細地談到過他如何搜集西書、鑽研西學的過程及其思想上的收穫[2]；在《康子內外篇》〔該篇曾被收入《康子內外篇（外六種）》〕[3]中，我們則可見到他對西學知識的多處引用，例如，《性學篇》述歐洲之歷史，《覺識篇》言用千倍顯微之鏡則「赤蟻若巨象」、用千里望遠之鏡則「日星辨其環暈光點焉」，《人我篇》比較「中國之聖人」與「外國之聖人」的文化特徵，《地勢篇》對泰西及其它國家地理、政教、禮樂的考察比較，《理氣篇》和《肇域篇》中涉及的天文學、地質學、物理學及歷史學、考古學等方面的廣泛知識，等等。

康有為接受西學影響的最大特徵在於他並不是簡單地增加新的知識見聞，而是舉一反三，深思熟慮，將西學知識與中國文化熔為一爐來加以冶煉。西方近代自然科學知識及其它知識給予他更多的是一種

2　《康南海自編年譜（外二種）》，頁8-15。

3　《康子內外篇（外六種）》，中華書局1988年。下引該書同此版本，不再另注。

啟示、一把鑰匙──這也就是康有為所說的「覺識」。他這樣寫道：
「凡人度量之相越，豈不遠哉！其相遠之故，習半之，學半之。以其
習學之殊，而覺識殊矣。夫與野人言論之異，此習為主也。學人與常
人器抱之異，此識為之也。故有僅愛其一身者，其識周於一身者也；
有愛一家者，其識又周於一家者也；有推而愛其鄉族者，其識稍大
矣；又有推其愛而及於邦邑者，識益大矣；其以天下為一家，中國為
一人，血氣相通，痛癢相知，其覺識益大，其愛想之周者益遠，堯、
舜、禹、湯、周、孔、墨是其人矣。視其愛一身者亦遠矣，其實不遠
矣，其識之殊也。今有人焉，一涉想而周於天下焉，凡天之內，其想
所及，即其愛所及，非騖遠也。彼以為我四支百體之近而小也，特其
尺寸大小之殊。……夫學者猶之鏡耳，今顯微千里之鏡盛行，告以赤
蟻若象，日星有環暈光點，則人信之，以鏡易驗也。學者告人吾以天
天為家，以地地為身，以人類為吾百體，吾愛之周之，血氣通焉，痛
癢覺焉，人必以為誇誕大謾不之信，雖使舜、禹、仲尼證之，疑信半
參焉，以學難驗也。……蓋安於所習，蔽於其識，其不信固也。」[4]
文中之「有人」、之「學者」，正是康有為自己的寫照。而他之所以具
有「以天天為家，以地地為身，以人類為吾百體」的卓越覺識，甚且
超過了中國傳統文化中的聖人堯舜禹湯周孔墨，就是因為他創造性地
接受了新鮮的西學知識，並以此賦予中國傳統文化以新的生命力。以
「氣質」為本更新哲理，就是康有為善於接受新知識，善於用新知識
創造新思想的突出表現。

　　康有為以「氣質」為基礎來研究自然、社會、人類和萬物，在哲
理及文化觀念上實現了一系列重要的更新，茲舉其大者如下。

4　《覺識篇》，《康子內外篇（外六種）》，頁18-20。

一 用「氣質」說明人性，將人性規定為與氣質不能分離並且從屬於氣質的屬性

　　康有為認為：「人稟陰陽之氣而生也。能食味、別聲、被色，質為之也。於其質宜者則愛之，其質不宜者則惡之，兒之於乳已然也。見火則樂，暗則不樂，兒之目已然也。故人之生也，惟有愛惡而已。」[5]清楚地講到了人的氣質天生具有的生理功能（食味別聲被色）和生理反映能力（愛與惡）。由愛則派生出欲、喜、樂、哀（「哀者，愛之極至而不得，即所謂仁也」）諸種情感，「皆陽氣之發也」，由惡則派生出怒和懼（「懼者，惡之極至而不得，即所謂義也」），「皆陰氣之發也」。人在嬰孩之時，僅有愛惡而無哀懼，及其長大後，「魂魄足矣，腦髓備矣，知覺於是多焉」，因此生出哀懼，其知愈多則哀懼愈多，其知愈少則哀懼愈少。知（智）和哀懼（仁義）都受氣質的制約，「蓋氣質有窮，智亦有窮，而哀懼亦有窮也」[6]。因此，人生只有氣質為之的愛惡仁義，而沒有脫離氣質、與愛惡仁義不同的人性（性情）。[7]

　　從氣質之人性的觀點出發，康有為對傳統哲學中道德之人性的觀念進行了批判，指出屬於道德範疇的善惡仁義只是「積人事為之，差近於習，而非所謂性也」，「非天理也，人事之宜也」，也就是說，它們不是固有的天生的人性，而是後天形成的規範；諸種人性善惡之說，

5　《愛惡篇》，《康子內外篇（外六種）》，頁9。

6　《愛惡篇》，《康子內外篇（外六種）》，頁9。

7　在使用性情一詞時，康有為又表述為：「愛惡皆根於心，故主名者名曰性情，造書者從心生，要知其生於心而已。」（《愛惡篇》，《康子內外篇（外六種）》，頁9-10）此處「心」當指作為人體器官的「心」，亦指心之功能「智」（或知），與視愛惡為氣質之性是一致的。其短處在於對人的生理與心理的區別及其與人體器官的關係還缺乏科學的認識。

如「孟子言性善，荀子言性惡，楊子言善惡混，韓子強為之說曰三品，程、朱則以為性本善，其惡者情也」，都是「不知性情者也」。[8]

為了進一步說明人的氣質之性，康有為還比較了人性與物性（禽獸草木等）的異同。其同者在於都有基於氣質的愛惡，異者在於人的愛惡還獨特地表現為「智」。人由於有智，因而得以派生出「政教、禮義、文章」，從而與物區別開來。

在中國文字中，「智」本來的含義是指聰明、智慧或智謀，用來形容人的某種優良的稟賦或某種機智的行為。康有為將「智」與人性聯繫在一起，其含義有了很大的改變。在《康子內外篇》中，雖然對「智」並未進行精確、完整的解釋，前後使用該詞時意思亦有不盡一致之處，但總的看來，其基本含義還是清楚的，就是特指人的意識能力，包括獲取知識、進行心理活動和思維活動的能力等。康有為認為，正如愛惡不能離開氣質一樣，人之智同樣不能離開氣質。他特別辨析了「智」與「愛惡」和「氣質」的關係：「……人之性情，惟有智而已，無智則無愛惡矣，故謂智與愛惡為一物也。存於內者，智也；發於外者，愛惡也。……智無形也，見之於愛惡。其愛惡大者，見其智之大；其愛惡少者，驗其智之少，皆氣質為之也，何別焉？」[9]要正確闡釋智（意識、能力等）與愛惡（情感、欲望等）的關係，需要回答人的心理機制與生理機制的關係，人的理性思維與情感活動的關係，以及意識的本質和產生的根源等極為複雜的問題，在當時條件下，康有為顯然是無力加以解答的。所以，他儘管做出了「內者智」、「外者愛惡」、智無形而見於愛惡等種種界定，實際上還是未能講清楚（智與愛惡本身就不是有確切含義的科學概念）。但是，康有

8　《愛惡篇》，《康子內外篇（外六種）》，頁10。
9　《愛惡篇》，《康子內外篇（外六種）》，頁11。

為堅持用氣質作為智的基礎，並在此基礎之上論述智與愛惡的統一性，這對於傳統的人性論仍是一個重要的突破。

二 強調「智」的重要性，將其置於與仁並稱而超出於禮義之上的地位

人的本性既然獨特地表現為智，那麼在康有為看來，智也就成為人類之所以能夠進行各種創造活動的根本原因：「人惟有智，能造作飲食宮室衣服，飾之以禮樂政事文章，條之以倫常，精之以義理，皆智來也。……故惟智慧生萬理。」[10]將智作為人類萬事萬理得以產生的立足點，就不能不否定傳統文化中以仁統攝一切的觀念，重新釐清仁智關係。康有為分析道：「或謂仁統四端，兼萬善，非也。吾昔亦謂仁統義禮智信，與朱子言『義者仁之斷制，禮者仁之節文，信者仁之誠實，智者仁之分別』同。既乃知人道之異於禽獸者全在智，惟其智者，故能慈愛以為仁，斷制以為義，節文以為禮，誠實以為信。夫約以人而言，有智而後仁義禮信有所呈，而義禮信智以之所為亦以成其仁，故仁與智所以成終成始者也。……人道以智為導，以仁為歸，故人宜以仁為主，智以輔之。主輔既立，為官自舉，義禮與信，自相隨而未能已，故義禮信不能與仁智比也。」[11]傳統的仁義禮智信（五常）皆據於仁，康有為則令其皆據於智，並將過去被列於仁義禮之後的智與被當做最高道德境界的仁並列，或為始終，或為導歸，或為主輔體用（「就一人之本然而論之，則智其體，仁其用也。就人人之當然而論之，則仁其體，智其用也」[12]），智的地位得到極大的加強。這

---

10 《仁智篇》，《康子內外篇（外六種）》，頁23-24。

11 同上書，頁24。

12 《仁智篇》，《康子內外篇（外六種）》，頁24。

不簡單是排列順序的改變，而是有重要的思想意義。首先，突出智的
地位實質上是突出了人本身的地位。因為在康有為看來，人之所以區
別於物全在於有智，智從而也就成為人的最重要的象徵。在傳統觀念
中，道德、義理、政教等都是凌駕於人本身之上的東西（人必須絕對
服從於天理），而康有為卻將這些東西都說成是智的（因而也是人
的）產物，那麼，它們當然也就要受到智的（人的）制約；不是仁或
天理先於一切，而是智（人的根本之性）先於一切——這就在很大程
度上意味著人的自我意識的覺醒，標誌著哲理開始走出傳統的道德中
心領域而邁入新的人生中心領域。其次，重新闡釋智的含義和重新確
定其重要性也是對西學衝擊的曲折反映。西學東漸以來，西學新知識
（這裏主要指自然科學知識）以無可辯駁的真理性革新了傳統的陳舊
認識，知識的力量不僅在觀念上改變著人的思想，而且更在現實中改
變著傳統的社會。康有為之所以賦予「智」以嶄新的意義，就是因為
他強烈地感受到這種變化，並試圖從哲理上予以合理的（當然也是間
接的）解釋。

　　康有為不僅以智統攝萬理，而且還充分肯定智對於人類歷史的重
要意義，預測重智將成為社會發展的必然趨勢和結果。他將中國歷史
分四大時期，認為「上古之時，智為重，三代之世禮為重，秦漢至今
義為重，後此之世智為重」，其是非得失的排列順序是：智為上，禮
次之，義為下。重智之所以為上，是因為它充滿了符合人的氣質之性
的仁愛精神：「前聖開物成務，製器尚象，利物前民，又以為不足，
精其飲饌，美其衣服，飾其宮室，華以禮樂，晝夜竭其耳目心思以為
便民，仁之至也」，而重義之所以為下，則是因為「秦漢以後，既不
獨智以為養，又不範禮以為教，時君世主，以政刑為治，均自尊大，
以便其私，天下學士大夫相與樹立一義其上者，砥節行，講義理，以

虛言扶名義而已，民生之用益寡也，故曰義為下」。[13]這種鮮明的對比，是對秦漢以來的君主專制統治及其僅存「虛言」的封建義理的大膽否定，從「後此之世智為重」的預見中，則可見出康有為對已有西方國家榜樣在前的近代社會的肯定和嚮往。

三　辨析理氣、理欲關係，肯定氣在理先和人欲的天然合理性，並預言封建義理的必變

　　這一辨析是針對程朱理學的天理人欲論而發的。在《理氣篇》中，康有為對理的產生，從根源和過程上作了這樣的闡述：「夫天之始，吾不得而知也。若積氣而成為天，摩勵之久，熱重之力生矣，光電生矣，原質變化而成焉，於是生日，日生地，地生物。物質有相生之性……天地之氣，存於庶物，人能采物之美者而服食之，始尚愚也同，一二聖人少補其靈明而智生矣。合萬億人之腦而智日生，合億萬世之人之腦，而智日益生，於是理出焉。……故理者，諸聖人所積為也。」[14]聖人「神識聰明，故足以開物成務；氣質清粹，故足以修道立教」。[15]在《濕熱篇》中，康有為講得更為具體一些：「於無極，無無極之始，有濕熱之氣鬱蒸而為天。諸天皆得此濕熱之氣，輾轉而相生焉。近天得濕熱之氣，乃生諸日，日得濕熱之氣，乃生諸地，地得濕熱之氣，蒸鬱而草木生焉，而禽獸生焉，已而人類生焉。人得濕熱之氣，上養其腦，下養其心。濕則仁愛生，熱則智勇出。積仁愛智勇而有宮室飲食衣服以養其身；積仁愛智勇而有禮樂政教倫理以成其治。」[16]

13　同上書，頁25。

14　《理氣篇》，《康子內外篇（外六種）》，頁28。

15　同上。

16　《濕熱篇》，《康子內外篇（外六種）》，頁17-18。

在這些說法中有兩點是值得注意的。一是肯定了氣（不管是「天地之氣」還是「濕熱之氣」）在理先，氣是理的本源，沒有氣，就沒有理。對於這一點，康有為還在《愛惡篇》中明確寫道：「彼昧於理者，以仁智為理，以物為氣質，謂理氣有異，不知天下舍氣質，豈有異物哉？」[17]在《人我篇》中則直接批駁朱熹的性理之論：「與佛之言精魂同，不知理與性皆是人理人性，未受氣以前，何所謂性理耶？此過尊之而不得其實者也。」[18]二是指明「理」產生於天。因而結論是無所謂「天理」，「有人形而後有智，有智而後有理。理者，人之所立」，只能稱為「人理」；相反，「若耳目百體，血氣心知，天所先與。嬰兒無知已有欲焉，無與人事也。故欲者，天也」[19]。這樣，康有為就把天理人欲的說法恰恰倒換過來，成了「天欲而人理」。這一倒換肯定了人的欲望的天然合理性（但需節制，不能放縱），而去掉了理依附於天的神秘性和至上性（但仍有濃厚的聖人色彩）。既然如此，「理」就不是永恆的，而是隨著人類社會的變遷而變化的。對理氣、理欲的辨析，進一步引發了康有為對數千年來一直奉為不可觸犯的天理的反思：「中國之俗，尊君卑臣，重男輕女，崇良抑賤，所謂義也。……習俗既定以為義理，至於今日，臣下跪服畏威而不敢言，婦人卑抑不學而無所識，臣婦之道，抑之極矣，此恐非義理之至也，亦風氣使然耳。物理抑之甚者必伸，吾謂百年之後必變三者：君不專，臣不卑，男女輕重同，良賤齊一。」[20]康有為對封建義理的批判，態度還是比較溫和的，但作為中國近代思想家否定封建義理的開端，這已經很不容易。後來歷史的發展比康有為的預想要快些，不到百年，封建義理的廢棄便已變成了現實。

---

17 《愛惡篇》，《康子內外篇（外六種）》，頁11。

18 《人我篇》，《康子內外篇（外六種）》，頁23。

19 《理氣篇》，《康子內外篇（外六種）》，頁29。

20 《人我篇》，《康子內外篇（外六種）》，頁22-23。

四　立足於人性人道，闡明治教應遵循的準則

　　通過論證人的氣質之性，康有為肯定了人欲的天然合理性，確立了人的中心地位，視人道為根本之道。得此新哲理，他便用以重新審視與人息息相關的「政教禮樂之事」，其審視的範圍是非常廣大的：「前乎我者數千年之治教，吾辨考而求之，存其是非得失焉；後乎我者數千年之治教，吾揣測而量之，聽其是非得失焉。」就在他生活於其中的四周現實環境中，康有為見到了許多與人性人道極不相符的現象：「父子而不相養也，兄弟而不相恤也，窮民終歲勤動而無以為衣食也，僻鄉之中，老翁無衣，孺子無裳，牛宮馬磨，蓬首垢面，服勤至死，而曾不飽糠核也。彼豈非與我為天生之人哉？而觀其生，曾牛馬之不若，予哀其同為人而至斯極也。」他認為，這不是因為「天之故厄斯人」，而是因為「政事有未修，地利有未闢，教化有未至」，亦可說是「民上者之過」。[21]康有為對君主不能使人民像人一樣地生活進行了批評。

　　那麼，應如何當好君主，什麼才是恰當的為民之道呢？康有為在《人我篇》中作了專門的探討，其中心論點是：應以「兼愛」之心為之（「兼愛者，仁之極也」）。為此，就要做到「變氣質之偏，絕嗜欲之源，胼手胝足而不為勞，監虜之辱、隸圉之服而不為苦。日思所以憂民之形，逸民之生，與其臣相與講求之」。要君主不知勞苦地為民眾謀利益，這無疑是很高的要求，對傳統文化的民本君輕精神是一大發揚。康有為進而批評君上縱慾是天下大亂之源：「以一人縱於萬民之上者，民悄悄然側目視之，久則憤起而不可遏，將欲禁其亂，安可乎？故夫百姓侵其上，臣僚奪其君。匹夫可以揭竿而謀富貴，夫亦君

21　《不忍篇》，《康子內外篇（外六種）》，頁15-16。

上縱慾有以啟其亂萌也。是故嚴刑不能懲，重律不能警，歷聖之經不足法，諸儒之訓不足承，成黨縱慾，得以自私。」[22]君主縱慾而不行兼愛之道，則刑、律、經、訓皆為無用之物，這與其說是強調君主個人行為的輕重，不如說是極大地突出了行兼愛之道的必要性。當然，為君之道絕不只是「兼愛」與否的問題，君主個人的行為如何也不是決定社會治亂的根本原因。康有為以兼愛論為君之道的主要意義，在於他對基於氣質的民眾（「惟眾之為形質則有欲，斯亦天之所予，無可禁也。故雖聖人，不能無聲色之奉，宮室衣服之設，窮華極麗，以文其體，以事其身」[23]）給予了極大關注。這是康有為闡明的治教新準則與過去舊治教的重大區別所在。

五　用地勢（地氣）的差別說明各國政教文物存在種種不同的根源

康有為論「天地人物之理」、「政教藝樂之事」，眼光不限於中國，常常將世界各國加以比較。正如他根源於氣質重新論述人性、道德、理欲關係、治教準則等問題一樣，他也試圖根源於氣質（具體化為地勢、地氣）對各國政教盛衰、性質、傳播等的不同做出解釋。

第一，政教文物興盛的遲早與得地氣的先後密切相關。康有為以崑崙山作為「地頂」，按照與崑崙山地域聯繫的遠近一一論之。印度則「居中，於崑崙為最近，得地氣為最先，宜其先盛也」；中國則「在崑崙山為東龍，先聚氣於中原，自漢以後，然後跨江以至閩粵，跨海以至日本，蓋地球之運，固如是也」；波斯、猶太則「於崑崙為

22　《人我篇》，《康子內外篇（外六種）》，頁21-22。

23　《人我篇》，《康子內外篇（外六種）》，頁21。

西龍，故其文物次於中國」；歐洲則「最遠，故最遲，至羅馬而乃盛也」。[24]

第二，各國政教的性質取決於地域的面貌。中國「地域有截（按指四周地理環境的閉塞難通），故古今常一統，小分而旋合焉」，其學為「義學」，「自尊君卑臣，重男輕女，分良別賤，尊中國而稱夷狄，皆是也」，而印度、泰西則正好相反，「山川極散，氣不團聚，故古今常為列國，即偶成一統，未幾而散為列國焉。其師之教亦祀佛之說，而以平等為教，亦以地氣為之也」。[25]

第三，各國政教的傳播和相互影響也是由地勢的走向所決定的。以中國而言，「環境皆山，氣無自出，故孔子之教，未嘗遠行。數千年未聞有如佛之高僧，耶穌之神父，投身傳教於異域者，蓋地勢使然」。儒教不能西行，佛法卻能東來，是因為「印度之為國向南，襟帶南海，海水東流，故能至中國也。中國之山川，皆奔趨向東，無一向西者，故儒教大行於日本，而無一字飛出於印度，蓋亦山川為之也」。歐洲政教的東漸亦如此：「地中海之水，怒而欲出於海，近者裏希勃斯開蘇夷士河，地中海水瀉而東來，泰西之政教盛行於亞洲必矣。亞墨利加洲山川面向於東，有朝宗歐洲之意，此歐洲之教政所以操柄風行於美洲也。」[26]

總之一句話，凡此種種「皆非聖人所能為也，氣為之也，天也」[27]。

康有為如此強調地勢（地氣）對於各國政教文物的作用，實質上是一種地理環境決定論，而且非常簡單粗糙，不僅完全忽視了政教文

---

24 《筆域篇》，《康子內外篇（外六種）》，頁30。
25 《地勢篇》，《康子內外篇（外六種）》，頁26-27。
26 《地勢篇》，《康子內外篇（外六種）》，頁26-27、27-28。
27 同上書，頁27。

物與人類社會生活（特別是物質生產力水準）的複雜關係，而且任意
誇大了地理因素的作用，有些議論甚至幾近於風水之說。但應該看到
的是，比起聖人決定論、上帝決定論來說，地理決定論畢竟多一些合
理的因素；以氣質解釋政教是朝著全面認識政教的客觀物質基礎而邁
出的一大步，為康有為後來進一步接受歷史進化論起了鋪墊和開路的
作用。

　　通過在哲理及根本文化觀念上的一系列更新，康有為就形成了自
己初具完整形態的新世界觀。這個世界觀儘管還不完善，許多地方甚
至並不正確，但其重要意義卻是不可忽視的。它不僅為康有為寫作
《人類公理》等早期著作乃至後來寫作《大同書》奠定了初步的理論
基礎，而且是其形成維新變法思想不可缺少的理論準備。對於中國近
代哲學的建立來說，《康子內外篇》則更是具有開拓性意義的代表性
文獻。

康有為上書與中國知識分子政治意識的覺醒

　　在主要由知識分子（當時稱之為士人）所促成的戊戌變法運動中，康有為上書皇帝[1]是格外令人注目的歷史現象。從1888年《上清帝第一書》請求「變成法、通下情、慎左右」[2]，到1898年9月21日政變當天最後代御史宋伯魯擬折，「請速簡重臣結連與國以安社稷而救危亡」[3]，康有為的上書活動與變法運動相伴始終，並給變法運動深深打上了康有為個人的印記。但正如康有為由一介書生成為維新領袖不僅僅是個人身份的轉換一樣，康有為上書也不僅僅是其個人變法思想的記錄。在深層意義上，它還凝聚和昇華了鴉片戰爭以來半個世紀中變法思潮的主要成果，尤為鮮明地顯示了中國知識分子政治意識的覺醒。這一覺醒，是通過康有為上書所蘊含的極為豐富的政治思想內涵表現出來的。

1　除著名的七次上清帝書外，此處所論還包括康有為所上的奏摺及進呈的書籍。從直接與皇帝溝通的角度看，這些都是不稱上書的上書。

2　《上清帝第一書》，《康有為政論集》上冊（北京市：中華書局，1981年），頁57。下引該書同此版本，不再另注。

3　《戊戌變法檔案史料》（北京市：中華書局，1958年），頁170。

一　上書表現出自覺關注國家和民族前途命運的政治責任意識

早在中法戰爭結束後不久，康有為就對中國由於列強環伺而潛存的危局深表憂慮，以為「計自馬江敗後，國勢日蹙，中國發憤，只有此數年閒暇，及時變法，猶可支持，過此不治，後欲為之，外患日逼，勢無及矣」，因此冒天下之大不韙，直接上書皇帝，「極言時危，請及時變法」。[4] 這一舉動在當時上下麻木、諱言變革的氛圍中，幾乎無人支持和理解。大臣斥之為「狂生」[5]，士大夫們「群疑交集」[6]，對康有為多有攻擊之語，友善者亦勸其「勿言國事，宜以金石陶遣」。康有為受此打擊，不禁「大發浮海居夷之歎」，又「決然舍歸，專意著述，無復人間世志意矣」。[7] 但這畢竟只是一時的憤激之語。

當甲午戰爭中清朝再敗於日本，即將簽約割地賠款，遭受奇恥大辱之時，強烈的救亡圖存之心驅使康有為奮起抗爭，領頭聯合十八省舉人集會，自己「以一晝二夜草萬言書，請拒和、遷都、變法三者」，這就是傳遍一時的「公車上書」。儘管群情激憤，這次上書的結局也並不比第一次好些。都察院藉口條約已簽，無法挽回，拒不接受上書。而上書之前，就有反對者蓄意「阻撓此舉，妄造飛言恐嚇，……街上遍貼飛書，誣攻無所不至」[8]。其後，康有為又連上兩書，一書達於皇上，一書再次被拒。這對康有為來說，無疑又是一個嚴重的挫折。然而，挫折並不能轉移他對國事的注意力和責任感。兩

4　《康南海自編年譜（外二種）》，頁15。

5　《與徐蔭軒尚書書》，《康有為全集》第一集（上海市：上海古籍出版社，1987年），頁319。下引該書同此版本，不再另注。

6　《康有為政論集》上冊，頁73。

7　《康南海自編年譜（外二種）》，頁16、18。

8　同上書，頁26。

年後，面對德國強佔膠州灣、瓜分之潮驟然高漲的危急局勢，康有為
毅然第五次上書皇帝，痛言時局之危，力陳解救危機的方針大計。

最能集中表明康有為政治責任感的，莫過於「百日維新」時期他
在上書方面所作的頑強努力。他雖明知變法前程未卜，但仍將皇帝下
詔變法視為救國救民的一線生機。在短短三個多月內，瀝盡心血，奮
筆疾書，草折數十道（包括代人草擬奏摺），大至變法的綱領，小至
某事的興革，乃至如何加強光緒的皇權，對付後黨可能發動的政變，
無不殫精竭慮地貢獻己見。以上書發動變法始，以上書力抗政變終，
正是通過上書，康有為擔當並完成了維新時期歷史賦予他的最重要的
政治使命。

康有為的政治責任意識不但在形式上表現為百折不撓的上書舉
動，而且在內容上突出表現為上書中對中國面臨的日益嚴重的生存危
機一再發出的大聲疾呼和嚴厲警告。

1888年，當京師還是一片「酣嬉偷情，苟安旦夕，上下拱手，遊
宴從容」[9]的奢靡景象時，康有為在上書中就對「外夷交迫」的危局
作了十分清醒的估計：「自琉球滅、安南失、緬甸亡，羽翼盡翦，將
及腹心。比者日謀高麗，而伺吉林於東；英啟藏衛，而窺川滇於西；
俄築鐵路於北，而迫盛京；法煽亂民於南，以取滇粵」，「國事蹙迫，
在危急存亡之間，未有若今日之可憂也」。他還對日本的侵華陰謀進
行預言：「日本雖小，然其君臣自改紀後，日夜謀我，內治兵餉，外
購鐵艦，大小已三十艘，將翦朝鮮而窺我邊。」[10]不過六年，這一預
言就變成了甲午戰爭的現實。

1895年，甲午戰爭剛剛結束，瓜分狂潮便漸露端倪。針對許多人
存在的「和議成後，可十數年無事」的苟安心理和「上下熙熙，苟幸

9　《康有為政論集》上冊，頁55。
10　同上書，頁52-53、53-54。

無事，具文粉飾，復慶太平」的麻木狀況，康有為又率先在上書中敲
響救亡的警鐘：「甲午以前，吾內地無恙也，今東邊及臺灣一割，法
規滇、桂，英規滇、粵及西藏，俄規新疆及吉林、黑龍江，必接踵而
來，豈肯遲遲以禮讓為國哉？況數十國之逐逐於後乎？……外患內
訌，禍在旦夕，而欲苟借和款，求安目前，亡無日矣，今乃始基
耳。」並觸目驚心地大書「瓜分」、「瓦解」的字眼：「竊近者朝鮮之
釁，日人內犯，致割地賠餉，此聖清二百餘年未有之大辱，天下臣民
所發憤痛心者也。然辱國之事小，外國皆啟覬覦，則瓜分之患大，割
地之事小，邊民皆不自保，則瓦解之患大，社稷之危未有若今日
者。」[11]以此來喚起最高統治者的嚴重危機感。

　　1897年，以德國強佔膠州灣為嚆矢，列強對中國的瓜分掀起高
潮，而清廷竟仍然「泄沓如故，坐以待亡」，且「盈廷緘默之風，深
痼更深於昔日」。康有為「土室撫膺，閉門泣血」，「瞻望宮闕，憂思
憤盈」，在上書中以極為強烈的憤激之情對統治集團發出最嚴重的警
告。他指出如果還不救亡，聽任列強瓜分，清朝將會走到絕路，「皇
上與諸臣，雖欲苟安旦夕，歌舞湖山而不可得矣，且恐皇上與諸臣，
求為長安布衣而不可得矣」，「沼吳之禍立見，烈晉之事即來，職誠不
忍見煤山前事也」。[12]膽敢將皇帝和朝廷可能的前景預言得如此淒慘可
怖，如果不是把國家和民族的前途命運看得比自己生命還重的人，是
決然做不到的。

二　上書貫串著督責當政、籌畫國策的政治指導意識

　　在君主專制的統治及專制主義思想觀念的束縛下，君主或朝廷的

---

11 《康有為政論集》上冊，頁114、139、115、139。
12 《康有為政論集》上冊，頁201、202、203、209-210。

旨意從來都對臣屬起支配作用。臣屬們儘管也可以通過建言進諫的方式批評君主的某些缺失，提出這樣那樣的治國修政之策，但總是難以在根本觀念或心理感受方面超越於這一支配定勢之上。康有為與以往臣屬上奏一個顯著的不同，就是開始在很大程度上突破受支配的定勢，不是以政治依附者，而是以政治指導者的姿態出現在君主和朝廷面前，初步顯露出知識分子近代政治精神的頭角。

　　站在徹底變法的立場上，對朝政予以全面審視和嚴格批評，是康有為政治指導意識的突出表現之一。

　　綜觀康有為上書，其中對清朝弊政的揭露是極為廣泛的。按照他的設想，中國應當仿傚的榜樣是歐美或日本那樣成功地實現了近代化的國家。他以這些國家為楷模來反觀中國，中國的貧弱落後、積重難返無疑顯露得異常鮮明。在康有為的七次上書和編撰的《日本變政考》、《日本書目志》等書的按語中，可以清楚而詳盡地看到他對中外之間巨大優劣之差的種種比較。在對朝廷所作的各類批評中，最重要也最有分量的是對朝廷政治制度及大政方針的批評。

　　戊戌年前，康有為側重於批評與君主專制直接相連的若干制度性弊端，主要有：（1）歷代沿襲的弊法。康有為指出，中國之所以貧極弱極，以至於出現危局，「蓋法弊致然也」。這裏所說的「法」，即指中國歷代一脈相承的封建典章法度。他認為，中國二千年來「以法治天下」，但此法自六朝、唐、宋、元、明以來早已成為弊法，清朝法度因襲明制，經數百年其弊更是有增無已。[13]要禦侮圖強，只有改變弊法，重定典章。這實際上已涉及君主專制主義制度本身需要加以重大革新的嚴峻話題。（2）君與臣、君與民的上下隔絕。康有為視「壅塞」為中國首要的大病，描述其症狀是「君與臣隔絕，官與民隔絕，

---

13 同上書，頁140、122。

大臣小臣又相隔絕，如浮屠百級，級級難通，廣廈千間，重重並隔」，由此而導致了其它種種的政治病症。因此，必須去塞求通，採取有力的措施「通下情」。[14]（3）君主地位過尊。這是康有為上書中極為重視的一個問題。在他看來，君主太尊是中國的宿弊，中國之所以出現諸多政治問題，原因都是由於君主太尊，「此弊不除，蠹在根本，終難自強」。在第一至第四書中，對君尊都有批評，尤以第四書為尖銳。書中直言不諱地批評君主尊嚴過甚，忌諱過多，致使群臣無得親近，樞臣無法議事，才賢不能竭盡；鄭重告誡君主，若不「紆尊降貴，與臣民相親」，則「近之有土地不守、人民不保之患，遠之有徽欽蒙塵、二世瓦解之禍」。[15]這當然不只是對君主個人的警告，也是對君主所代表的專制制度的警告。

戊戌年中，由於在緊迫的局勢和維新派的推動下，朝廷自上而下的變法已逐漸開始啟動，因此，康有為尤為關注的是朝廷進行變法的決心和舉措。照他的設想，朝廷變法之初要做的最重要的事有三件，即明定國是、大誓群臣和開制度局。明定國是就是要明確詔示以「大變全變驟變」作為立國方針，嚴格劃清開新與守舊的界限，以開新作為朝政的惟一趨向；大誓群臣就是要大造變法的聲威，由皇上親自率眾宣誓徹底變法，嚴懲對新政的阻撓破壞者，以使群臣「咸發憤報國不敢怠違」；開制度局就是要設立統籌變法全域的領導機構，先定出變法的總體規劃、規則，然後再按其行事。[16]這三件要事，康有為在上書折中是反覆加以強調的。但是，朝廷除了在「明定國是」方面發佈過一份由翁同龢起草的詔書外，對其它二事都未予以積極的回應。

14 同上書，頁134、135。

15 《康有為政論集》上冊，頁156、157-158。

16 《請御門誓眾開制度局以統籌大局摺》，《傑士上書匯錄》，故宮藏本。下引該書同此版本，不再另注。

即使是「明定國是」一事，也是光緒帝有心，而慈禧太后及諸守舊大臣無意，百日維新開始以來，變法屢遭守舊派的攻擊、阻撓和拖延。對此，康有為非常不滿。在8月29日（離政變發生還不到一個月）所上《恭謝天恩並陳編纂群書以助變法摺》中，康有為回顧總結了朝廷三次變法機會兩次痛失，而第三次亦正在失去的歷史和現狀，直接批評皇上「於至明之中，未施大勇；雖懸日月之照，而未動雷霆之威；雖定國是之所趨，而未行御門之大誓；雖知新政之宜行，而尚以舊人充其任；雖知先後之當議，而未聞顧問之有人；雖能庶事之日新，而未為全域之通籌，故守舊者議論洶洶，誹謗百出，豈累世因循之弊，應任自然之勢，不能遽變耶？無論持之不堅，中於飛語，或至敗於半途，即使皇上見之甚明，持之甚堅，而舉事則零碎湊集，未嘗繪圖畫則，定全域而後施行，用人則資格循常，未嘗尊賢使能，擢通才而任新政，恐空有變法之名而不收變法之實，自強之事仍是茫如捕風，一有外患，仍無所補，將來守舊之徒，歸咎於變法之無益，益為藉口而已」《請御門誓眾開制度局以統籌大局摺》，《傑士上書匯錄》。，言詞相當直率尖銳。

在對朝政不斷進行督責的同時，康有為自覺充當變法設計師、國政指導者的角色，不斷就朝廷變法的指導思想、大政方針、條理次第乃至策略方法等提出自己的建議，供朝廷選擇採納。

在《上清帝第一書》中，康有為初次提出「變成法、通下情、慎左右」的政治綱領，中心之點在於強調君主認清變法的必要性，並從清除自身的政治弊端做起。在「公車上書」中，康有為一方面針對甲午戰敗的嚴峻局勢，提出「下詔鼓天下之氣，遷都定天下之本，練兵強天下之勢」的「權宜應敵之謀」，另一方面則明確以「變法成天下

之治」作為「立國自強之策」。[17]其中包括富國之法、養民之法、教民之法、講求國政之法，形成了一套比較完整的以學習西方、建設近代化新國家為目標的改革方案。在第五書中，思想上正處於由舊的變法政治綱領向新的變法政治綱領轉變過程之中的康有為，向皇上提出了可供選擇的變法三策，第一策曰「擇法俄日以定國是」，第二策曰「大集群才而謀變政」，第三策曰「聽任疆臣各自變法」，「凡此三策，能行其上，則可以強，能行其中，則猶可以弱，僅行其下，則不至於盡亡」。[18]到上第六書時，康有為受到光緒帝委託總理衙門召見的鼓舞，堅決表示皇上只有採法俄日才能「為天下雄」，並將「變法之綱領、下手之條理」明確表述為「大誓群臣以革舊維新，而採天下之輿論，取萬國之良法」，「開制度局於宮中，徵天下通才……為參與，將一切政事制度重新商定」，「設待詔所許天下人上書」等三事。[19]此後，康有為一直將「變政」即變革政治制度置於變法之中心位置，強調以直接學日本代替以往的直接學西方，規劃了定三權以變政體、改國憲以變根本、設議院以行民權的更為宏偉更有遠見的變法藍圖，而又以明定國是、大誓群臣、開制度局作為變法的當務之急。可以說，幾乎在每個關鍵的歷史時刻，康有為都力圖成為朝廷擺脫困境、抓住機遇、及時變法的引路人。此外，在整個變法運動時期，康有為還結合時宜，上過許多具體的經濟改革之策、軍事改革之策、文化教育改革之策、對外禦侮之策等等，不勝枚舉。

這些大小國策，不能說都很符合中國的實際，都有立刻採納施行的價值，但毫無疑問的是，它們所貫串的力破積弊、採納先進、堅決而徹底地變法的精神，確是為朝廷所急需，惟有照此精神行事，朝廷

---

17 《上清帝第一書》，《康有為政論集》上冊，頁116。

18 《上清帝第五書》，《康有為政論集》上冊，頁208-209。

19 《請大誓臣工開制度新政局摺》，《傑士上書匯錄》。

才有可能走出一條擺脫貧弱危亡狀況的生路。如果朝廷對康有為所獻國策以積極的態度來對待，認真研究試用，對國家民族將功德無量。可惜的是，朝廷限於自身極其狹隘的階級私利和統治集團的私利，不能接受康有為這樣的政治指導者，自己斷送了變法自強的前途。

三　上書充滿了強烈要求獲取參政議政權的政治權力意識

　　對於中國古代的民眾（包括士人）來說，自身政治權力的意識從來都是一個空白，向統治者要求政治權力更是絕大的禁忌。在君主專制的政治權力系統中，只存在至高無上、統攬一切的君權和由君主所授予、按照君主的旨令行事並隨時可能被君主剝奪的各級官權。近代以來，隨著閉關自守的國門被打開和瞭解世界、學習西方思潮的興起，先進的中國人逐漸知曉國外存在著與中國君主專制統治截然不同的民主政治或「君民共主」的政治。在君民共主制下，君主固然有權，但民眾也應享有自己的權力。在民主制下，權力更是集中掌握在民眾手中。於是，限制君主專制權力的意識、向君主爭取權力的意識乃至明確的「民權」意識，漸次成為中國人新的政治思想意識的聚焦點。在康有為之前，帶有一定權力意識的設立議院的呼聲已較多見之於早期改良派代表人物的個人著述，而以上書形式直接向皇帝提出獲取參政議政權的要求，則是從康有為開始的。

　　康有為提出政治權力要求有一個由比較和緩到相當激進的發展過程。戊戌年前，代表康有為政治權力要求的主要是一至四書中關於設「議郎」的主張。其基本內容是由君主「特詔頒行海內，令士民公舉博古今、通中外、明政體、方正直言之士，略分府縣，約十萬戶而舉一人，不論已仕未仕，皆得充選，因用漢制，名曰議郎。皇上開武英

殿,廣懸圖書,俾輪班入直,以備顧問。並准其隨時請對,上駁詔書,下達民詞。凡內外興革大政,籌餉事宜,皆令會議於太和門,三占從二,下部施行。所有人員,歲一更換。若民心推服,留者領班,著為定例,宣示天下。上廣皇上之聖聰,可坐一室而知四海;下合天下之心志,可同憂樂而忘公私」;議郎制「……其省府州縣咸令開設,並許受條陳以通下情」;「置議郎以通下情,……徵議郎則易於籌餉」;議郎等「會議之士,仍取上裁,不過達聰明目,集思廣益,稍輸下情,以便籌餉,用人之權,本不屬是,乃使上德之宣,何有上權之損」。[20]很明顯,議郎制與早期改良派所設計的議院方案頗為相似,只是帶有更為濃厚的「中國化」色彩。從康有為對該制的諸種規定來看,議郎制並不表示一個立法權力機構,議郎也不是具有立法權的議員,議郎本身的權力是很小的。但與漢代僅僅作為君主屬官的議郎相比,康有為設計的議郎制有了很大的不同。首先,新議郎是由士民選舉出來的一大批傑出人才,他們不是出任某種官員,而是充當民情民意的代表,具有與君主專制統治潛在的對抗性。其次,他們權力不大卻地位很高,可以直接充當皇帝的顧問,隨時面諫,並以「會議」的形式參與討論國家興革大政,君主一旦採納他們的意見後便可「下部施行」,等於成了君主身邊的智囊團。最後,新議郎不僅中央設置,而且各省府州縣皆設,成為一個上下可以配套、互相可以呼應的系統。按此設計,議郎制在中國政治權力系統和中國政治生活中無疑將發揮重要的作用;在本質上,這種作用不是對君權的補充而是對君權的限制。這在過去是沒有的。

　　戊戌年間,康有為基本上放棄了議郎制主張而代之以開制度局的要求。其主要原因是隨著變法運動的深入發展,康有為對西方議會制

---

20 《康有為政論集》上冊,頁135、158-160。

度、中國政治現實及變法的綱領策略等均有了新的更為成熟的認識，議郎制的設計已不能適應維新派在更大程度上參政議政的強烈願望，於是便有開制度局主張的提出。開制度局從設議郎演變而來，但在政治權力意識上有了重要的發展。一方面，制度局是根據西方「三權鼎立之義」，仿照日本變政模式開設的。制度局就是三權中的「立法官」，其主要職能是議決政事，制定憲法。對此，康有為多處論及。[21] 另一方面，以制度局為核心，建立了一套新的政治體制。在制度局之下，設有法律局、稅計局、學校局等12個專局作為中央新政的行政機構，而六部、軍機處、總署等一概被排斥在外，地方則設立「新政局」和「民政局」作為執行新政的地方機構，而「直省藩臬道府皆為冗員」，加以廢除。[22] 從這兩方面看，制度局已經是一個立法權力機構，同時又是一個變法新政的領導機構。它的開設意味著維新派欲取得更大更全面的參政議政權，對清朝從中央到地方的舊式封建官僚政治機構全面加以取代。開制度局的主張反映出康有為的政治權力意識的確是非常強烈的。

當然，無論是議郎制要求直接議政也好，制度局欲全面取代封建官僚政治機構也好，仍都存在著對君權的很大依賴性。這不僅指兩項制度都需要君主加以採納才能設立，而且指即使設立了它們，也受到君權的很大制約。它們實際上是維新派與君權實行某種政治聯盟的形式。康有為所代表的維新派沒有意識到君主並不是單獨的孤立的個人，而是整個封建統治集團的最高代表，在統治集團的多數人都守舊落後的情況下，君主個人不可能不受到嚴重約束（光緒帝始終沒有實權即間接地證明了這一點），也沒有意識到如果維新派自身不夠強大

---

21 《日本變政考》卷一按語等，故宮藏本。下引該書同此版本，不再另注。

22 《請大誓臣工開制度新政局摺》，《傑士上書匯錄》。

和不能對統治者施加足夠的壓力,他們就不能獲得自己所期望的權力,因此,他們的權力意識事實上很不現實,難以實現。然而,對於中國這樣一個古老的君主專制國家邁開走向政治近代化的步伐來說,這種政治權力意識的產生仍然是極有意義的,它將鴉片戰爭以來有識之士不斷提出的變法要求提升到了一個新的高度,開始觸及變法的實質和要害。

總之,康有為上書中所包含的政治責任意識、政治指導意識和政治權力意識,標誌著中國知識分子長期以來備受壓抑摧殘、幾乎消失殆盡的政治意識正在全方位地蘇醒過來。它們所透露的時代信息是,政治需要得到先進知識分子的關注、指導和參與決策,封建君主專制制度下知識分子對政治視為忌諱、無所作為,一切仍由君主或統治集團少數人所操縱決定的傳統已經完全過時,非打破不可;優秀知識分子作為先進思想、先進文化的載體,作為社會成員中的精英部分,理應在關於國家民族前途命運的重大政務、重大政治決策中貢獻自己的聰明才智。雖然康有為上書所顯示的政治意識的覺醒還不能正式算是階級意識的覺醒,也未達到民主主義思想的高度,但它無疑是階級意識覺醒和民主主義思想湧現的先聲。

康有為的變法指導思想

　　以往對康有為變法思想的研究存在著某種忽視其自身內容的完整性、互補性和內在統一性，片面地加以取捨、分割甚至曲解的傾向，給其不恰當地戴上「改良主義」或「皇權主義」的帽子。因此，有必要按照康有為本人思想發展的邏輯和史實，對其變法思想進行細緻地梳理，使對康有為的研究和評價更加符合歷史實際。康有為變法思想涉及的方面很廣，就作為其核心和主體的變法指導思想而言，可略分為必變大變速變論、君權變法論、變於下論和興民權論。它們回答了要不要變法、按照什麼基本原則和基本方式變法以及變法的最終目的等帶有根本性、全域性的問題，形成了一個比較完整的體系。

一　必變大變速變論

　　所謂必變，就是必須變法。康有為從現實和理論兩個層面對變法的必要性進行了闡述。

　　在現實層面上，首先，康有為指出西方列強日益加緊的侵略已對中國造成了極為嚴峻的生存危機，只有變法，中國才能避免被吞併瓜分的厄運。這一方面康有為的論述極多。早在1888年，他就對「方今外夷交迫」的情狀作了清醒的描述，提出必須「變成法」。[1]甲午戰爭失敗後，他對列強的緊逼表示了更大的「憂懼」，認為「非變通舊

1　《上清帝第一書》，《康有為政論集》上冊，頁52、57。

法，無以為治」。[2]德國強佔膠州灣事件的發生，促使康有為再次上書清帝，書中用極為驚心動魄的語言指出中國瓜分在即，國亡在即，變法乃為求生存的惟一出路，甚至直言若不變法，「沼吳之禍立見，烈晉之事即來，職誠不忍見煤山前事也」[3]，將外患深重、中國不能不變法的必要性闡發得極為透闢。特別值得注意的是，康有為在歷陳西方侵略的嚴重態勢之時，並未僅將列強視為企圖滅亡中華的大敵，而是同時亦將其看做新時代的代表，認為中國不僅因為遭受侵略、面臨生存危機而必須變法，而且更因為時代發生轉變，已遠遠落後於侵略者，落後於新的時代而必須變法。他將新時代稱之為「敵國並立之世」或「競長之世」，而將舊時代稱之為「平世」或「一統之世」，認為這是兩個在治國之法上完全不同的時代，前者以「開創之勢」治天下，勇於更新百度、爭雄角智，而後者以「守成之勢」治天下，只會率由舊章、拱手無為。現在既然時代發生了轉換，中國就應毫不猶豫地拋棄舊法，改用新法，否則，「是執舊方以醫變症，藥既不對，病必加危」。[4]這種看法雖不準確，但無疑具有很強的歷史洞察力。其次，康有為指出中國本身存在著極其嚴重的積弊，只有通過變法才能加以清除，從而重新獲得生機。在康有為論及時事的多種著述中，都有對這些積弊的無情揭露。如《上清帝第一書》言，「今天下法弊極矣」，「今之法例，雖云承列聖之舊，實皆六朝、唐、宋、元、明之弊政也」；《上清帝第三書》一言以蔽之曰：「夫中國二千年來，以法治天下，而今國勢貧弱，至於危迫者，蓋法弊致然也。……若非大變講求，是坐待自斃也」；《上清帝第五書》用弱、昧、亂、亡四字來概括中國社會極為衰敗的現狀，強調要想避免被人「兼弱攻昧，取亂侮

2　《上清帝第二書》，《康有為政論集》上冊，頁115、123。

3　《上清帝第五書》，《康有為政論集》上冊，頁209-210。

4　《康有為政論集》上冊，頁59、127、122、151。

亡」的厄運，惟一的辦法就是「發憤維新」；等等。[5] 這些論述實際上是對清朝現實統治作了帶有根本性的否定和批判。

在理論層面上，康有為主要依據萬物變化論、歷史變遷論和中國傳統變易論闡明必須變法的道理。在萬物變化論方面，康有為於1888年開始上書清帝之前，就對宇宙、世界及人類的變化（或進化）作過不少論述，隨後又在萬木草堂對諸弟子宣講萬物皆變的觀點。在1895年的「朝考卷」《變則通通則久論》中，他對無時無刻不在變動的「天道」作了更為集中的闡述，得出「天久而不弊者，為能變也。……地久而不弊者，為能變也。夫以天地不變且不能久，而況於人乎？且人欲不變，安可得哉」的結論。在歷史變遷論方面，康有為列舉了很多歷史事實，將其變化規律總括為「千年一大變，百年一中變，十年一小變」，認為「若泥守不變，非獨久而生弊，亦且滯而難行」。[6] 在中國傳統變易論方面，康有為較多地引用了孔子、伊尹、董仲舒等人的言論及《詩》、《易》上的語句，用以說明變法維新是古聖先賢一致認可的常理。理論層面與現實層面的結合和交織，就將變法的必要性闡明得非常透徹。

所謂大變，就是要徹底變法，從根本上變法，而不能只變枝節，或者只變其一，不變其二。

康有為對必須徹底變法的問題始終予以高度重視，十年間（1888～1898年）不斷進行論述，其思想愈來愈完善深刻。首先，中國積弊太深，如不大變全變將毫無成效，難救危亡。恰當的做法是「盡棄舊習，再立堂構」，「若僅補苴罅漏，彌縫缺失，則千瘡百孔，顧此失彼，連類並敗，必至無功」。其次，變法之事互相關聯，欲變此則必

5　同上書，頁58、140、208。

6　《變則通通則久論》，《康有為政論集》上冊，頁110-111。

變彼，否則皆難成功。比如欲救貧弱，莫如開礦、製造、通商、練兵、選將、購械，而「科舉不改，積重如故，人孰肯舍所榮而趨所賤哉」；欲改科舉、精學業，必須開學會；欲開學會，必須改官制；即使官制已改，諸學遍立，還必須去君主之「獨尊」，密切君主與臣民的關係，這樣變法自強最終才有保障。[7]最後，新舊兩大時代、新舊兩種治法截然相反，變法只能全部用新，不能絲毫照舊。康有為對此說得很堅決：「既以今為列國競長之時，則必以列國競長之法治之，而不可參以分毫大一統之舊。」[8]。又說：「一統競長二者之為治，如方之有東西，色之有黑白，天之有晴雨，地之有水陸，時之有冬夏，器之有舟車，毫髮不同，冰炭相反。」[9]在距離戊戌政變不到一個月所上的一份奏摺中，他再次向皇上發出必須徹底變法的呼籲：「既以諸國並立之勢治天下，則當全去舊日一統之規模；既以開創維新之勢治天下，則當全去舊時守成之面目。百度庶政，一切更始，於大東中開一新國，於二千年成一新世，如新宮之作金碧輝煌，如新衣之服色樣整潔，分毫舊料皆棄而勿用。……故不變則已，一變則當全變之，急變之。」[10]

至於怎樣才算徹底變法，康有為先是將君主去「獨尊」、「紆尊降貴，與臣民相親」視為變法自強的「根本」。[11]深入研究日本明治維新史後，他對日本「改定國憲」高度重視，認為變革有「變器」、「變事」、「變政」、「變法」之別，只有改定國憲，才是「變法之全體也」。[12]隨後又在上奏論統籌全域時指出：「今之言變法者，皆非變法

7　《上清帝第四書》，《康有為政論集》上冊，頁152、154-158。

8　《進呈〈日本變政考〉等書乞採鑒變法摺》，《傑士上書匯錄》。

9　《請御門誓眾開制度局以統籌大局摺》，《傑士上書匯錄》。

10　《恭謝天恩並陳編纂群書以助變法摺》，《傑士上書匯錄》。

11　《康有為政論集》上冊，頁157-158。

12　《日本變政考》卷七按語。

也，變事而已。……下手之始，宜先變法，將內政外交一切法度盡行斟酌改定，使本末精粗大小內外皆令規模畢定，圖樣寫就，然後分先後緩急之序，次第舉行。……故必變定法度，而後徐圖舉事也。」[13]非常明顯，康有為所主張的改革是很有力度和深度的，不能謂之為只變枝節、不變根本的「改良主義」。所謂速變，就是要迅速變法，不能猶豫徘徊、拖延不決，而應當機立斷、雷厲風行。

康有為在每次上書上奏請求皇上大變之時，幾乎都講到要速變。之所以必須速變的原因主要是兩條：一是外部強敵逼迫；二是內部動亂威脅。兩者之中前者更為重要。康有為關於必須迅速變法的一段最詳盡的論述，見於《恭謝天恩並陳編纂群書以助變法摺》。折中總結了波蘭因遲遲不肯變法以致終於被人「分滅」的慘痛歷史教訓，回顧了清朝變法之機一失再失的坎坷歷程，指出現在皇上明確下詔（即「明定國是」詔）宣佈變法是「第三次機會」，必須「全變之急變之」，如果仍然猶疑不決，變法無方，便會失此機會，則「一旦強敵藉端要脅，無可言者，恐至是吾君臣上下同心欲變而各國逞其兵力，抑令守舊，將為波蘭之續，雖欲變而不能矣」[14]，將能否速變與國家是否遭「分滅」之禍緊密地聯繫在一起。

必變、大變、速變，構成了康有為主張變法的基本依據和基本原則。

二 君權變法論

所謂「君權變法」，就是運用或依靠君主的權力，實行自上而下的變法，也就是維新派自己所說的「變於上」。在整個戊戌變法時

---

13 《請御門誓眾開制度局以統籌大局摺》，《傑士上書匯錄》。
14 《恭謝天恩並陳編纂群書以助變法摺》，《傑士上書匯錄》。

期,康有為所主要宣導並力求使其實現的是君權變法,這是他所設計
所嚮往的變法基本模式。

　　對由中國歷史和傳統文化所造就的「勢」的認識,是康有為主張
君權變法的理論根據。早在1886年撰寫的《康子內外篇》中,康有為
就對此作過十分明確的論述。他認為,強弱相別、強弱相欺是人與
人、人與物之間的基本格局,因此,強弱之「勢」是一切道理、義禮
的孕育者。對於君主而言,「勢」是尤為重要的,憑藉其「勢」,君主
就能「惟其意所欲為,無不如志矣」。那麼,君主之「勢」究竟為何
物呢?就是其獨尊之權。他指出在今日地球各國之中,惟中國君權最
尊,這種獨尊的君權是由中國悠久的歷史和文化傳統所造成的。只要
將君主獨尊之權與「闔辟之術」結合起來,就能達到治國安邦、求富
求強、禦侮雪恥等一切目的。[15]這種理論依據在後來康有為給皇帝的
上書上奏中又以大致相似的意思進行了宣揚,如說「以皇上之明,居
莫強之勢,有獨攬之權,不欲自強則已耳,若皇上真欲自強,則孔子
所謂欲仁仁至、孟子所謂王猶反手。蓋惟中國之勢為然」[16];或將中
國與諸國相比,明確提出應採法俄國「以君權變法」[17];或對照日
本,認為中國在君主獨尊上有更大的優勢[18];或以「爵賞」為例證明
君權的威力[19]。總之,在康有為看來,既然君權如此強大,以君權變
法也就是中國變法的最好方式。

　　君權變法的核心是希望君主「乾綱獨斷」,即充分運用君主獨尊
的權力,而「獨斷」的根本之事則是按照維新派的設計進行變法(就

15　《康子內外篇(外六種)》,第5-6。
16　《上清帝第四書》,《康有為政論集》上冊,頁153。
17　《譯纂〈俄彼得變政記〉成書摺》,《傑士上書匯錄》。
18　《進呈〈日本變政考〉等書乞採鑒變法摺》,《傑士上書匯錄》。
19　《請以爵賞獎勵新藝新法新書新器新學摺》,《傑士上書匯錄》。

其實質而言），君權與變法二者是不可分割地聯繫在一起的。對康有為來說，鼓吹君權變法的過程，也就是不斷批評君主未能變法的現狀，督促君主痛下變法的決心，並隨時局的發展對君主發出越來越強烈的變法呼籲，提出越來越高的變法要求的過程。從最初著眼於喚起君主的「欲治之心」，到隨後激勵皇上要自強不息、堅決排除對變法的各種干擾，從強調皇上必須「講明國是」、徹底變法，到力主皇上運用大權賞擢開新者而罷斥守舊者[20]，大量史料都證明康有為宣揚的君權變法並不是簡單地肯定（更不是意在強化）君權，而是希望用君權為變法開闢前進的道路。

　　為了實行自上而下的變法就要充分運用獨尊的君權，但君權本身如果不對其原有的「獨尊」作一番改造，就不可能傾聽到來自維新派的變法呼聲，更不可能真正按照維新派的設計進行以學習西方為基調的徹底變法。因此，康有為在力主「以君權變法」、「乾綱獨斷」的同時，又著重提出了抑君尊的主張，進一步表明了「君權變法」是要以君權服務於、服從於變法的思想。這些主張不僅內容豐富、論述全面，而且頗有鋒芒、不留情面。一是指出上下隔絕是中國變法自強首要的、根本的障礙，「中國大病，首在壅塞」，「嘗考中國敗弱之由，百弊叢積，皆由體制尊隔之故」。[21]二是列舉上下嚴重隔絕，特別是君主與臣民嚴重隔絕的種種表現，有知縣與民之隔，有督撫與民之隔，有樞臣與群臣之隔，更為突出的是君主與臣民的隔絕，由此而形成了一種「如浮屠百級，級級難通，廣廈千間，重重並隔」[22]的局面。三是剖析君主太尊導致的各種嚴重弊端。如不能廣用人才，難以治理好天下；使臣下深存忌諱不敢言事，導致君主的壅塞無知；由於隔絕才

20　《康有為政論集》上冊，頁56、136、161、245。

21　同上書，頁134、219。

22　《康有為政論集》上冊，頁134。

賢、忌諱壅塞而帶來巨大禍患；等等。四是引證儒家典籍和中國歷史事蹟，作為君主必須破隔絕、抑獨尊的理論依據和史實依據。五是要求皇上師俄彼得大帝變政之榜樣，鑒緬甸越南亡國之覆轍，改變君權太尊的「體制」。[23]

對於「獨尊」、「太尊」的君主，康有為著重強調要抑君尊，而對君主之外的人特別是廣大民眾來說，康有為則大力宣揚要「尊君權」，護綱常，以此「維持人心激勵忠義」，作為「變法之本」[24]，這是「以君權變法」的又一方面。在1898年閏3月由康有為策動的第二次公車上書活動中，由康門大弟子麥孟華、梁啟超等人領銜，有八百三十二名各省舉人簽名，遞給清廷一份公呈[25]，其中提出要通過保聖教而安人心[26]。此後，康有為又專就尊孔保教事上奏，對固守綱常、維持人心的必要性作了更為充分的論述。[27]當有人指責康有為「不建言請開議院」即不以民權變法時，康有為特地撰寫了《答人論議院書》，重申只能以君權變法，「中國惟有以君權治天下而已」。其理由一是中西國情不同，中國不能照搬西方；二是有利於破除守舊者的阻撓；三是中國之民尚無自主的能力；四是光緒帝為千載難逢的明君，「有君如此，我等但夙夜謀畫，思竭涓埃以贊聖明足矣」。[28]這些言論集中表現了康有為對君權這種傳統的力量過分依賴甚至迷信，對「君權變法」期待值過高的局限性。

---

23 《譯纂〈俄彼得變政記〉成書摺》，《傑士上書匯錄》。

24 《謹寫〈孔子改制考〉進呈御覽摺》，《傑士上書匯錄》。

25 孔祥吉認為：「這份廣東舉人領銜公呈很可能出自康有為之手筆。或者由康有為授意，由其弟子草擬，最後由康審定，都有可能。」參見孔祥吉：《戊戌維新運動新探》（長沙市：湖南人民出版社，1988年），頁323。下引該書同此版本，不再另注。

26 廣東舉人麥孟華、梁啟超等八百三十二名舉人：《聖像被毀，聖教可憂，乞飭駐使責問德廷嚴辦，以保聖教而安人心公呈》，孔祥吉：《戊戌維新運動新探》，頁321-322。

27 《謹寫〈孔子改制考〉進呈御覽摺》，《傑士上書匯錄》。

28 康有為：《答人論議院書》，孔祥吉：《戊戌維新運動新探》，頁61-62。

但總的來看，君權變法並不簡單地等同於「尊君權」，更不等於「皇權主義」。在君權變法這一模式中，「君權」只是前提或手段，「變法」才是根本目的之所在。

三　變於下論

所謂「變於下」，是相對於「變於上」（即「以君權變法」）而言，意為在下層即地方上和士紳中開展變法活動。康有為之所以在主要宣導「變於上」的同時，又宣導「變於下」，一方面是因為「以君權變法」的活動從一開始就進行得很不順利，遇到重重阻礙。為了給君權變法創造條件，也為了能在君權變法難以實行之時，用其它變法方式對挽救日益嚴重的民族危機有所裨益，於是維新派又在下層進行了積極的活動。另一方面，隨著維新運動的推進，康有為對於在整個社會中進行思想啟蒙和文化教育工作的重要性逐漸有了比較深刻的認識，因此，也將在下層開展宣傳組織活動作為變法的重要內容之一。

「變於下」從實踐上看，大致包括立學會、設學堂、辦報刊等活動，而從思想上分析，康有為則主要宣傳了以下重要主張。

第一，以學謀求自強，以學開啟民智。康有為倡學的理論依據是「智強」論，即認為人與物、人與人、國與國的強弱之別從根本上說是由智愚程度造成的。智則強，愚則弱，而智與學緊密相聯，強智必須貴學。他聯繫中國現狀分析道：「吾中國地合歐洲，民眾倍之，可謂龐大魁巨矣，而吞割於日本，蓋散而不群、愚而不學之過也。今者思自保，在學之群之。」[29]又說，強學會「專為中國自強而立，以中國之弱，由於學之不講、學之未修，故政法不舉。今者鑒萬國強盛弱

29　《上海強學會後序》，《康有為政論集》上冊，頁172。

亡之故，以求中國自強之學」。[30]

第二，以「合群」精神搞好一切「變於下」的活動。對「合群」主張的宣揚在康有為的言論中是十分突出的，「合群」的宗旨貫串於「變於下」的各種實踐活動之中。康有為最初在京師組織強學會，就是出於破立會之例禁，開闢群之風氣的考慮：「中國風氣，向來散漫，士夫戒於明世社會之禁，不敢相聚講求，故轉移極難，思開風氣，開知識，非合大群不可，且必合大群而後力厚也。合群非開會不可，在外省開會，則一地方官足以制之，非合士夫開之於京師不可，既得登高呼遠之勢，可令四方回應，而舉之於輦轂眾著之地，尤可自白嫌疑。故自上書不達之後，日以開會之義，號之於先生。」[31]在為京師強學會、上海強學會所作的序文中，康有為對合群之義圍繞講求學業、成就人才、廣立學會等方面作了若干闡述，如說「蓋學業以講求而成，人才以摩厲而出，合眾人之才力，則圖書易庀，合眾人之心思，則聞見易通」[32]，「天下之變，岌岌哉！夫挽世變在人才，〈成人才〉在學術，講學術在合群，累合什百之群，不如累合千萬之群，其成就尤速，轉移尤巨也」[33]，等等。梁啟超在《說群序》中記載曾向康有為問「治天下之道」，康回答道：「以群為體，以變為用，斯二義立，雖治千萬年之天下可已。」[34]由此可見康有為對合群的高度重視。

第三，人人發憤救亡，以保國保種保教為己任。這一主張是前述「合群」之論在時局新變化之下的引申發展。1897年德國強佔膠州灣事件發生之後，列強對中國的瓜分活動驟然加劇。面對此嚴重局勢，

---

30 《上海強學會章程》，《康有為政論集》上冊，頁173。

31 《康南海自編年譜（外二種）》，頁29-30。

32 《京師強學會後序》，《康有為政論集》上冊，頁166。

33 《上海強學會序》，《康有為政論集》上冊，頁169。

34 《說群序》，《飲冰室合集・文集》之二（北京市：中華書局，1989年），頁3。下引該書同此版本，不再另注。

在朝廷仍舊不能毅然變法的情況下，康有為大力宣揚了人人發憤救亡以保國保種保教的思想。他首先對中國面臨的民族危亡的險惡局勢作了驚心動魄的描繪，說中國四萬萬人如「寢於覆屋之下，鎖於漏舟之中，躍於炎炎薪火之上」，「如籠中之鳥，釜底之魚，牢中之囚，為奴隸，為牛馬，為犬羊，聽人驅使，聽人割宰，此四千年中二十朝未有之奇變。加以聖教式微，種族淪亡，奇慘大痛，真有不能言者也」。在這種局勢下，惟一的辦法就是人人發憤救亡，「故今日當如大敗之餘，人自為戰，救亡之法無他，只有發憤而已。窮途單路，更無歧趨，韓信背水之軍，項羽沉舟之戰，人人懷此心，只此或有救法耳」[35]。其次，對朝野上下種種不能發憤救亡甚至對國恥外患麻木不仁的情形進行了分析和批判。指出對割地失權之事，「薄海臣民，多有不知者，或依然太平歌舞，晏然無事，尚紛紛求富貴，求保舉，或乃日暮途遠，倒行而逆施之」，這種狀況對國受外侮負有重大的責任，「孟子曰：『國必自伐，然後人伐之。』故割地失權之事，非洋人之來割脅也，亦不敢責在上者之為也，實吾輩甘為之賣地，甘為之輸權。若使吾四萬萬人皆發憤，洋人豈敢正視乎」？康有為的這種看法當然有偏激之處，但其用意無疑是為了喚醒國人自覺的救亡圖存意識。最後，對怎樣發憤救亡，提出要增加心之熱力：「蓋萬物之生，皆由熱力……故凡物熱則生，熱則榮，熱則漲，熱則運動，故不熱則冷，冷則縮則枯則乾則夭死，自然之理也。……故今日之會，欲救亡無他法，但激勵其心力，增長其心力，念茲在茲，則燼火之微，自足以爭光日月，基於濫觴，流為江河，果能四萬萬人人人熱憤，則無不可為者，奚患於不能救。」[36]

比起「以君權變法」來，「變於下」的主張具有更為積極、更為

---

35 《康有為政論集》上冊，頁230、237、240。

36 《康有為政論集》上冊，頁240-241。

現實的意義，因為它所關注的對象是作為變法救亡的根本力量的民眾（儘管在很大程度上還限於士紳群）。通過開展「變於下」的活動，以康有為為代表的維新派的確在傳播新思想新文化、開創新風氣、喚起人們變法圖強的意識等方面起了重要作用。

四　興民權論

早在投身變法運動之前所構築的新的思想體系（以《實理公法全書》為代表）中，康有為就對民權的必然確立作了十分明確的肯定。因此，「興民權」也應視為康有為變法的重要指導思想之一。但是，由於受其整個思想理論體系的制約，由於「君權變法」和「變於下」分別是其選擇的變法基本模式及補充形式，所以，康有為在戊戌維新時期並未將「興民權」作為一種獨立的、希望立即付諸實施的現實變法主張提出來，而是與「變於上」和「變於下」的主張交織在一起，呈現出種種頗為複雜的表達形式。

「興民權」思想與「變於上」的主張相聯繫時，是集中通過康有為議院觀的演變而逐漸明確地表達出來的。

康有為最早在《實理公法全書》中提出立議院的設想：「立一議院以行政，並民主亦不立。……此法權歸於眾，所謂以平等之意用人立之法者也，最有益於人道矣。」[37]這是一個完全體現民權，既排除了君權，並且連「民主」（即「民之主」如總統之類）的形式也不要的理想的議院。但是，當康有為開始以代人上折和自身上書等方式鼓勵君主和朝廷實行自上而下的變法之後，在較長的一段時間內，他所談及的議院並不是上述理想的民權議院，而是一個以「通下情」等為主

---

37 《實理公法全書》，《康子內外篇（外六種）》，頁45。

要職能，對君權既有限制而同時又和睦相處並起輔佐作用的議院。[38]直到上清帝第四書，康有為沒有直接提出過在中國設議院的要求。但他是主張學習西方議院制通下情等精髓的（在他看來，這本就是中國的「經義之精」），因而作為一種間接的、中國化式的「議院」制，康有為設計了一種以「通下情」為宗旨的議郎制。從康有為關於議郎制的一系列論述來看，此制主要是通過廣求人才，向君主轉達民意，提供諮詢，而不是以「民權」制約君權。

1895年後，隨著變法運動的深入和變法思想的發展，康有為逐漸跳出以「通下情」為議院主要功用的窠臼，為議院制注入新的政治思想內容，並愈來愈明確地將議院制與「民權」掛起鉤來。康有為重新認識議院制是與他對日本明治維新史進行比較深入的考察研究緊密聯在一起的。自從《馬關條約》簽訂後，康有為出於尋求切實可行的變法維新之路的迫切需要，大搜日本群書，經過近三年的努力，編寫成了《日本變政考》一書。這部書的編寫，使康有為「得見日本變法曲折次第」[39]，對於「議院」制度亦有了比較全面、深入的瞭解，其議院觀較之以前發生了重要的變化。一是明確指出議院具有代表「民權」的性質。這一點，是通過論述議院與民的關係、議院與君主的關係和議院與政府的關係而表達出來的。[40]但與此同時，康有為並不將議院的「民權」與君權相對立，而是力圖使兩者相調和或相融合，這成為康有為議院觀的鮮明特色之一。二是強調設「民權」議院必須以民智已開為前提。當民智未開時，反對立即設議院；當民智已開之後，議院決不能禁。[41]三是將開設「民權」議院視為「君權變法」取

38　《康有為全集》第一集，頁348-349、536-537。

39　《日本變政考·序》。

40　《日本變政考》卷六按語、卷十一。

41　《日本變政考》卷七按語。

得成功後的必然結果。他舉出日本的例子：「日本變法二十四年，而後憲法大成，民氣大和，人士知學，上下情通，而後議院立。禮樂莘莘，其君亦日益尊，其國日益安，此日本變法已成之效也。」[42]由於這些變化，「興民權」思想就通過康有為的議院觀得到一定程度的體現。在「以君權變法」模式的制約下，這種體現具有雙重性：一方面，「君權變法」與「興民權」是相對立的，反對立即將民權付諸實施；另一方面，「君權變法」又與「興民權」有一致性，為日後民權的盛行創造著條件。

「興民權」思想與「變於下」主張相聯繫則主要表現在康有為的「大同口說」之中。這一口說是康有為在萬木草堂講學時，對陳千秋、梁啟超等極少數門人弟子所作的帶有「秘傳」性質的講授。根據梁啟超在《康有為傳》一文中的回憶和介紹，口說中的許多內容都以未來大同理想的獨特形式表達了「興民權」的思想。如康有為對於國家的理想，是破除舊國界，依照人民自治的原則，組成全球性的聯邦政府；對於家族的理想，是破除舊家界，使「人人皆獨立於世界之上，不受他之牽累，而常得非常最大之自由也」；對於社會的理想，是實行教育平等、公有制度、男女同權等政策等等。[43]此外，康有為在進行保國會活動時曾宣傳「今日人人有亡天下之責，人人有救天下之權」，並明確主張應以「民權」保國：「從知天下為公產，應合民權救我疆。」[44]

以上康有為的變法指導思想既充分反映了維新派在當時極為嚴峻的時局下對變法所作的深刻思考和可貴探索，又在很多方面顯露了他們由於歷史條件不成熟而不可避免地存在著的局限性，這兩方面都值得深入加以研究。

---

42 《日本變政考》卷十二按語。
43 《康有為傳》，《康南海自編年譜（外二種）》，頁258-262。
44 《康有為政論集》上冊，頁240、242。

康有為的「君權變法」論

　　戊戌維新時期，康有為為了挽救民族危機，改變中國貧弱落後的局面，提出了一系列全面變法、徹底變法的主張，並選擇了由君主自上而下地實施變法的方式，即人們通常所說的「君權變法」。如何評價「君權變法」，史學界目前存在著較大的分歧，焦點在於「君權變法」的實質究竟是專制主義的「尊君權」，還是通過變法來改變君權的專制。下面擬對這一問題進一步作些分析。

　　承認君主對變法起決定作用，是康有為「君權變法」的前提。從要求變法開始，他就認為能否變法，關鍵在於君主有無「欲治之心」，只要君主「赫然願治」、「真欲自強」，則可立即「綱舉目張」、見「治理之效」[1]，甚且稱中國「皇上⋯⋯居莫強之勢，有獨攬之權」，為「地球各國之所無，而泰西諸國之所羨慕者」，將此視做變法最有利的條件[2]。這種君權決定論，直到政變發生並無根本的改變，它清楚地表明瞭維新派軟弱的階級性格和在變法問題上不切實際的空想。這是釀成維新運動悲劇的一個重要因素。

　　但是，「君權變法」不是肯定更不是強化原有的封建君權；恰恰相反，它實質上是作為封建君權的對立物而出現的，它力圖造成變法的君權，由君權本身或借助君權來改變封建專制的統治。「君權變法」的這種實質，是通過康有為變法思想的演變而得以充分展示出來

1　《上清帝第一書》，《康有為政論集》上冊，頁57。
2　《上清帝第四書》，《康有為政論集》上冊，頁153。

的。在上清帝一至四書中，康有為對「君權變法」所注重的是君權本身。在他看來，君權固然重要，但還並不完美，還存在著許多重大的問題，如果不加以解決，勢必不能變法，難以自強。為此，他提出了一系列以改善君權為核心的主張，作為「君權變法」的基本綱領。

一曰「求人才而擢不次」。批評君主用人一貫論「年資」而不論「才能」，其結果是大臣之中只有「庸謹」之人而無「異才」，只可「循常守舊，苟且偷安」而不能「應變」。指出今要變法自強，「舉非常之功」，就務必破除「循資格」、「用耆老」的慣例，做到「非才不任」、「惟才是用」，不論是「翰林諸曹」、「下僚末秩」，還是「草澤」之人，只要具有才幹，就應「悉令引見，詢以時事，破除常格，不次擢用」。這樣，「天下之士必踊躍奮發」，幫助君主完成變法大業。[3]

二曰「慎左右而廣其選」。認為選好與君主有密切關係的「左右之臣」比廣求人才更為重要，指責皇上現今的左右之人，不是「壅塞聰明」的「宦官宮妾」，便是「讒諂面諛」的「學士大夫」，或是「畏懦保祿，不敢竭盡，甚且煬灶蔽賢，壅塞聖聽」的親貴大臣。要求皇上辨「忠佞」，識「正人人」，從眾多的人才中挑選出忠良的「左右之人」，以「輔聖德」，以「廣聖聰」。[4]其選用之法，一至四書中逐漸完善周密。一書是「妙選魁壘端方通知古今之士，日待左右，兼預燕內，以資啟沃」；三書是「用周漢之例」，從「翰林」、「郎曹」中，「或增廣南書房員數，或調入侍衛」；四書是「闢館顧問」，即由皇上「大開便殿，廣陳圖書，每日辦事之暇，以一時許親臨燕坐，顧問之員輪二十員分班侍值，皇上翻閱圖書，隨宜諮問，訪以中外之故，古今之宜，經義之精，民間之苦，吏治之弊，地方之情，或霽威賜坐，

3　《康有為政論集》上冊，頁144、146。

4　《康有為政論集》上冊，頁60、134、146。

或茶果頒食，令盡所知，能無有諱避」。顧問來源有四：一取於翰林、文學侍從；一取於各級官員的薦舉；一取於上書之人中「其條陳可採，召對稱旨者」；一取於公推，即由郡縣分舉的「眾議之員」（即「議郎」）。[5]

三曰「通下情而合其力」。視「壅塞」為中國首要的「大病」，描述其症狀是「君與臣隔絕，官與民隔絕，大臣小臣又相隔絕，如浮屠百級，級級難通，廣廈千間，重重並隔」，由此使得「天下事皆文具而無實，吏皆好詐而營私。上有德意而不宣，下有呼號而莫達。同此興作，並為至法，外夷行之而致效，中國行之而益弊」。針對這種情況，提出去塞求通的主張。其指導思想是仿「先王之治」，與民共治天下；循「先王之意」，不僅「集思廣益，通達民情」，而且「通憂共患，結合民志」。[6]其具體措施有三。一是設「議郎」。設「議郎」的主張，一至四書中都提出過，設計頗詳。要之，「議郎」和作為左右之人的「顧問」一樣，都是供皇上諮詢、謀議的人員，按照第四書的設想，「議郎」亦是「顧問」的來源之一，參加在皇帝身邊的「輪值」。二是「下詔求言」。在京師設「上書處」，許天下言事之人午門遞折，不必轉呈，不許「阻格」。三是「設報達聰」。令「直省要郡各開報館，州縣鄉鎮亦令續開，日月進呈」，使「民隱咸達，官慝皆知」。[7]

四曰「棄積習而新堂構」。指出朝廷並非毫不變法，但朝廷的「變法」限於興辦洋務，只是「補苴罅漏，彌縫缺失」，在中國已是「千瘡百孔」，同於「糞牆」、「朽木」的情況下，這種「變法」必然「顧此失彼，連類並敗」，「徒糜鉅款，無救危敗」，而「今者廷議變

5　同上書，頁60、146、158。

6　同上書，頁134、135。

7　同上書，頁158、159。

法，積習難忘，仍是補漏縫缺之謀，非再立堂構之規，風雨既至，終必傾墜」。因此，要求皇上「召問群臣，講明國是，反覆辨難，顯露事勢，確知舊習之宜盡棄，補漏之無成功」，「盡棄舊習，再立堂構」，以立變法之「大體」，以定維新之「議論」。[8]

五曰「抑君尊而淨根本」。這是康有為最為重視的一個問題。在他看來，君主「太尊」是中國的「宿弊」，之所以人才難求，左右失慎，下情不通，堂構未新，原因都是由於君主「太尊」，「此弊不除，盡在根本，終難自強」。[9]早在第一書中，就已提出君主應「霽威嚴之尊，去堂陛之隔」的要求。第二書、三書進一步指明，皇上由於「堂廉迥隔」，遠離臣民，實際上等於閉目塞聽，既不能「通中外之故」，又不能「達小民之厄」，只是一種孤家寡人式的「獨尊」，有何可樂。[10]第四書則集中、突出地強調了抑君尊的問題。書中尖銳地批評君主尊嚴過甚，忌諱太多，致使群臣無得親近，樞臣無法議事，才賢不能竭盡，在君主面前，人人「匍匐拳跪」，「敬候顏色」，同於奴隸；並鄭重地告誡君主，「若徒隔絕才賢，威臨臣下，以不見不動為尊，以忌諱壅塞為樂，則近之有土地不守、人民不保之患，遠之有徽欽蒙塵、二世瓦解之禍」，若要免除「禍敗」，就應「紆尊降貴，與臣民相親，而以明季太尊為戒」，如此則「根本既淨，堂構自立，百度昭舉，自強可致矣」。[11]

由上可見，康有為在上書中對君權所持的是全面批評的態度，其基本精神是要通過改善君權來清除專制政治的種種積弊，以便為變法創造必要的條件。

---

8 《康有為政論集》上冊，頁152。

9 同上書，頁156。

10 同上書，頁59、134。

11 《上清帝第四書》，《康有為政論集》上冊，頁156-158。

改善君權或改善君臣、君民關係，這並不是一個新的課題。可以說，從中國封建社會開始之日起，就有思想家提出和研討這個問題。到明清之際和晚清，這一課題尤其受到進步思想家們的重視。黃宗羲《原君》、《原臣》諸篇對君臣民關係所作的理論探索，龔自珍和馮桂芬對君主專制的譴責，早期改良派對君主提出的通上下之情的要求，都是康有為上述思想的先驅。而康有為的特點和進步之處就在於，他把改善君權這箇舊的課題與變法自強這個新的任務緊密聯繫了起來，提出了一套比較系統的、多少帶有西方影響的思想觀點和實際辦法，繼承和發揚了先驅者們反對封建專制主義的啟蒙精神。

不過，從一至四書來看，康有為對改善君權所作的論述，在總體上與他前輩的一樣，仍然沒有脫離中國傳統開明政治思想的規範。在他的上書中，充滿著對《詩》、《書》、《周禮》、《尚書》、《洪範》、《大學》、《孟子》等典籍的引述，對周漢兩朝及盤庚、文王、漢高、漢武乃至「自古開國之君」和「自古危敗之君」史蹟的借鑒，闡發著「皇上正一身以正百官，正百官以正萬民」的「正君」之義，「上有特達之知，故下有非常之報」的「親臣」之義，「天地交則泰，天地不交則否，自然之理也」的「求通之義」，君之於臣「驅策駕馭之，無冷其熱，如牧者之於羊，視鞭所指，惟意所注，稍加輕重，皆將奔走趨赴，馳驅效死」的善馭之義，等等。[12] 這樣，無論怎樣「改善」，都只能減輕君權專制的程度，而不能改變君權專制的性質。

一至四書之後，改善君權仍然是康有為「君權變法」的重要內容。他進一步要求君主「以俄國大彼得之心為心法」、「紆尊降貴，遊歷師學，……變法自強」[13]，更加率直地批評君主「雖天聰明，而深居法宮，一切壅塞，既未嘗遍閱萬國以比較政俗得失，並未遍見中國

---

12 《康有為政論集》上冊，頁60、145、157。
13 同上書，頁208、218。

而熟知小民之困窮，所見惟宮妾宦官，所遇皆竄拙舊物，諸媚日接於耳目，局促日困其心靈，外國宮室、橋樑、道路、器藝、軍械之瑰奇新麗，孰從而知之？……文王與國人交，帝舜臣哉鄰哉，豈以尊若天神為貴哉？」[14]對君權的不改善、不變法表示了極大的不滿。

然而，從上清帝第五書開始，康有為的「君權變法」已經不再停止在改善君權的水準上，而是有了重要的發展。這種發展是由多種因素造成的。首先，從第五書起，由於時局的急劇變化和思想認識的深化，康有為在變法內容的確定上，發生了從一至四書提出的以富強為宗旨的中國社會近代化方案到以日本明治維新為模式的變政藍圖，即從完全不觸動君主專制制度到要求全面改革君主專制制度的轉變（此點容另文詳論）。那麼，在很大程度上受變法內容所制約和決定的變法方式，也不能不相應發生改變。其次，隨著維新運動的不斷高漲，「開新」與「守舊」兩黨的鬥爭亦日趨激烈。在鬥爭形式上，「小則見諸論說，大則形之奏牘，互相水火，有如仇讎」；在力量對比上，「開新者通達中外，其人本寡，其勢甚孤，守舊者承襲舊習，其人極多，其勢甚大」，守舊者「以極多之黨，……合成大眾，造作語言，阻撓百端，飛誣百出，務攻開新之人，務撓維新之政」。[15]這種險惡的形勢，不能不使康有為感到巨大的壓力，迫切需要改變維新派自身的處境。此外，越來越多的事實已經表明，僅有君權自身的改善，並不能使變法成為事實。例如，自1895年7月的「廷寄」以來，光緒曾數次發佈有關新政的「上諭」[16]，「而大臣置若罔聞，或閣而不宣，或宣而不行，或行而不舉」[17]。即使到1898年6月上諭已「明定國是」之

---

14 《譯纂俄彼得變政記成書摺》，《傑士上書匯錄》。

15 代楊深秀擬：《請定國是而明賞罰摺》，《康有為政論集》上冊，頁243、244。

16 湯志鈞：《戊戌變法史》（北京市：人民出版社，1984年），頁348。下引該書同此版本，不再另注。

17 代楊深秀擬：《請定國是而明賞罰摺》，《康有為政論集》上冊，頁243。

後，新政仍遭抵制，「部臣守例駁斥，疆臣閣置不行」[18]，「大小臣工猶深閉固拒，議論沸騰」[19]。君主並未顯出康有為想像中的神威。所有這些，都促使康有為重新認識「君權變法」，於改善君權之外，對君權提出新的更高的要求，賦予「君權變法」以更加深刻的政治內容。這種新的要求主要表現在兩大方面。

第一，要求君主「開制度局」，直接依靠維新派變法，並由維新派掌握新政的領導權。以「開制度局」為中心內容的奏摺，是康有為戊戌年所上最多亦最重要的奏摺。其中有上於總理衙門大臣召見之後的《請大誓臣工開制度新政局摺》（即《上清帝第六書》，康有為稱之為「制度局之折」[20]），有上於光緒帝親自召見之後的《請御門誓眾開制度局以統籌大局摺》，還有代數人所擬的開制度局折[21]。此外，在康有為其它奏摺中，「開制度局」也一再被作為重要建議而提出來。康有為之所以如此重視「開制度局」，是因為制度局的開設，對變法的實行具有頭等重大的意義。按照康有為的設計，制度局是維新派在最高層次上參政掌權、領導新政的一種形式。制度局「妙選天下通才十數人為修撰」，並有上書之人中「稱旨者」和「將來經濟特科錄用之才」中的優秀者參加，顯然由維新派所組成；雖以王大臣為總裁，但相互「體制平等」。制度局的地位和作用都是超乎尋常的：它設於內廷，每日值內，得與皇上「同共討論」，既是變法大局的統籌者，又是政事、憲法的議定者和全部新政的領導者；並且，在制度局之下，另設有負責「新政推行」的十二個「專局」及作為新政地方機構的

18　《恭謝天恩並陳編纂群書以助變法摺》，《傑士上書彙錄》。

19　同上

20　《康南海自編年譜》，《戊戌變法》第四冊（上海市：神州國光社，1953年，頁153。下引該書同此版本，不再另注。

21　《康南海自編年譜》云：曾代楊深秀等五人「各草一折，於五月時分日而上，皆制度局之意也」。《戊戌變法》第四冊，頁153。

「新政局」和「民政局」[22]，形成了一套維新派自己的組織系統。「制度局」建議的提出，表現了康有為所代表的維新派力圖在中國的政局中發揮主導作用的迫切願望。正如康有為所說：「制度局不開，……猶泛滄海而無航，經沙漠而無導，冥行亂駛而當風雨霧雪濤颶之交，而欲誕登彼岸，不致沉溺，豈可得哉！」[23]他不是把君主，而是把維新派自己當做拯救中國的舵手和嚮導。

第二，要求君主堅決打擊頑固守舊勢力，掃除維新變法的障礙。康有為力陳頑固守舊派對於變法的危害，明確指出：「法之不能變，則惟守舊者阻撓之故。」[24]對君主雖講求變法，頒行新政，但在守舊與開新兩派鬥爭中持「徘徊中立」、「遊移兩可」的態度十分不滿，甚且謂：「若皇上仍主由舊，則將總署使臣、航政鐵路、電線郵政、製造招商之局、同文方言之館盡撤之，而禁言外國之故，永錮開新之人」[25]，「有開新為說者罪無赦」[26]，「若皇上審敵量時，以為必當變法」，則「請特頒明詔，一切新政，立見施行，求可求成，風行雷動，其有舊習仍沿，阻撓觀望者亦罪無赦」[27]，將君主究竟站在哪一邊的問題提到了非常尖銳的程度。在對付頑固守舊勢力的辦法上，康有為除一再重申皇上須「講明國是，正定方針」，令其認清時勢、棄舊圖新之外，特別強調應持君主「賞罰之大柄」，「大用賞罰」，其具體做法是：「查核內外大臣奉行甲午以來新政之諭旨，若學堂，若武備，若商務農工，何者舉行，何者廢格，嘉獎其舉行者，罷斥其廢格

22 《請大誓臣工開制度新政局摺》，《傑士上書匯錄》。

23 《恭謝天恩並陳編纂群書以助變法摺》，《傑士上書匯錄》。

24 同上。

25 代楊深秀擬：《請定國是而明賞罰摺》，《康有為政論集》上冊，頁244。

26 代徐致靖擬：《請明定國是疏》，《康有為政論集》上冊，頁259。

27 同上。

者，明降諭旨，雷厲風行。」[28]光緒下「定國是詔」後，康有為在奏摺中進一步要求「痛斥守舊拘圩之愚惑，嚴定違旨不更新改變之重罰」，「共有迂謬愚瞽，不奉詔書，褫斥其一二以警天下，即使其才可用，亦必暫加褫斥，徐與開復，以正國是而聳眾聽」。[29]這些，都表明康有為對頑固守舊勢力深惡痛絕，急切地希望用君權的力量將其徹底壓倒。

上述要求的提出，就把「君權變法」由君權自身的改善變成了君主與維新派的結盟。它與其說是仍由君權進行變法，不如說是改由君主授權予維新派進行變法；與其說是請求君權對變法的支持，不如說是希望君主成為維新派的皇帝。與改善君權的主張相比，它是一個明顯的重要的進步。君權自身的改善只是減輕了君主專制的程度，而與君主結盟勢必改變君主專制的性質。但是，這種結盟又是有著很大弱點的。作為結盟的一方，維新派不是以黨派組織的面目而是以傑出士人（所謂「通才」）的身份出現的；他們所具有的更多的是對於君主的依賴性，而不是自身的獨立性；他們只是模糊地意識到了掌握政治權力的重要，而自覺堅守的卻是對於君主的忠誠。因此，嚴格地說，所謂君主與維新派的結盟，只是一種君臣的結盟。作為一種參與政權的要求，它既反映出康有為所代表的維新派政治權力意識上的日益覺醒，又反映出這種覺醒仍然受著嚴重的封建觀念的束縛。

在當時歷史條件下，「君權變法」是康有為所能選擇的最好的變法方式。正是由於這種選擇，康有為在歷史的這一時期發揮了他所能起到的最大作用。這一點，從整個戊戌變法史實中都可以得到證明。然而，在19世紀末葉的中國，要真正由君權實行自上而下的全面改革封建專制制度的「變法」，畢竟只是一個不切實際的空想。康有為將

---

28 代楊深秀擬：《請定國是而明賞罰摺》，《康有為政論集》上冊，頁245。
29 代徐致靖擬：《請明定國是疏》，《康有為政論集》上冊，頁262。

此空想認做現實，始終堅持「君權變法」的方式，與他所受的局限性是分不開的。

康有為的變法，是要求全面改變封建君主專制制度的變法。他雖然提出了這一要求，卻找不到除了君權之外的其它力量。首先，康有為始終是作為進步的然而又是轉化中的下層士人代表從事變法活動的。無論如何，他都決不主張用暴力推翻清王朝，而是希望通過變法來挽救和革新這個王朝，因而他總是站在時刻威脅這個王朝的生存、力圖改朝換代的農民階級的對立面，不可能發動和借用這支中國最為廣大深厚的社會力量。其次，康有為的變法雖然在很大程度上具有為「資產階級」開闢「發展資本主義」道路的意義，但處於當時狀況的中國「資產階級」卻沒有也不可能對這一變法給予任何有力的支持。不僅如此。就康有為個人來說，在中國當時極深的封建積習和極濃的守舊氣氛中，他敢於衝破種種例禁，開舉人上書、士人結社、辦報興學的先河，不能不說是有著極大勇氣的。但從整個維新派的隊伍來看，又是思想分歧，組織渙散，力量弱小，無法與強大的封建頑固勢力相抗衡的。這樣，康有為所能看到的便只有一種決定一切的力量即君權的力量。因此，他要完成改變君主專制的任務，卻不能不反過來求助於君權。這是一般性的局限，即階級的和社會歷史條件的局限。

可是，對於當時中國的君權，康有為也是難以真正認識清楚的。從歷史上看，史書記載著一個又一個「英明」的君主；在現實中，光緒的傾向革新和支持變法，彷彿又顯示出君主的「英明」；而日本變政的成功，似乎更提供了一個明君賢臣共創大業的確鑿範例。他還不可能瞭解君權始終只是統治階級的代表，是王朝的根本利益決定君主的作為而不是相反，他也不可能瞭解在自身毫無力量的情況下，無論是要求君權自身的改善還是要求與君權的結盟，都是非常不現實的。此外，更為重要的是，作為下層的士人，由於種種條件的限制，他對

最高統治集團內部鬥爭的真相始終知之甚少。在很長時間裏,他一直把君主(光緒)等同於君權,相信「上有全權而無掣肘」[30]。1895年康有為初次面見翁同龢時,翁曾告之以「上實無權,太后極猜忌」之事,康有為「乃始知宮中事,然未知其深」[31],此後仍然認為能否變法,「顧視皇上志願何如耳」[32],甚至在上書中責問道:「夫以二萬萬方里之地,四萬萬之民,皇上撫而用之,何求不得,誰為束縛其手足耶?」[33]繼續要求光緒「革虛文之體制」、「保實有之威權」[34]。到光緒帝召見時,康有為雖「知上礙於西后無如何」,仍要求「就皇上現在之權,行可變之事,雖不能盡變,而扼要以圖,亦足以救中國矣」。即使到了政變前夕,康有為已清楚地看到「上無權」,卻還上折請求統兵改元、行幸遷都,「以控御天下」,說明他對君權實際掌握在慈禧手中,光緒不過是名義的、形同傀儡的皇帝這一內幕及其嚴重性仍無足夠的認識。直至見到光緒密詔,康有為才急急忙忙地「經畫救上之策」,企圖「說袁勤王」[35],但一切已經太遲了。這是與一般局限性相聯繫的特殊局限性,即康有為個人思想狀況、活動範圍等的局限。

戊戌政變發生後,康有為積極從事了保皇斥后、勤王自立等一系列活動,對於他來說,這些都是「君權變法」的繼續,只不過改變了形式。如果說,政變前「君權變法」就是一種空想,那麼,政變後這種空想就變得更加虛幻;如果說,政變前康有為主張「君權變法」還是由於客觀的局限性,並不失其積極意義,那麼,政變後他仍然不能跳出這個框子,則是由於他的落後性所造成的。他不願意象許多維新

---

30 《上清帝第四書》,《康有為政論集》上冊,頁153。
31 《康南海自編年譜》,《戊戌變法》第四冊,頁132、133。
32 《上清帝第五書》,《康有為政論集》上冊,頁208。
33 《請大誓臣工開制度新政局摺》,《傑士上書匯錄》。
34 《上清帝第七書》,《康有為政論集》上冊,頁221。
35 《康南海自編年譜》,《戊戌變法》第四冊,頁145-146、159、161。

派人士那樣隨著時代的前進而前進,而是敵視日益高漲的民主革命潮流,念念不忘昔日君主召見的「曠典」、「知遇」的殊榮。這些使他只能重溫舊夢,固守半是封建逆子半是君主忠臣的本色,而不可能再有什麼新的發展了。

再論康有為的「君權變法」

　　「戊戌變法」，從其主要的變法方式來說，是維新派鼓動君主自上而下實行的變法，亦即「以君權變法」。維新運動的興盛與失敗，功績與教訓，莫不與此變法方式有極大關係。而康有為，則始終是宣揚和實踐此種方式的最重要的代表人物。有種觀點認為，康有為是到了「百日維新」之時由於政治上的倒退才大講君權變法的，君權變法即等於傳統的「尊君權」，「說明他當時已完完全全地拜倒在封建君權的腳下」，君權變法與「興民權」如同「冰炭相反，水火不容」。[1]這些說法，恐怕與實際情形並不相符，值得進一步加以探討。

一

　　康有為主張君權變法始於何時？據現有史料可知，早在1888年進行首次上書清帝的實踐（這可視為採用君權變法方式的開端）之前，康有為就已經形成了君權變法的思想，並通過撰於1886年的《康子內外篇》等著作作了充分的論述。

　　康有為此時的論述，主要是圍繞所謂「勢」來展開的，這是他主張君權變法的理論依據。

　　他認為，人與人、人與物之間的基本格局是強弱相別、強弱相欺，「有以力為強弱，有以智為強弱。富貴貧賤之相役，大小上下之

1　孔祥吉：《戊戌維新運動新探》，頁52-61、327-331。

相制，眾寡健羸之相乘，斯所謂以力為強弱也。……何義之有哉？以強制弱而已。……人之食雞犬，馭牛馬，強凌弱而已。何也？人之智強，而牛、馬、雞、犬之智弱也」。因此，強弱之「勢」是一切道理、義禮的孕育者：「勢生理，理生道，道生義，義生禮。勢者，人事之祖，而禮最其曾、玄也。」對於「君師」而言，欲以「闔辟之術」像驅策「群羊」一樣驅策民眾，「勢」是尤為重要的，「……欲驅之，不能不依於勢，無其勢不能為也。明於時勢，通於人心，順而導之，曲而致之，而才智足以操馭焉，則若決江河之堰，放湖堤之波，積巨石大木於高山之上，惟其意所欲為，無不如志矣」[2]。

而君主之「勢」，具體來說就是君權的獨尊性。對此，康有為明確寫道：「匹夫倡論，猶能易風俗，況以天子之尊，獨任之權，一嚬笑若日月之照臨焉，一喜怒若雷雨之震動焉，卷舒開闔，撫天下於股掌之上！……居今日地球各國之中，惟中國之勢獨能之。非以其地大也，非以其民眾也，非以其物產之豐也，以其君權獨尊也。」這種獨尊的君權是由中國悠久的歷史和文化傳統所造成的，「積於二帝、三王之仁，漢、唐、宋、明之義，先聖群賢百千萬人、百千萬年講求崇獎激勵而成之。故民懷舊俗，而無外思；臣慕忠義，而無異論；故惟所使也」。只要將君主獨尊之權與「闔辟之術」結合起來，就能達到治國安邦、求富求強、禦侮雪恥等一切目的，「三年而規模成，十年而本末舉，二十年而為政於地球，三十年而道化成矣。於以雪祖宗之憤恥，恢華夏之聲教，存聖倫於將泯，維王教於漸墜，威乎威乎，千載一時也」。[3]在另一部著作《民功篇》中，康有為則直截了當地提出君主必須師法黃帝、堯、舜「變政以利民」，變「祖宗之成法」，否則

2　《康子內外篇》，《康有為全集》第一集，頁192-193、165。

3　《康子內外篇》，《康有為全集》第一集，頁165-166、170。

就會「百政壅閼,民氣鬱塞,下不蒙德,國受其災,必待易姓者改紀其政,而祖宗實不血食」,難免遭致亡國之禍。[4]

這些論述,已將應以君權變法的道理講得非常清楚。此後,康有為在上書上奏中一再宣揚君權變法,只是以大致相似的意思進行重申,或聯繫變法的實踐進一步加以發揮而已。如說中國君權有「莫強之勢」:「……中國地方二萬里之大,人民四萬萬之多,物產二十六萬種之富,加以先聖義理入人之深,祖宗德澤在人之厚,下知忠義而無異心,上有全權而無掣肘,此地球各國之所無,而泰西諸國之所羨慕者也。以皇上之明,居莫強之勢,有獨攬之權,不欲自強則已耳,若皇上真欲自強,則孔子所謂欲仁仁至、孟子所謂王猶反手。蓋惟中國之勢為然。」[5]或將中國與諸國相比,明確提出應採法俄國「以君權變法」:「職竊考之地球,富樂莫如美,而民主之制與中國不同;強盛莫如英、德,而君民共主之制,仍與中國少異。惟俄國其君權最尊,體制崇嚴,與中國同。其始為瑞典削弱,為泰西擯鄙,亦與中國同。然其以君權變法,轉弱為強,化衰為盛之速者,莫如俄前主大彼得,故中國變法莫如法俄,以君權變法莫如採法彼得。」[6]或對照日本,認為中國在君主獨尊上有更大的優勢:「皇上乾綱獨攬,既無日本將軍柄政之患,臣民指臂一體,又無日本去封建藩士之難,但……取日本更新之法斟酌草定,從容行之,章程畢具,流弊絕無,一舉而規模成,數年而治功著,其治傚之速非徒遠過日本,真有令人不可測度者。天下萬里皆皇上之地,臣民四萬萬皆皇上之人,操縱闔闢,教化導養,何求不得,其事至易,其效至速,其功至奇。」[7]或以「爵

---

4 《民功篇》,《康有為全集》第一集,第25-26。

5 《上清帝第四書》,《康有為政論集》上冊,頁153;又見《請大誓臣工開制度新政局摺》,《傑士上書匯錄》。

6 《上清帝第七書》,《康有為政論集》上冊,頁218。

7 《進呈〈日本變政考〉等書乞採鑒變法摺》,《傑士上書匯錄》。

賞」為例證明君權的威力:「夫爵賞者,奔走天下之具,人主操之以控天下,如牧者之驅群羊,視鞭所指,南北東西,莫不如意。齊桓公好紫而一國皆紫,楚靈王好細腰而宮中多餓死,城中廣袖城外全帛,風行草偃,有必然者。」[8]總之,在康有為看來,既然君權如此強大,以君權變法也就是中國變法的最好方式。

儘管君權變法並不是維新派所採用的惟一的變法方式[9],但毫無疑問,對只有君權變法才是中國變法最理想的方式這一點,康有為從始至終都是堅信不疑的,並未改變過這一基本立場。

二

君權變法包含了「君權」與「變法」兩個方面,但兩者之間並不是等量齊觀的關係。大量史實表明,在君權變法這一模式中,「君權」只是前提或手段,「變法」才是根本目的之所在,「變法」顯然重於「君權」。

對康有為來說,鼓吹君權變法的過程,也就是不斷批評君主未能變法的現狀,督促君主痛下變法的決心,並隨時局的發展對君主發出更為強烈的變法呼籲,提出越來越高的變法要求的過程。

最初,著眼於喚起君主的「欲治之心」:「臣所大憂者,患我皇太后皇上無欲治之心而已。……如使皇太后皇上憂危惕厲,震動人心,赫然願治,但如同治、光緒初年之時,本已立則末自理,綱已舉則目自張,風行草偃,臣下動色,治理之效,心隨聖心之厚薄久暫而應

---

8 《請以爵賞獎勵新藝新法新書新器新學摺》,《傑士上書匯錄》;類似的文字又見於《康子內外篇》,《康有為全集》第一集,頁168。

9 除君權變法(所謂「變於上」)外,維新派還採用過作為君權變法的重要補充的「變於下」的變法方式。

之。」[10]隨後，激勵皇上要自強不息，排除干擾，堅定變法的決心：
「自古非常之事，必待大有為之君。自強為天行之健，志剛為大君之
德。……伏惟皇上英明天亶，下武膺運，歷鑒覆轍，獨奮乾綱，勿搖
於左右之言，勿惑於流俗之說，破除舊習，更新大政，宗廟幸甚！天
下幸甚！」[11]接著，進一步強調皇上必須「講明國是」，徹底變法，堅
決擺脫庸臣們的牽制：「……惟知之極明者，行之自極勇，……皇上
真有發強剛毅之心，真知灼見之學，掃除更張，再立堂構，自有不能
已者，故願皇上先講明之，則餘事不足為也。若猶更化不力，必是講
明未至，以為舊習可安，不必更張太甚，是雖有起死之方，無救庸醫
之誤矣。……伏乞皇上講明理勢之宜，對較中外之故，特奮乾斷，襲
行天健，破積習而復古義，啟堂構而立新基，無為舊俗所牽，無為庸
人所惑……。」[12]此後，《上清帝第五書》向皇上提出「擇法俄日以定
國是」的變法上策，「願皇上以俄國大彼得之心為心法，以日本明治
之政為政法而已」[13]；《上清帝第六書》要求皇上「乾健獨斷，發憤維
新」[14]；《上清帝第七書》希望皇上像俄彼得大帝那樣「變法自強」；
康有為代監察御史楊深秀所擬的《請定國是而明賞罰摺》還建議皇上
運用大權賞擢開新者而罷斥守舊者，「明降諭旨，雷屬風行。如此而
新政不行，疆土不保者，未之有也」[15]；等等。

　　可見，君權變法並不是簡單地肯定現存的君權，而是希望用君權
為變法開闢前進的道路。

　　不僅如此。為了實行自上而下的變法就要充分運用獨尊的君權，

10 《上清帝第一書》，《康有為政論集》上冊，頁56-57。
11 《上清帝第二書》，《康有為政論集》上冊，頁136。
12 《上清帝第四書》，《康有為政論集》上冊，頁153、161。
13 《上清帝第五書》，《康有為政論集》上冊，頁208。
14 《請大誓臣工開制度新政局摺》，《傑士上書匯錄》。
15 代楊深秀擬：《請定國是而明賞罰摺》，《康有為政論集》上冊，頁218、245。

但君權本身如果不對其原有的「獨尊」作一番改造，就不可能傾聽到來自維新派的變法呼聲，更不可能真正按照維新派的設計進行以學習西方為基調的徹底變法。因此，康有為在力主「以君權變法」、「乾綱獨斷」的同時，又著重提出了「抑君尊」的主張，進一步表明了君權變法是要以君權服務、服從於變法的思想。[16]

1888年康有為開始上書清帝，就明確提出了抑君尊的要求。書中從總結洋務的教訓入手，認為君主「太尊」是洋務活動不見成效的原因，「夫太尊則易蔽，易蔽則奸生，故辦事不核實，以粉飾為工，疾苦不上聞，以摧抑為理，至於奸蠹叢生，則雖良法美意，反成巨害，不如不變之為愈矣」。改變君主「太尊」的辦法是「通之而已」，「通之之道，在霽威嚴之尊，去堂陛之隔，使臣下人人得盡其言於前，天下人人得獻其才於上」。[17]

此後，康有為多次上書清帝，對中國如欲變法自強，則必須破除君主之「獨尊」、改變上下嚴重隔絕狀況的主張作了相當全面、頗有鋒芒的論述。

其一，指出上下隔絕是中國變法自強首要的、根本的障礙：「夫中國大病，首在壅塞，氣鬱生疾，咽塞致死；欲進補劑，宜除噎疾，使血通脈暢，體氣自強。今天下事皆文具而無實，吏皆奸詐而營私。上有德意而不宣，下有呼號而莫達。同此興作，並為至法，外夷行之而致效，中國行之而益弊者，皆上下隔塞，民情不通所致也」；「……上下不交，宿弊不去，蠹在根本，終難自強」；「嘗考中國敗弱之由，

---

16 「乾綱獨斷」與「抑君尊」之間是存在著矛盾的。矛盾的根源在於維新派既要借用君權，又要改造君權，而這兩者都要依靠君主自身來實現。君主既要為了實施變法而保持獨尊的權力，又要為了按照維新派的設計變法而放棄權力的獨尊。只有出現了維新派理想的這種君主，矛盾才能解決。

17 《上清帝第一書》，《康有為政論集》上冊，頁59-60。

百弊叢積，皆由體制尊隔之故」。[18]

　　其二，列舉上下嚴重隔絕，特別是君主與臣民嚴重隔絕的種種表現。有知縣與民眾之隔，督撫與民眾之隔，樞臣與群臣之隔。更為突出的是君主與臣民的隔絕：一方面，只有極少數人才能與君主保持聯繫，絕大多數人皆被隔絕，「夫以一省千里之地，而惟督撫一二人僅通章奏，以百僚士庶之眾，而惟樞軸三五人日見天顏」，「皇上九重深邃，堂遠廉高。自外之樞臣，內之奄寺外，無得親近，況能議論」；另一方面，就是有幸得見君主之人，也因君主太尊而不能真正與之溝通，「小臣引見，僅望清光；大僚召見，乃問數語。天威儼穆於上，匍匐拳跪於下，屏氣戰慄，心顏震播，何以得人才而盡下情哉！每日辦事，召見樞臣，限以數刻，皆須了決，伏跪屏氣，敬候顏色，未聞反覆辨難，甚少窮日集思」。總之，「……君與臣隔絕，官與民隔絕，大臣小臣又相隔絕，如浮屠百級，級級難通，廣廈千間，重重並隔」。[19]

　　其三，剖析君主太尊導致的各種嚴重弊端。一是不能廣用人才，難以治理好天下；二是使臣下深存忌諱不敢言事，導致君主的壅塞無知；三是由於隔絕才賢、忌諱壅塞而帶來巨大禍患，「若徒隔絕才賢，威臨臣下，以不見不動為尊，以忌諱壅塞為樂，則近之有土地不守、人民不保之患，遠之有徽欽蒙塵、二世瓦解之禍，人情安於所習，蔽於所見，而禍敗一來，悔無可及。職曩言皇上尊則尊矣，實則獨立於上，皇上何樂此獨尊，良為此也」。[20]把君主不改變「獨尊」的後果講得如此嚴重，實可反映出康有為對君權太尊憎惡的程度。

　　其四，引證儒家典籍和中國歷史事蹟，作為君主必須破隔絕、抑

18　《康有為政論集》上冊，頁134。

19　《康有為政論集》上冊，頁156。

20　同上書，頁156-157、220-221。

獨尊的理論依據和史實依據。典籍記述如：「夫先王之治天下，與民
共之。《洪範》之大疑大事，謀及庶人為大同，《孟子》稱進賢殺人，
待於國人之皆可。盤庚則命眾至庭，文王則與國人交。《尚書》之四
目四聰，皆由闢門，《周禮》之詢謀詢遷，皆合大眾。嘗推先王之
意，非徒集思廣益，通達民情，實以通憂共患，結合民志。」[21]歷史
事蹟方面，既有「自古開國之君，皆與民相親，……所以成一代之
治」的榜樣，也有「自古危敗之君，並與其臣相隔絕，……所以致國
祚之傾」的教訓，其中尤應「以明季太尊為戒」。[22]

其五，要求皇上師俄彼得大帝變政之榜樣，鑒緬甸越南亡國之覆
轍，改變君權太尊的「體制」。認為「人主不患體制不尊，而患太
尊」，「今明知法敝不能不變，而卒不能變者，大率為體制所拘，與天
下賢士不接，不能大變也」，「夫威權者實也，體制者虛也，……若仍
用舊時體制，以為尊崇，是甘蹈越南、緬甸之覆轍，而反句踐、武
丁、帝舜之良圖，竊為皇上不取也」。[23]這表明如果不改變君主太尊的
舊體制，也就談不上「以君權變法」。

其六，建議君主允許士民慶祝萬壽，以達到君民相親相愛、相保
相救的目的。戊戌六月，適逢光緒帝生日。康有為特上一折，提出應
允許直省職官以外的士民也廣為慶祝。他闡明這樣做的道理是：「夫
人情以相交接而後親，以相親而後相愛、相為、相周、相救。故昔文
王與國人交，視民如子；史佚告成王曰，願王近於民。孔子言尊君而
即言親上，言明德即言親民。」如果「徒以隔絕為尊崇，未知親愛為

21　《上清帝第二書》，《康有為政論集》上冊，頁134-135。值得注意的是，康有為引證
　　的這些典籍記述，同時也是他提出設「議郎」或贊成「設議院以通下情」的理論依
　　據。事實上，「抑君尊」與「設議郎」等是同時並存於康有為的上書中的，都是
　　「君權變法」這一模式中的重要內容。
22　《上清帝第四書》，《康有為政論集》上冊，頁157-158。
23　《譯纂俄彼得變政記成書摺》，《傑士上書彙錄》。

大義」，就會使「君臣之情邈不相關，忠愛之心無自觸發，⋯⋯徒以尊名建天下之上，而無情意入民之心，至有緩急而以大義責之，殆無及也」。中國應學習泰西各國允許士民參加君主壽辰慶典，以便表示「君民相親之意」，做到「以國為一家，天下為一人，億兆為一心，聯結通洽，以致富強」。[24]

所有這些都明白無誤地說明，在康有為心目中，「變法」的分量是遠遠重過「君權」的。維新派自身無權無勢，而又欲擔負起變法以救亡圖存的歷史使命，不得不借助於君權來達到自己政治變革的目的，這才是「君權變法」的真實底蘊。

三

康有為在宣揚君權變法時，的確發表過一些「尊君權」的言論。這些言論是否如論者所說，純粹是崇奉封建君權、與興民權絕不相容，也是需要深入進行辨析的。

戊戌年康有為「尊君權」的言論集中見於其關於「保教」和「設議院」兩個重大問題的論述。仔細分析，這些言論都不是單純以君權本身的尊崇為目的，而是仍然與「變法」緊密地聯繫在一起。

先看保教問題。戊戌年閏三月，為了抗議德國人毀壞山東即墨縣文廟，康有為策動了第二次公車上書活動。在這次活動中，由康門大弟子麥孟華、梁啟超等人領銜遞給清廷一份公呈[25]，請求朝廷與德國方面嚴正交涉，懲辦肇事者，賠償損失，以保聖教而安人心。此後，康有為又專就進呈《孔子改制考》一事上奏，對尊孔保教的必要性作

24　《乞許士民慶祝萬壽並刊貼新政詔書摺》，《傑士上書匯錄》。

25　孔祥吉認為，這份公呈很可能出自康有為的手筆，也有可能由康有為授意其弟子草擬，最後由康審定，孔祥吉：《戊戌維新運動新探》，頁323。

了更為充分的論述。此公呈和奏摺雖未直接言「尊君權」，但其中有
不少尊孔教、守綱常之語，如「今天下人知君臣父子之綱，家知孝悌
忠信之義」[26]，「……立君臣、等上下，此非天之所為，乃聖人之所
設」[27]，等等。孤立地看，這些言詞與傳統用語並無什麼區別，但聯
繫此公呈和奏摺的整個內容則不難看出，它們所要表達的意義與傳統
有著很大的差別。首先，尊孔教、守綱常是針對德人毀先聖先賢之像
的野蠻行徑而發，直接關乎國家的存亡盛衰，「……自膠旅之事，習
知吾國勢極弱，尚不敢遽加分滅者，蓋猶畏吾人心也。頃乃公毀先聖
先賢之像，是明則蔑吾聖教，實隱以嘗吾人心」[28]，「……凡天下國之
盛衰，必視其教之隆否。教隆則風俗人心美而君坐收其治，不隆則風
俗人心壞而國亦從之。此古今所同軌，萬國之通義也」[29]。保教是用
來抵禦外侮、振興國家的一種手段。其次，尊孔教、守綱常的強烈要
求不是對民眾而是對君主提出來的，其要旨顯然不是宣揚如何尊崇至
高無上的君權，而是警告君主如果不能禦外侮、護孔教，則必將失去
人心，無從變法，「若大教淪亡，則垂至綱常廢墜，君臣道息，皇上
誰與同此國哉？方今割地頻仍，人心已少離矣。或更有教案生變，皇
上與二三大臣何以鎮撫之耶？臣愚竊謂今日非維持人心、激厲忠義不
能立國，而非尊崇孔子無以維人心而厲忠義，此又變法之本也」[30]，
最後的落腳點放在了「尊崇孔子」之上。最後，康有為所要尊崇的孔

---

26 廣東舉人麥孟華、梁啟超等八百三十二名舉人：《聖像被毀，聖教可憂，乞飭駐使
責問德廷嚴辦，以保聖教而安人心公呈》，孔祥吉：《戊戌維新運動新探》，頁321-
322。

27 《謹寫〈孔子改制考〉進呈御覽摺》，《傑士上書匯錄》。

28 廣東舉人麥孟華、梁啟超等八百三十二名舉人：《聖像被毀，聖教可憂，乞飭駐使
責問德廷嚴辦，以保聖教而安人心公呈》，孔祥吉：《戊戌維新運動新探》，頁321。

29 《謹寫〈孔子改制考〉進呈御覽摺》，《傑士上書匯錄》。

30 同上。

子，不僅是個「尊君」的孔子，更重要的是一個改制變法的孔子。此
點康有為在另一份奏摺中解釋自己撰寫《孔子改制考》的「苦衷微
意」時講得十分清楚：「改者，變也；制者，法也。蓋謂孔子為變法
之聖人也。自後世大義不明，視孔子為拘守古法之人，視六經為先王
陳跡之作，於是守舊之習深入人心，至今為梗。既乖先聖垂教之意，
尤窒國家維新之機。臣故博徵往籍，發明孔子變法大義，使守舊者無
所藉口，庶於變法自強，能正其本，區區之意，竊在於是。」[31]因
此，尊孔教、守綱常終究還是為變法事業服務的。

再看設議院問題。康有為從君權變法的基本立場出發，一直是反
對速開民權議院的。「百日維新」開始後，針對有人對他所作的「不建
言請開議院」的指責，康有為特地撰寫了《答人論議院書》[32]，重申
只能以君權變法。在這篇文章中，康有為對必須「尊君權」、不可行
民權確實講得很露骨：「夫君猶父也，民猶子也。中國之民，皆如童幼
嬰孩，問一家之中，嬰孩十數，不由父母專主之，而使童幼嬰孩自主
之，自學之，能成學否乎？必不能也。敬告足下一言：中國惟以君權
治天下而已。」如果僅看這幾句話，可以說康有為與撰寫《勸學篇》
的張之洞，甚至與以頑固守舊著稱的徐桐、剛毅，也沒有什麼兩樣。

問題在於，康有為並沒有一味稱頌君權而置其它於不顧。他在談
到「尊君權」的時候，有一個根本的立足點，就是一定應當有利於變
法維新。這在《答人論議院書》中同樣講得很明確。他認為，中國與
西方「國勢民情」不相同，變法時欲像西方一樣「國權全界於議院，
而行之有效」，是行不通的。「百日維新」以來的事實證明，以君權變
法更能破除守舊的阻撓，「一詔既下，天下風行，雖有老重大臣，不

---

31 《恭謝天恩並陳編纂群書以助變法摺》，《傑士上書匯錄》。

32 康有為：《答人論議院書》，孔祥吉：《戊戌維新運動新探》，頁61-63。

敢阻撓一言，群士不敢阻撓一策，而新政已行矣」；如果開議院，只能使守舊者充斥其中，新政必阻無疑，「故今日之言議院，言民權者，是助守舊者以自亡其國者也」。他稱頌光緒帝為「天錫勇智，千載罕逢」的明君，認為有這樣的明君，維新派只需竭盡全力為之出謀劃策、輔佐贊襄就夠了。就在前引「中國惟以君權治天下而已」這段話後，康有為緊接著寫道：「若雷厲風行，三月而規模成，二年而成效著。泰西三百年而強，日本三十年而強，若皇上翻然而全變，吾中國地大人眾，二年可成。」再清楚不過，康有為所尊的並不是傳統式的「封建君權」，而是「毅然變法」、「翻然而全變」的君權，「以君權變法」的精神是一以貫之的。

事實上，康有為從未離開「變法」而單獨提出「尊君權」的口號。在他看來，中國君權已經「最尊」[33]，即使以君權變法，更需要強調的也不是增加君主的尊崇，而是盡可能改變君主「獨尊」、「太尊」這種不利於變法的狀況（如前所述）。

至於「尊君權」（嚴格來說應稱為「君權變法」）與「興民權」的關係，也不是絕對對立的。在康有為那裏，「尊君權」與「興民權」從來就在現實與理想兩個層面上相伴而行。早年他一方面在《康子內外篇》的《闔闢篇》中陳述中國「君權獨尊」的歷史傳統並主張充分加以運用；另一方面又在該著《人我篇》中斷然宣告「物理抑之甚者必伸，吾謂百年之後必變三者：君不專、臣不卑，男女輕重同，良賤齊一」。[34]與此同時，更寫出了否定「君主威權無限」的專制制度，以「立一議院以行政，並民主亦不立」[35]為理想政治制度的《人類公

---

33 《上清帝第七書》，《康有為政論集》上冊，頁218。

34 《康子內外篇》，《康有為全集》第一集，頁190。

35 《實理公法全書》，《康有為全集》第一集，頁288-289。

理》[36]。變法運動中，康有為一方面主張孔教所奠定的君臣綱常不可「廢墜」，另一方面卻又對「太平之治，大同之樂」表示由衷的嚮往，極其大膽地直言由於孔子「改制之義湮，三世之說微」，而「中國之民遂二千年被暴主、夷狄之酷政」[37]；一方面堅持君權變法，反對速開民權議院，另一方面又明確表示君權變法的結果必然導致民權議院的設立，議院終不能禁[38]。正如梁啟超所說：「中國倡民權者以先生為首，（梁啟超自注：知之者雖或多，而倡之者殆首先生。）然其言實施政策，則注重君權，以為中國積數千年之習慣，且民智未開，驟予以權，固自不易，況以君權積久，如許之勢力，苟得賢君相，因而用之，風行雷厲，以治百事，必有事半而功倍者。故先生之議，謂當以君主之法，行民權之意，若夫民主制度，則期期以為不可，蓋獨有所見，非徒感今上之恩而已。」[39]這段評價，知其師可謂深矣。

　　總之，我們固然可以說康有為的「君權變法」存在著很大的矛盾，而「尊君權」與「興民權」之間存在著更大的矛盾，這種矛盾是康有為本人乃至他所代表的整個維新派階級品格和政治品格上的過渡性、軟弱性及虛幻性的鮮明反映。但是，應該承認，「君權變法」更多表現出來的是對維新運動起了積極推動作用的變法精神，在「君權變法」與「興民權」之間也沒有理由劃出一道不可逾越的鴻溝。

36　《人類公理》已佚，一般認為，《實理公法全書》係《人類公理》的修訂本。此引文中的「民主」意為「民之主」，似指總統制。

37　《孔子改制考序》，《康有為政論集》上冊，頁199。

38　如言：日本變法「今三十年，舉國移風，俗化蒸蒸，萬法畢新……人主與群臣議院，日日討論，孜孜不已，蓋新政成矣」（《日本變政考·序》）；「日本變法二十四年，而後憲法大成，民氣大和，人士知學，上下情通，而後議院立。……此日本變法已成之效也」（《日本變政考》卷十二按語）；「民智之始何基乎？基於學校。民智之成何驗乎？驗於議會。……夫議會之終不能禁，猶學校之必不能廢也。夫謂議會之必不能開，皆導君以疑忌其民者也」（《日本變政考》卷七按語）；等等。

39　《南海康先生傳》，《飲冰室合集·文集》之六，頁85。

維新時期康有為的西方富強觀

　　自從中國「天朝上國」的舊夢被外國資本主義入侵的槍炮聲驚醒以來，敢於正視西方的富強，潛心探究其中的奧秘，力求仿傚借鑒追趕，一直是近代先進的中國人所具有的顯著思想特徵。在維新派領袖康有為身上，這一特徵表現得尤為突出。戊戌變法時期，與代表其新世界觀的大同理想的孕育成熟、為掃除維新障礙而進行的儒家經學批判和大變全變速變的變法思想的宣傳鼓吹交織在一起，康有為對西方資本主義國家何以富強的時代課題作了持續不斷的探索，形成了內容相當豐富的西方富強觀，成為這一時期他所留下的主要思想成果之一。

　　康有為對西方富強之道所作的探求，大致上可分為三個階段，即上清帝第一書階段（1888年前後），「公車上書」階段（1895年前後），戊戌年階段（1898年）。三個階段前後銜接，其思想認識不斷發展，構成了一套建設近代化富強國家的完整設想。

一

　　康有為開始留意西方國家的富強，不「以古舊之夷狄視之」[1]是在1879年遊歷香港之後。而他開始以著述具體總結西方國家富強的經驗，則是在寫下《上清帝第一書》的1888年。

　　這一年，是康有為從比較單純的理論研究和對社會問題的初步思

1　《康南海自編年譜（外二種）》，頁9-10。，

考轉入現實政治活動的關鍵性的一年。此時，他一方面因寫成了《康子內外篇》和《人類公理》等著作，尋到了新的大道，而在思想上獲得極大的解放；另一方面，又更加感到了時局的危迫和救世的責任：「時講求中外事已久，登高極望，輒有山河人民之感。計自馬江敗後，國勢日蹙，中國發憤，只有此數年閒暇，及時變法，猶可支持，過此不治，後欲為之，外患日逼，勢無及矣。」為此，他利用赴京應試的機會，首先向當時「有時名」的公卿潘祖蔭、翁同龢、徐桐等「書陳大計而責之」，繼而「發憤上書萬言，極言時危，請及時變法」，還代人草擬了數篇奏摺。[2]這是走出書齋的康有為初試鋒芒。

康有為在這時所撰寫的上書和奏摺中，對西方富強經驗已略有涉及。他代御史屠仁守作《錢幣疏》，談到鑄幣與富強的關係：「日本崎嶇一島，國小民貧，然鑄幣十年，所出金錢已五千餘萬，銀錢已三千餘萬，流溢至中國，小銀錢尤多，國用富強。」[3]在代擬的另一篇奏摺中，他指出西方富強與鐵路有密切關係，「夫鐵路縮萬里而為咫尺，去壅滯而便指揮，以足民則商賈日通，農利大辟，以立國則調兵立至，挽粟飛來，泰西縱橫，略由於此」[4]《上清帝第一書》則再次以日本為例，強調只有變法，才能富強：「日本崎嶇小島，近者君臣變法興治，十餘年間，百廢具舉，南滅琉球，北關蝦夷，歐洲大國，睨而莫敢伺。」[5]這些議論基本上還是就事論事，簡單例舉，對西方富強之道的認識還很有限。

事實上，康有為這時對西方國家的情形還暸解不多，特別是對他十分感興趣的西方政治制度的情況還知之甚少。為彌補這一不足，他

2　《康南海自編年譜（外二種）》，頁15、15-17。

3　《錢幣疏》，《康有為政論集》上冊，頁39。

4　《請開清江浦鐵路摺》，《康有為政論集》上冊，頁41。

5　《上清帝第一書》，《康有為政論集》上冊，頁59。

曾特地在信中向「精於西人政學」[6]的曾紀澤請教，一口氣提出了二十多個有關西方政制的問題：「不知其鄉邑之制如何？無授田之制，得無亦有飢寒之人耶？……今長之下，屬官幾何？……今長之權必大矣，不畏其虐民乎？得無有議院紳以制令長耶？如此則事又難行。……其令長之選，由君長選之，抑由民舉之？若由民舉，得無有結黨之弊耶？則亦非美才也。……其令長之上有幾重耶？抑能直達其君相也？若上有道府，則事權阻撓甚矣。若能直達，則英、法之大，屬地又多，奏摺互繁，豈能盡覽而一一批行之？……其令長以下之官幾何？有如古諸侯下有六卿，抑如漢制諸曹也？選之自君相，抑令長自辟之，抑由民舉之耶？自令長及令長以下之官，俸之厚薄，秩之尊卑若何？其府吏胥徒之法若何？英、法、德、俄之同異若何？又其欲仕者有仕學院以教之，然則無論何官，必由此院出矣，其選舉之法若何？又英國之政不在君而在相，英國屬地四十島埠，如令人人能自達於議院，而英相攬其成，則一日之間，條陳奏議，豈可勝數，如何而覽之決之？不覽則下情塞，覽之則日力、目力、精神俱有限也，豈能給本國之臣僚，屬島之政事，外國之交涉哉？」[7]從這些問題中，不難看出康有為思考深細的程度。不清楚曾紀澤是否答覆了康有為所提的問題，但可以肯定的是，康有為這種執著的思考不是沒有成效的。

1891年，也就是上清帝第一書遭到阻格後的第三年，康有為寫了《與洪右臣給諫論中西異學書》，與京都諫官洪良品討論如何看待中西文化的差異。洪良品與康有為雖為「至交」，但對西學的看法與康差別甚大。他曾致書康有為，「駁詰洋人政事制度，深斥洋學者之非，而發明先王及祖宗之大法，及中西強弱之故」[8]，康接書後頗不

6　《致曾劼剛襲侯書》，《康有為全集》第一集，頁376。
7　《與曾劼剛書》，《康有為全集》第一集，頁347。
8　《與洪右臣給諫論中西異學書》，《康有為全集》第一集，頁535。

以為然,故復書辯駁。康有為通過反覆研究「中西相異之故,及其所以強之效」,認為:「……中西之本末絕異有二焉:一曰勢,一曰俗,二者既異,不能以中國之是非繩之也。何謂勢異?中國自從三代故為一統之國,地廣邈,君亦日尊。以一君核萬里之地,而又自私之,駕遠馭,勢有所限,其為法也守,其為治也疏,聽民之自治。然亦幸賴其疏且守,若變而密,則百弊叢生矣。泰西自羅馬之後,分為列國,爭雄競長,地小則精神易及,爭雄則人有憤心,故其君虛己而下士,士尚氣而競功,下情近而易達,法變而日新。此勢之絕異也。中國義理,先立三綱,君尊臣卑,男尊女卑,積之久,而君與男子,縱慾無厭,故君尊有其國,男兼數女。泰西則異是。君既多,則師道大行,而教皇統焉,故其紀元用師而不用君。君既卑,於是君民有平等之俗。女既少,則女不賤,於是與男同業,而無有別之義。此俗之絕異也。夫中國之教,所謂親親而尚仁,故如魯之秉禮而日弱。泰西之教,所謂尊賢而尚功,故如齊之功利而能強。所以至此者,蓋由所積之勢然,各有本末,中國、泰西,異地皆然,然不可一二言斷是非也。」[9]書中還專門談到議院:「泰西……政事皆出於議院,選民之秀者與議,以為不可則變之,一切與民共之,任官無二人,不稱職則去,故粉飾者少,無宗族之累,無姬妾之靡,無儀節之文,精考而厚祿之,故中飽者少。泰西非無貪偽之士,而勢有所不行;中國非無聖君、賢臣精覈之政,然而一非其人,叢弊百出,蓋所由異也。」[10]這是康有為具體論述議院的最早的文字。此外,書中還談到由於「政教之異」而導致了中西的器藝之異。

在這些論述中,康有為講到了兩個互相聯繫的問題:一是中西文化相異的原因,二是中西國家強弱相別的原因。前者他認為是由於勢

9　《與洪右臣給諫論中西異學書》,《康有為全集》第一集,頁536。

10　同上書,頁537。

與俗的不同。所謂勢，是指社會歷史發展的大勢，中國一統而西方列國爭雄；所謂俗，是指以勢為基礎而制定的義理，中國立三綱而西方尚平等。後者則實際上是前者的結果，也就是說，以中國之勢與俗必導致「日弱」，而以西方之勢與俗則必定「能強」。可見，康有為對西方富強之道的認識，已開始觸及到比較深層的內容，即以「政教」（政治制度與思想觀念）為中心全面進行考察，儘管限於種種條件，他還只能作出一些粗線條的勾勒。

然而，在康有為此時對中西文化的認識和比較中，還存在著一個比較突出的局限性，這就是他雖然對泰西的「勢」與「俗」持肯定讚賞的態度，但同時又對中國傳統文化中作為治世最高楷模的「三代之治」還信而不疑，並同樣具有時人中頗為流行的「西學中源」的觀念。他這樣寫道：「然泰西之政，比於三代，猶不及也。三代有授田之制以養民，天下無貧民，泰西無之。三代有禮樂之教，其士日在揖讓中，以養生送死，泰西則日思機智，惟強己而軋人，故其教養皆遠遜於我先王也。然今之中國既大變先聖之法，而返令外夷迫之。譬如故家子，蒙祖父之蔭，而悖祖父之學行，則不如白屋鄰人，反得以其學行挺起，雖其先世出身卑賤，反而為之屈矣。故僕所欲復者，三代、兩漢之美政，以力遵祖考之彝訓，而鄰人之有專門之學、高異之行，合於吾祖者，吾亦不能不節取之也。」[11]在康有為1888年間的上書奏摺中，都體現出欲復「三代、兩漢之美政」，「力遵祖考之彝訓」，同時「節取」西方「合於吾祖」的專門之學、高異之行的基本態度。所謂「合於」，實際上只是康有為的一種解釋或比附。凡是他認可的西方政教，就都可以用「合於吾祖」來為其辯護；反過來，「三代、兩漢之美政」由於在「西方政教」中得到了某種體現，也就

---

11 《與洪右臣給諫論中西異學書》，《康有為全集》第一集，頁537。

被賦予了時代的氣息和精神——這在後來表現得更為明顯。

不過,「三代之治」畢竟年代過於久遠,事蹟過於古老,許多記載且無法稽考,很難為現世所仿傚;更重要的是,崇尚「三代之治」也就等於肯定了一種復古的歷史觀和保守的文化精神(不論三代曾經多麼美好),這對於力倡變法維新是很不利的。在第一次上書失敗之後重新思考和探索變法理論的過程中,以批判古文經學、宣揚孔子託古改制為突破口,康有為對「三代之治」重新進行瞭解釋,即不再將其認定為曾經輝煌的歷史遺跡,而是說成尚未實現的將來理想,並且這一理想的面貌大致是按照西方資本主義國家的模式來描繪的。這是康有為在學習西方、融合中西文化方面取得的重要進步。

二

第一次上書後過了7年,康有為在中日甲午戰爭清廷慘敗、《馬關條約》即將簽訂、創巨痛深的屈辱令朝野上下群情激憤的背景下,開始了第二輪的上書上折活動。這一時期,康有為通過編撰《新學偽經考》和《孔子改制考》,基本完成了對儒家經學的批判,而大同思想的成熟(表現於「大同口說」之中),更使他在中西文化交流的歷程中產生了新的飛躍。因此,他對探求西方富強之道不僅更為重視,而且有了比前一時期全面深入得多的認識。主要表現在將西方富強經驗與維新派各項變法主張有機地結合起來,以西方成功的做法作為中國變法的最好借鑒,並試圖對西方富強之道進行系統的概括。

在《上清帝第二書》即著名的「公車上書」中,圍繞如何變法這一根本問題,康有為對外國富強經驗進行了廣泛的借鑒,相當於作了一次比較全面的總結。首先,他指出要以變「勢」作為變法總的前提:「竊以為今之為治,當以開創之勢治天下,不當以守成之勢治天

下；當以列國並立之勢治天下，不當以一統垂裳之勢治天下。蓋開創
則更新百度，守成則率由舊章；列國並立則爭雄角智，一統垂裳則拱
手無為。」[12]這裏並無一字提及西方國家，但從前引康有為致洪良品
書中我們清楚地知道，他正是從「勢」與「俗」的不同來比較中西文
化的差異和分析中西國家強弱相別的原因的，西方之勢是列國「爭雄
競長……爭雄則人有憤心……法變而日新」，而中國之勢則是「一統
之國……其為法也守，其為治也疏」。[13]可見，康有為要求變「勢」，
就是要求在治國的根本之策上學習西方。在此總前提之下，康有為具
體提出了富國、養民、教民和修國政四項變法主張，每項主張都對西
方事例多方引證，以作為中國變法的參考。如富國方面提出應學習
德、英開設民廠，學習美、英開礦致富，學習各國自鑄銀錢以收利
權，學習英國設郵政局；養民方面提出務農宜學外國設農學會加以講
求，勸工宜設考工院學習外國各種善法，商務宜學外國設立商會、商
學、比較廠，恤窮宜學外國用移民墾荒之法；教民方面明確指出「嘗
考泰西之所以富強，不在炮械軍兵，而在窮理勸學。……夫才智之民
多則國強，才智之士少則國弱」，因此教民首先應當開啟民智；修國
政方面強調應學習俄、日，派遣大臣、士庶等到國外進行遊歷和學
習，歸國後著書講學，這樣「上之可以贊聖聰，下之可以開風氣」，
有助於盡早達到富強的目的。[14]

　　由上可見，第二書對西方富強之道的認識已相當系統和具體。不
過，這些認識也存在著明顯的不足，就是對西方富強事蹟羅列較多，
而對其富強之大端缺乏集中的概括。這一不足，在相隔不到兩個月之
後所撰的《上清帝第四書》中得到了克服。在第四書中，康有為直接

12　《上清帝第二書》，《康有為政論集》上冊，頁122。
13　《與洪右臣給諫論中西異學書》，《康有為政論集》上冊，頁536。
14　《上清帝第二書》，《康有為政論集》上冊，頁126-134。

對「泰西所以致強之由」作了三點歸納：一是諸國並立之勢令各國勵
精圖治。在諸國並立的形勢下，一國若政稍不振，則滅亡隨之，「故
上下勵精，日夜戒懼，尊賢而尚功，保民而親下⋯⋯有情而必通，有
才而必用，其國人之精神議論，咸注意於鄰封，有良法新制，必思步
武而爭勝之，有外交內攻，必思離散而窺伺之。⋯⋯講法立政，精益
求精」，故而能致富強。二是立科以勵智學。自英人培根創立獎勵發
明創造的新義以後，「於是國人踊躍，各竭心思，爭求新法，以取富
貴。各國從之⋯⋯合十餘國人士所觀摩，君相所激勵，師友所講求，
事無大小，皆求新便。近以船械橫行四海，故以薄技粗器之微，而為
天下政教之大，人皆驚洋人氣象之強、製造之奇，而推所自來，皆由
立爵賞以勸智學為之」。三是設議院以通下情。設議院可解決許多國
政難題，「籌餉為最難之事，民信上則鉅款可籌，賦稅無一定之規，
費出公則每歲攤派。人皆來自四方，故疾苦無不上聞；政皆出於一
堂，故德意無不下達；事皆本於眾議，故權奸無所容其私；動皆溢於
眾聽，故中飽無所容其弊」。康有為認為只要有了這三條，就能「百
度並舉，以致富強」[15]。

如果將第四書總結的這三條富強之道與四年前康有為致洪良品書
中所論西方富強之由作一對照，就能看出兩者在基本論點上是極為相
似的。但相形之下，第四書的論述更為明確、詳細、成熟。更重要的
是，1891年康有為還只是在私人信劄中談及的西方富強之道，到1895
年竟十分醒目地出現在上皇帝書裏，成為全書提綱挈領的重要內容。
並且，儘管第四書中仍然聲稱「彼族實暗合經義之精，非能為新創之
治也」，但已不再提復「三代、兩漢之美政」，而是要「盡易舊方」，
「盡棄舊習，再立堂構」，「掃除更張」[16]，也就是要求更為廣泛系統

---

15 《上清帝第四書》，《康有為政論集》上冊，頁150-151。
16 同上書，頁152、154。

地學習西方，更為全面徹底地變法。

　　除了第四書總結的富強之道外，康有為還總結了另一條西方富強的經驗，即成立學會講求富強，培養謀求富強的人才。在此時所寫的三篇強學會序文中，康有為都談到了這一點。《京師強學會序》指出：「普魯士有強國之會，遂報法仇。日本有尊攘之徒，用成維新。蓋學業以講求而成，人才以摩厲而出，合眾人之才力，則圖書易庀，合眾人之心思，則聞見易通。」[17]《上海強學會序》則更為明確的表述：「嘗考泰西所以富強之由，皆由學會講求之力……其以開風氣而成人才，以應天子側席之意，而濟中國之變。」[18]《上海強學會後序》則舉出美國之例：「美人學會繁盛，立國百年，而著書立說多於希臘、羅馬三千年，故兵僅二萬，而萬國莫敢誰何，此以智強也。」[19]雖同為西方富強之道，強學會序文所論與第四書還有一個重要的區別，就是第四書所言三條富強之道是提供給皇上參考採納的，而強學會序文所提出的開會講學合群則是在上書皇帝毫無結果的情況下，維新派自己組織起來進行變法活動的綱領。這就意味著，不論是「變於上」，還是「變於下」，康有為都從探求西方富強之道中得到了有益的啟示。

三

　　從1898年初的《上清帝第五書》開始，康有為對西方富強之道的認識發生了一個顯著的變化，即著重總結和闡明日本變政的經驗，在很大程度上以直接學習日本來代替以往的直接學習西方。

　　發生這一變化，與康有為此時變法思想的發展有密切關係。一方

17　《京師強學會序》，《康有為政論集》上冊，頁166。

18　《上海強學會序》，《康有為政論集》上冊，頁169。

19　《上海強學會後序》，《康有為政論集》上冊，頁171。

面，他將變法的重心放到了政治方面，要求革除的弊政不再限於歷代沿襲的典章法度，而是逐漸擴及整個封建專制制度；另一方面，他開始認識到過去簡單仿照西方的不足。他進一步確認「今日泰西之法，實得列國並立之公理」，但又認為「泰西國數極多，情勢各異，文字政俗與我迥殊，雖欲採法之，譯書既難，事勢不合，且其富強精巧，皆逾我百倍，驟欲致之，下手實難」，注意到中西國情的差異，承認對西方瞭解的不夠。因此，轉而要求學習文字政俗皆與中國相同，而以三十年時間追摹泰西新法惟妙惟肖的日本。早自《上清帝第四書》不達之後，康有為就留心研究日本變政史實，「三年來譯集日本變政之宜，日夜念此至熟也」，確信「吾但假日本為嚮導，以日本為圖樣……取而謄寫之」，就一定能「一舉而規模成，數年而治功著，其治傚之速非徒遠過日本，真有令人不可測度者」。[20]在奉詔進呈《日本變政考》一書時又云：「其它英德法俄變政之書，聊博採覽，然切於中國之變法自強，盡在此書。臣愚所考萬國書，無及此書之備者。雖使管葛復生，為今日計，無以易此。若棄之而不採，亦更無自強之法矣。」[21]可見，康有為對日本通過變政而富強的經驗極為重視。

康有為對日本變政經驗的總結和闡述主要見於《日本變政考》一書。這部書是康有為根據翻譯過來的日文書而編纂的日本明治維新史，曾先後兩次進呈光緒帝。書的內容大致可分為兩部分：一是日本明治維新的史實，自明治元年至二十四年逐年記敘，按照康有為的需要加以取捨，這是書的主體部分；二是書中所加的按語，它是康有為對明治維新史的評論，或闡發其精義，或總結其經驗，或以其為依據提出中國如何仿傚的辦法，或從中概括出變政的具有普遍指導性的理論意義，在全書中佔有提綱挈領、畫龍點睛的地位。

---

20 《進呈〈日本變政考〉等書乞採鑒變法摺》，《傑士上書匯錄》。
21 《日本變政考‧跋》。

　　《日本變政考》總結明治維新的成功經驗，包含的內容極為豐富，大至國政，小到都市清潔衛生，無不涉及，而它們都圍繞著一個中心點，就是進行變法。變法才能富強，中國要轉危為安、化弱為強，只有像日本那樣變法，這是貫串全書的中心思想。自第一次上書清帝以來，康有為對西方變法以致富強的經驗一直都在進行這樣或那樣的探討，到編纂《日本變政考》時則達到了一個新的高度，甚至可以說，他對變法的認識發生了某種質的變化。這主要表現在明確提出「變政」，將其作為變法的關鍵和根本。所謂變政，即變革政治制度（或政治體制）。康有為從開始上書清帝起，實際上就已陸續提出了變革政治制度方面的內容（如多次上書中「改官制」的主張），但它們在變革的深度和廣度上還很有限，並多半只是作為眾多變法主張中的一項或幾項，而未作為中心問題凸顯出來。康有為使用變政一詞最早是在首次明確提出以日本明治維新之政為政法的《上清帝第五書》中。此後，他對變政講得越來越多。除了將日本明治維新史統稱為變政史外，他還著有《俄彼得變政記》、《法國變政考》、《德國變政考》、《英國變政考》等書，變政幾乎成了變法的代名詞。這充分反映出隨著變法運動的深入發展，康有為已明確意識到改革政治制度不僅是變法的中心環節，而且是變法的當務之急。那麼，怎樣改革政治制度呢？從《日本變政考》來看，康有為所總結的日本變政的基本經驗有以下幾點。

　　第一，定三權以變政體。就是以「三權鼎立之義」作為指導思想，在政權中分別設置立法官、行政官和司法官，「三官立而政體立，三官不相侵而政事舉」。[22]康有為具體考察了日本變政從改革官制著手，於大政官中分議政行政官，議政官中設上下議局，並頒佈「政

22　《日本變政考》卷一按語。

體書」，確認立法司法行法三權，規定「立法官不得兼行法，行法官
不得兼立法」[23]等情況，讚揚日本變法之始，即知三權之義，「定三權
之官，無互用之害」，「得泰西立政之本」，因而「其政日新月異」[24]。
在三權中，康有為著重突出立法官或議政官的作用，將其比做人的
「心思」或「頭腦」，而視行法和司法為人的手足耳目，明確指出：
「三官之中，立法最要」，「有肢體而無心思不能成人，有行政而無議
政不能成國」。[25]在立法（議政）官的組成人員中，他特別強調日本能
「大破資格，擢用草茅」，使草茅之士即那些屬於封建統治階級下層
的人士得以「列朝班參大議」，與公卿諸侯「平等任職」。[26]

　　第二，改國憲以變根本。康有為使用「憲法」一詞最早見於《上
清帝第五書》[27]，可以說，他是在深入研究日本變政史後才瞭解到立
憲法的重要。在《日本變政考》卷七按語中，康有為曾對立憲法的意
義作過一段集中的論述：「購船置械，可謂之變器，不可謂之變事；
設郵便，開礦務，可謂之變事矣，未可謂之變政；改官制，變選舉，
可謂之變政矣，未可謂之變法。日本改定國憲，變法之全體也。總攝
百千萬億政事之條理，範圍百千萬億臣民之心志。建鬥運樞，提綱挈
領，使天下戢戢從風，故為政不勞而易舉。」[28]這段話將變法與變
器、變事、變政明確區別開來，重在說明僅有器、事、政的變革還不
夠，還必須有法的變革，即「改定國憲」；同時，改定國憲又是「變
法之全體」，亦即對變器、變事、變政起統率作用，從根本大法上予
以規定和肯定，使這些變革得到保護。需要說明的是，康有為將「變

23　《日本變政考》卷一。
24　《日本變政考》卷一按語。
25　《日本變政考》卷二按語。
26　《日本變政考》卷一按語。
27　《上清帝第五書》，《康有為政論集》上冊，頁207。
28　《日本變政考》卷七按語。

法」與「變政」區別開來，是為了突出「憲法」的綱領性，如果從君主立憲制的性質和特徵來考慮，立憲法也應是變革政治制度的一項重要內容。康有為說到憲法的時候，在形式上往往與舊式封建典法混為一談，但實際上，他所要立的憲法與舊式典法已有根本的不同。這集中反映在《日本變政考》中摘錄的樞密院議長伊藤博文的一篇關於日本憲法的演說辭裏，其中扼要地闡明了憲法的性質、宗旨和基本內容，從中可見日本憲法已是一個比較正式的君主立憲的憲法。對這篇演說辭康有為自注道：「論議政、行政、司法之權之故，最透矣。」[29] 可見他是頗為讚賞的。

第三，設議院以行民權。康有為的議院觀有個演變發展的過程：早在1891年康有為就曾提到議院；但直到1895年《上清帝第四書》中講到西方議院制時，他的見解與早期維新派仍然幾乎沒有什麼不同，議院不過被視為一個反映民意的諮詢機構。1895年後，由於康有為對日本明治維新史作了比較深入的考察研究，他對議院制度逐漸有了比較全面、深刻的瞭解，不再僅僅將議院看成「通下情」的諮詢機構，而且更將其作為立法機構和「民權」的政治代表。正因為充分認識了議院的重要性，所以他將議院稱為「泰西第一政」[30]和日本變法的「大綱領」[31]，將設立議院作為變政的最高理想。根據中國實際和日本經驗，康有為不主張中國變法之初便立即開設議院，而只贊同開「州縣村鄉議會」，以達民情[32]，但他並不否認日後開設議院的可能和必要，並且認為中國議院設立的日期不會太遙遠，只要中國仿傚日本，就可成效立致，甚至可以通過考察研究而避其乖謬，免其曲折，

29　《日本變政考》卷十一。

30　《康南海自編年譜（外二種）》，頁56。

31　《日本變政考》卷六按語。

32　《日本變政考》卷十一按語。

做到「日本為其難,而我為其易」,「事半而功倍」[33]。

此外,康有為還特別強調日本變政的條理和次第。日本變政二十餘年,所變革的事項繁多,如何加以采鑒,先後次序如何,是康有為反覆加以論述的。在上於1898年初的第六書中,他將日本變政的條理簡略概括為大誓群臣以革舊維新,開制度局重商一切政事制度,設待詔所許天下人上書等三件大事。[34]同年4月進呈《日本變政考》時,康有為在序文中對日本變政的次第作了相當詳細的闡述,大致可分為四步:第一步,維新之始,由朝廷採取有力措施造成變法的強大聲勢;第二步,自上而下推行新政,溝通民情;第三步,破守舊之阻撓,立議院,定憲法,與萬國通流合化;第四步,全面變器、變事,新政最後告成。照此次第,前三步都是變政,第四步才是變器、變事,由此亦可見變政在康有為心目中的分量。

採擇日本的變政經驗,遵循日本的變政次第,一句話,仿照日本的變政模式進行中國的維新變法,成為康有為戊戌年總結西方富強之道所得出的最重要的結論。在戊戌年,特別是在百日維新期間,康有為遞呈了大批奏摺(包括為人代擬的奏摺),其內容基本上都是對《日本變政考》所表達的變法思想的具體運用和發揮。完全可以說,對日本變政史的總結,代表了戊戌變法期間康有為探求西方富強之道的最高水準。

就康有為對日本變政史的認識而言,應該說是有相當深度的。但是,他主張中國直接仿傚日本,也是一件難以辦到的事。中國與日本雖有地域(同在亞洲)、文化(同屬儒學文化圈)、政俗(同有封建專制的歷史)等方面的許多相似之處,基本國情卻畢竟有著重大的甚至根本性的差異。最明顯的是,中國沒有日本那樣資本主義相當程度發

---

33 《日本變政考・序》。
34 《請大誓臣工開制度新政局摺》,《傑士上書匯錄》。

展的基礎，沒有一個如日本下層武士那樣因自身陷於生存困境而足以成為維新運動中流砥柱的階層，也沒有類似幕府與皇權相衝突、皇權有可能成為維新的重要推動力的政治背景等。由於這些差異，明治維新似的場景就不可能在中國重演，更不要說日本為其難，中國為其易了。中國要學習日本，並通過日本學習西方的富強之道，就必須正視並切實解決中國所存在的一些帶關鍵性的問題，如以慈禧太后為首的最高統治集團不願真正變法、徹底變法的問題，維新派自身組織渙散、軟弱無力的問題，整個社會變法的氛圍極為薄弱而守舊的風氣依然濃厚的問題，等等。不解決這些問題，康有為尋得的西方（包括日本）富強之道就難以在中國結出豐碩的果實。

康有為「大同三世」說新探

對康有為的「大同三世」說，史學界很早就有專文進行研究。[1]
隨著康有為的早期著作和戊戌奏議檔案等史料陸續更多地出版面世，
有關「大同三世」說與康有為早期社會歷史發展觀的關係，這一學說
形成過程中今文經學從形式到內容發生了何種變化，應怎樣評價戊戌
政變後「三世」含義的改變等問題，似都有重新加以探討的必要。

一　康有為早期社會歷史發展觀確定了「大同三世」說的基本內涵

按照康有為本人及其弟子梁啟超的說法，「大同三世」說是直接
從孔子有關微言大義中推衍出來的。在自編年譜中，康有為回憶自己
早在1884-1887年間就曾「以三統論諸聖，以三世推將來」，「手定大
同之制，名曰《人類公理》」，「推孔子據亂、昇平、太平之理，以論
地球」。[2]準此，「大同三世」說就顯然是以孔子學說作為最初的出發
點。梁啟超講得更加明確，認為「先生（指康有為）獨發明春秋三世
之義，以為文明世界，在於他日……於是推進化之運，以為必有極樂
世界在於他日，而思想所極，遂衍為大同學說」，而大同構想的直接

1　如吳澤：《康有為公羊三世說的歷史進化觀點研究》（《中華文史論叢》第一輯，北
　　京市：中華書局，1962年，下引該書同此版本，不再另注）、湯志鈞：《論康有為的
　　「大同三世」說》（《中華文史論叢》1979年第二輯）等。
2　《康南海自編年譜（外二種）》，頁12、13、15。

來源則是儒家的大同理想,「其論據之本,在《戴記‧禮運篇》孔子告子游之語……先生演繹此義,以組織所謂大同學說者,其理想甚密,其條段甚繁」。[3]這些說法並不確切。

正如許多研究所表明的那樣,康有為按照今文經學的觀點來重新闡釋孔子,並將自己的思想主張與今文經學的概念結合起來,是在1890年春受廖平影響,由今文經、古文經並用轉變為獨尊今文經、否定古文經之後。[4]在此之前,他並未特別注意到「三統」、「三世」、「大同」等觀念,更未由於受這些觀念的影響而演繹出一套關於未來社會理想的學說。[5]相反,他先是通過撰寫《人類公理》等早期著作而形成了自己新的社會歷史發展觀,然後再將這種社會歷史發展觀的內涵灌注於「大同」、「三世」等今文經學古老的概念之中去(當然,今文經學本身的內容也會反過來對康的社會歷史發展觀產生影響,使其發生種種改變)。上述康有為的回憶掩蓋了這種思想發展的真實順序,以與「發明孔子之學」[6]的顯赫標榜相一致,而梁啟超拜入康門是在其師業已完成從早期思想到發明孔學的轉變之後,康有為「復原孔教」的努力給了他極為深刻的印象,但賴以「復原」的早期思想基

3　《康有為傳》,《康南海自編年譜(外二種)》,頁253。

4　參見湯志鈞:《康有為與戊戌變法》(北京市:中華書局1984年,頁39-43);馬洪林:《康有為大傳》(瀋陽市:遼寧人民出版社,1988年,頁148-154);蔡樂蘇等:《戊戌變法史述論稿》(濟南市:清華大學出版社,2001年),頁173-176。

5　康有為在當時撰寫的著作中也偶而談及「大同」,如《民功篇》:「孔子有元宗之才,嘗損益四代之禮樂,於《王制》立選舉,於《春秋》尹氏卒譏世卿,又追想大同之世,其有意於變周公之制而光大之矣。」(《康有為全集》第一集,頁68)這裏所說的「大同之世」,仍在儒家理想社會的範圍之內,從時間上說,是指過去曾經存在過的「盛世」,與康有為所構想的以公理、公法為基礎建立的未來理想社會是不同的。將此兩個有某些共同特徵的理想社會融為一體,是康有為大力宣揚今文經學之後的事。

6　《答朱蓉生書》,《康有為全集》第一集,頁1040。

礎看來梁啟超卻一直不甚了了。[7]筆者以為，只有將康有為早期社會
歷史發展觀與「大同三世」說的內在聯繫明確地揭示出來，才能更加
準確地把握「大同三世」說形成發展的脈絡，從而更加深刻地理解這
一學說的底蘊。

7 。集中代表康有為早期思想的有《民功篇》、《教學通義》、《人類公理》（其修訂本
為《實理公法全書》）和《康子內外篇》等四部重要著作。對此四部著作，看來梁
啟超都不甚瞭解。據筆者所見，他從未提到過《民功篇》。對《教學通義》，認為是
康有為早年因「酷好《周禮》」而寫下的「少年之作」，後來讀到廖平所著書亦即開
始走上「復原孔教」之路時，便「盡棄其舊說」（見《清代學術概論》，《飲冰室合
集・專集》之三十四，頁56；《康有為傳》，《康南海自編年譜（外二種）》，頁
249）。但事實上，在《教學通義》中已經包含了後來維新運動中康有為將要提出的
許多變法思想和主張的內容，這些內容不但沒有「盡棄」，反而被進一步發揚光大
（參見拙著《嶺南維新思想述論》，北京市：中華書局，2002年，頁160-183）。從這
部著作所表明的「上推唐、虞，中述周、孔，下稱朱子，明教學之分，別師儒官學
之條，舉『六藝』之意，統而貫之，條而理之，反古復始，創法立制」和「今復周
公教學之舊……外王之治也：誦《詩》、《書》，行《禮》、《樂》，法《論語》，一道
德，以孔子之義學為主，內聖之教也。二者兼收並舉，庶幾周、孔之道復明於天
下」（《教學通義》，《康有為全集》第一集，頁80、122）等基本宗旨來看，將「酷
好周禮」定為寫作此書的動因，亦令人有不知所云之感。筆者據此推斷，梁啟超很
可能並未讀過《教學通義》。《人類公理》（《實理公法全書》）是上述四部書中最為
重要、與康有為大同思想的聯繫亦最為密切的一部，對此書梁啟超亦從未提及，僅
曾回憶過在萬木草堂講學時，其師康有為「方著《公理通》、《大同學》等書，每與
通甫商榷，辨析入微，余輒侍末席，有聽受無問難，蓋知其美而不能通其故也」
（《三十自述》，《飲冰室合集・文集》之十一，頁17）。就都冠以「公理」二字而
言，《公理通》似乎與《人類公理》有點聯繫，但聯繫到何種程度，從梁氏記載中
仍不得而知。《康子內外篇》共十五篇，其中有九篇曾於1899年刊載於梁啟超所主
辦的《清議報》，並注明係「二十歲前舊稿」，這就將康有為本來撰於三十歲時的著
作推前了十年（參見《康有為全集》第一集，頁164編者按語）。既然像《教學通
義》一樣同為少作，當然也就不足以構成為康有為早期思想的重要組成部分。正由
於對上述四部重要著作大多未接觸（所接觸到的「內外篇」亦未引起重視），所以
梁啟超對康有為早期思想的把握是有很大局限性的。這也是他談到康有為大同思想
的形成發展時，一再強調孔學所起的源泉作用，而毫不提及作為最初基礎的康有為
早期社會歷史發展觀的原因。

　　早期社會歷史發展觀是康有為於1878~1887年十年間所形成的新思想體系的主要組成部分。它大體由新變易論、新價值觀、新制度設計和新歷史演進模式等構成。

　　所謂新變易論，是建立在西方近代自然科學知識的基礎之上，用進化的觀點闡釋自然和人類社會演變的理論。在《康子內外篇》中，康有為運用近代物理學、天文學、地質學、考古學、生理學等方面的知識，對世界從氣質的本原開始，經過「氣」的不斷運動而生「日」、生「地」，地球上又先生草木，繼生禽獸，再生人類的演變過程作了儘管簡略然而十分明確的論述。[8]按照這種進化的觀點，世界上就沒有永遠不變的東西，不僅自然是不斷變化的，社會是不斷變化的，而且歷來被視為天經地義的綱常禮義也必定要發生變化，由尊君卑臣、重男輕女、崇良抑賤而變為「君不專，臣不卑，男女輕重同，良賤齊一」[9]。這種以進化作為底蘊的變易思想是康有為早期社會歷史發展觀的哲理基礎。

　　在價值觀方面，康有為提出了「人有自主之權」、「人類平等」和「興愛去惡」等新的命題。人之所以有自主之權的理論根據是「人各合天地原質以為人」及「各具一魂」，意即人的肉體和靈魂都是大自然所造就的各自獨立的存在，因而每個人都應該是自主的，有自主的權利，這一自主權應體現在夫婦、父母子女和師弟等基本人倫關係之中。而人類平等是「幾何公理」按此時康有為的解釋，「幾何公理」是指經過格致家所考明的、不可改易的自然之理和根本之理。這裏

8　見《理氣篇》、《濕熱篇》、《肇域篇》等，《康子內外篇（外六種）》，頁28、17-18、31。關於這一演變過程，康有為在《萬木草堂口說》中還有更為具體的論述，參見《長興學記桂學答問萬木草堂口說》（北京市：中華書局，1988年，頁76-77、85、88。下引該書同此版本，不再另注。）

9　《人我篇》，《康子內外篇（外六種）》，頁22-23。

「幾何」一詞並非實指作為數學分支之一的幾何學，而是藉以表示實測之意。康有為認為，只有經過（或可以）實測的原理，才能作為衡量一切事物、判別一切是非的實理。，根據這一公理，人與人在眾多領域中都應該保持平等，如政治領域民與「君」的某種契約式的平等，人倫領域的「長幼平等」，人際領域的「朋友平等」，教化領域古今聖賢與眾人在天地之理面前的平等[10]。「興愛去惡」則是用來表達人類生活所追求的根本目的，並以此作為公法原則，認為這一原則「最有益於人道」，如果不盡能興愛去惡，便會導致「人道困苦」。[11]這些新的價值觀，為康有為所追求的未來理想社會制定了基本行為準則。

新制度設計與新價值觀相表裏，是後者在制度層面的體現。這些制度涉及面頗廣，有以男女「兩相愛悅」為本的婚姻制度，公設「嬰堂」代父母養育的子女撫養制度，「立一議院以行政」的政治制度，「以地球開辟之日紀元」的曆法制度，「皆從公舉而後用者」的官吏制度，褒獎「闢新智」和「行善」、貶抑惡言惡行的公議制度等。[12]

新歷史演進模式即從「比例」到「公法」的進化。康有為將理想的價值準則和社會制度稱之為「公法」，而將未達此理想階段的準則和制度稱之為「比例」（「比例」與「比例」之間亦有階段性的差別）。他將「公法」和「比例」分門別類地加以排列，每個門類所列「比例」的數目多少不一，越是排在後面的「比例」，離理想狀態就越遠。從多個「比例」到「公法」，構成了一個從落後發展到先進的進化序列。[13]康有為明確指出，從「比例」進化到「公法」，應遵循從

10 《實理公法全書》，《康子內外篇（外六種）》，頁45-47、43-44。

11 同上書，第36~37頁。

12 《實理公法全書》，《康子內外篇（外六種）》，頁38、41、45、48、53、56。

13 例如，「夫婦門」的「公法」為「凡男女如係兩相愛悅者，則聽其自便，惟不許有立約事。倘若分毫不相愛悅，即無庸相聚。其有愛惡相攻，則科犯罪者以法焉」，「比例」則列有五項，其離「公法」最遠者為「禁人有夫婦之道」，以下由遠-近依

排在最後的「比例」逐一變為排前的「比例」直至變為「公法」這樣
的次序:「公法最有益於人道,固不待言,然行事亦當有次序也。假
如某國執政之人,深知公法之美,甚欲變法,然其國現時所用之法,
僅在比例之末,則轉變之始,當變為彼例之首者,俟再變乃至直用公
法,庶無驟變而多傷之患也。」[14]

　　將康有為上述初步成形的早期社會歷史發展觀與其後來提出的
「大同三世」說相比較,不難看出兩者之間有著非常明顯的前後相承
的關係。在變易論方面,「大同三世」說所持同為「進化派哲學」[15],
而《大同書》首篇所申論的「浩浩元氣」與天地人及萬物之間的密切
關係,尤為強調的仁智、「覺識」、「不忍之心」等氣質之性的特殊意
義,與《康子內外篇》中的許多論述極為相似[16]。在價值觀方面,「大
同三世」說將「人有自主之權」的命題確定為「男女平等各有獨立之
權……此天予人之權」的觀念,將此視做全部「大同之道」的精髓所
在,並以此種觀念的確立作為達到大同理想境界的前提和起點[17];將
「人類平等是幾何公理」的命題拓展為對人類社會應普遍遵循的人民
社會地位平等、政治權利平等、男女各個領域平等法則的系統闡釋,
形成了比較完整的平等觀[18];將「興愛去惡」的命題轉換為「主樂派

次為男女之約不由自主、男女雖能自主但必立終身之約、男女立約久暫聽其自便、
男女相悅者立約限以三月為期等。又如,「君臣門」其「公法」為「立一議院以行
政,並民主亦不立」,其「比例」有三,前後順序為「民主」、「君民共主,威權有
限」、「君主威權無限」(《實理公法全書》,《康子內外篇(外六種)》,頁38-40、
45)。

14　《實理公法全書》,《康子內外篇(外六種)》,頁64。

15　《康有為傳》,《康南海自編年譜(外二種)》,頁253。

16　參見該著《仁智篇》、《覺識篇》、《不忍篇》等。

17　《大同書》,古籍出版社,1956年,頁252-253。下引該書同此版本,不再另注。

18　《大同書》丙部「去級界平民族」、丁部「去種界同人類」、戊部「去形界保獨立」
　　等篇章的內容。

哲學」[19]，並於《大同書》中以「去苦求樂」作為根本宗旨，對人類何以需要和怎樣才能「去苦求樂」等問題作了極為廣泛而具體的論述[20]。在制度設計方面，《實理公法全書》所提出的大部分制度性規定在《大同書》中都可以見到在某種程度上相似的內容，並由後一著作重新作了體系化、成熟化的推衍。在歷史演進模式方面，從「比例」到「公法」的多階段循序漸進，變成了從「據亂世」到「昇平世」再到「太平世」的三階段（「三世」）循序漸進，其「據亂世」、「昇平世」的進化程度，不超出「比例」的範圍，而「太平世」的發展水準則與「公法」大體一致。

由上可見，就基本內涵而言，「大同三世」說直接包容了康有為早期社會歷史發展觀的思想成果，並在此基礎上，按照實質上幾乎相同的思維模式和思考方向作了進一步的發展。康有為早期社會歷史發展觀才是「大同三世」說的真實起點。

二 「大同三世」說的形成過程是對今文經學進行改造的過程

康有為早期社會歷史發展觀雖然是「大同三世」說的起點，但這一起點本來與「大同」、「三世」等今文經學的觀念沒有發生什麼聯繫。其早期社會歷史發展觀的顯著標識是「公理」、「實理」、「公法」等直接比照西方自然科學名詞術語的新理念，其核心內容則為進化、自主、平等、博愛等主要源自於西方近代資產階級社會政治學說的新思想，它們與古老且長期湮沒不彰的今文經學之間存在相當大的距離

---

19 《康有為傳》，《康南海自編年譜（外二種）》，頁252。
20 《大同書》，頁5-9、293-301。

（儘管儒學總體來說仍為康有為早期社會歷史發展觀賴以產生的重要
思想資料之一）。只是當康有為經歷了第一次上書不達，其它謀求變
法活動亦屢屢受挫，並於困境中受到廖平經學思想的啟迪，決心走
「復原孔教」之路亦即將自己的新思想體系與今文經學緊密結合起來
之後，「大同三世」才逐漸成為康有為社會歷史發展觀的概稱。這是
一個頗為複雜的演變過程，就其實質而言，是對今文經學不斷進行改
造，使其舊有的概念形式被賦予日漸增多的新社會歷史發展觀內容的
過程。這一過程是漸次展開，並逐步走向深化的。

　　據《萬木草堂口說》的記載，康有為起初是分別對今文經學的
「三世」說和大同小康說進行新的闡述。[21]他對《春秋》三世之義作
了意思大致相同的兩種解釋：一是按人類文明發生的進程區分為三
世，「以天下分三等，一等為混沌洪濛之天下，一等為兵戈而初開禮
樂之天下，一等為孔子至今文明大開之天下」；二是緊密結合中國歷
史和儒學觀念說明三世的含義，「《春秋》分三世：有亂世，有昇平
世，有太平世。亂世無可得言，治昇平世分三統：夏、商、周，治太
平世亦分三統：親親、仁民、愛物」。[22]對於大同、小康，則或者從內
涵上指明大同的核心是「公」和「仁」，而小康的核心是「家」和
「禮」，或者從形式上分別以「堯舜之道」代表大同，以「文王之
治」代表小康，並將其稱之為孔子的「兩種治法」和「兩種學問」；
還進一步闡釋大同，認為「美國人所著《百年一覺》書是大同影子，
《春秋》大小遠近若一是大同極功」，「《公羊》何注及董生言，人人

---

21 所謂「大同三世」，在今文經學中本不是合在一起的概念。「大同」一詞出自儒家經
　　典《禮記》「禮運」篇，是對三代之前「天下為公」的理想社會狀態的概稱，與之
　　緊密聯繫而又相反的概念為「小康」，是對三代及其以後「天下為家」的社會狀態
　　的概稱。「三世」說則是今文經學中逐漸發展起來的帶有某種社會進化意味的歷史
　　觀（參見湯志鈞：《康有為與戊戌變法》，頁37-38。

22 《長興學記桂學答問萬木草堂口說》，頁99、100。

有士君子之行。此句最宜著眼，大同之世全在此句。反覆玩味，其義無窮」。[23]這些闡述著重突出了社會歷史階段不斷進化發展的基本思想，並試圖對各階段的不同特徵從文化、政治、禮制、倫理等多方面加以明確的界定，雖然所使用的大多還是儒學固有的名詞術語，但與今文經學「三世」說主要著眼於說明「春秋筆法」的差異和宣揚儒家大一統觀念[24]，《禮記》「禮運」篇在時代排序上以三代前為大同、三代及其以後為小康相比，已經有了顯著的不同。

在撰著《春秋董氏學》一書時，康有為開始將三世說與大同、小康說糅合起來：「三世為孔子非常大義，托之《春秋》以明之。所傳聞世為據亂，所聞世托昇平，所見世托太平。亂世者，文教未明也；昇平者，漸有文教小康也；太平者，大同之世，遠近大小如一，文教全備也。」[25]這標誌著「大同三世」至少在形式上已經成為一個統一體。不過，上文所說的「文教」仍然還是個傳統色彩甚濃且相當抽象的概念，從中還看不出究竟包含了何種特別的新意。康有為有意識地將自己新的社會歷史發展觀念全面灌注於「大同三世」的概念之中，主要是通過撰寫《禮運注》表現出來的。在該著中，康有為對所謂「太平世大同之道」，圍繞《禮記》「禮運」篇所載孔子論大同之道的原文，作了全新的闡釋。

「天下為公，選賢與能」，被解釋為大同之道的「君臣之公理」：「夫天下國家者，為天下國家之人公共同有之器，非一人一家所得私有，當合大眾公選賢能以任其職，不得世傳其子孫兄弟也」；「講信修

---

23 同上書，頁132、158、170、133。關於《百年一覺》的內容及對晚清思想界的影響，可參見熊月之：《西學東漸與晚清社會》（上海市：上海人民出版社，1994年），頁409-413。

24 何休：《春秋公羊解詁》，隱公元年「公子益師卒」下。

25 《春秋董氏學》（北京市：中華書局，1990年），頁28-29；另參見湯志鈞：《康有為與戊戌變法》，頁102。

睦」，被解釋為大同之道的「朋友有信之公理」:「……國之與國際，人之與人交，皆平等自立，不相侵犯，但互立和約而信守之，於時立義，和親康睦，只有無詐無虞，戒爭戒殺而已，不必立萬法矣」;「故人不獨親其親，不獨子其子。使老有所終，壯有所用，幼有所長，矜寡孤獨廢疾者，皆有所養」，被解釋為大同之道的「父子之公理」:「父母固人所至親，子者固人所至愛，然但自親其親，自愛其子，而不愛人之親，不愛人之子，則天下之貧賤愚不肖者，老幼矜寡孤獨廢疾者，皆困苦顛連，失所教養矣。夫人類不平，則教化不均，風俗不美，則人種不良，此為莫大之害。……故公世，人人分其仰事俯畜之物產財力，以為公產，以養老慈幼恤貧醫疾，惟用壯者，則人人無復有老病孤貧之憂。俗美種良，進化益上」;「男有分，女有歸」，被解釋為大同之道的「夫婦之公理」:「分者，限也;男子雖強，而各有許可權，不得逾越。歸（康有為自注:「歸」，舊本作「歸」）者，巍也;女子雖弱，而巍然自立，不得陵抑。各立和約而共守之」;「貨，惡其棄於地也，不必藏於己;力，惡其不出於身也，不必為己」，被解釋為大同之道的兩項禁律，一禁「巧者仰人之養，而不謀農工之業」，二禁「惰者樂人之用，而不出手足之力」，以使「人人自能去私而為公，不專己而愛人……出力以助人」;「是故謀閉而不興，盜竊亂賊而不作，故外戶而不閉。是謂大同」，被解釋為去「國界」、「家界」、「身界」，將一切私產化為公產之後所出現的大同景象:「公者，人人如一之謂，無貴賤之分，無貧富之等，無人種之殊，無男女之異。……無所謂君，無所謂國，人人皆教養於公產……何必為權術詐謀以害信義?更何肯為盜竊亂賊以損身名?……故外戶不閉，不知兵革……惟人人皆公，人人皆平，故能與人大同也。」[26]

---

26 《孟子微禮運注中庸注》（北京市:中華書局，1987年），頁239-249。

　　如此一來，孔子的大同之道，就幾乎完全變成了康有為的未來社會理想。[27]以此相衡量，孔子所生活的年代應當定為「亂世」，而中國二千年來的封建社會和二千年來的儒學（連同「三代之道」）則只能算做是「小康之世」（亦即昇平世）和「小康之道」（亦即撥亂之道）：「吾中國二千年來，凡漢、唐、宋、明，不別其治亂興衰，總總皆小康之世也。凡中國二千年儒先所言，自荀卿、劉歆、朱子之說，所言不別其真偽精粗美惡，總總皆小康之道也。」「小康」與「大同」的差異除了表現為「禮運」與「仁運」、文武與堯舜的不同外，其實質性的區別在於前者為「君主之治」，而後者為「民主之治」。[28]據此，中國現今要解決的問題就是在「已小康」的情況下，朝太平之治的方向邁進。這也正是康有為欲通過維新變法所要完成的根本歷史任務。

　　《禮運注》將「昇平世」與「太平世」、「小康」與「大同」的差異歸之為君主制與民主制的差異的重要論點，在《孔子改制考》一書中得到更充分的闡述。該著列有《孔子改製法堯舜文王考第十二》專章，十分明確地將文王稱之為撥亂昇平世君主制的代表，而將堯舜稱之為太平世民主制的代表，如說「……《六經》中之堯、舜、文王，皆孔子民主君主之所寄託」，「《春秋》始於文王，終於堯、舜。撥亂之治為文王，太平之治為堯、舜」，「堯、舜為民主，為太平世，為人道之至，儒者以為極者也」，「孔子撥亂昇平，托文王以行君主之仁

---

27 早在《實理公法全書》中，康有為就曾以「君臣門」、「朋友門」、「父母子女門」、「夫婦門」及「總論人類門」為目，制定了有關的實理公法，上述「君臣之公理」、「朋友有信之公理」等與這些實理公法不僅在思想內容上一脈相承，而且在表述形式上也十分相似。當然，「禮運」篇大同論也有反過來給予康有為以啟迪的地方，例如，「公產」的觀念在「大同三世」說中佔有重要地位，就應與「天下為公」、「貨，惡其棄於地也，不必藏於己」等主張的影響有關。

28 《孟子微 禮運注 中庸注》，頁236、238、243。

政，尤注意太平，托堯、舜以行民主之太平」等等，[29]從中不僅可見
對君主制與民主制涇渭分明的區別，而且可見對兩者態度鮮明的褒
貶。聯繫中國遲遲不肯維新變法的現狀，康有為甚至激憤地抨擊兩漢
以來的君主統治皆為「暴主、夷狄之酷政」，呼籲必須盡快按孔子的
「改制之義」、「三世之說」行事，以便早日求見「太平之治、大同之
樂」。[30]經學的古老術語不但與康有為新的政治理念，而且與其現實的
政治態度密切結合起來。

康有為對今文經學的改造還見於梁啟超的論述。梁啟超對康有為
所論「三世之義」作了這樣的概括：「據亂昇平，亦謂之小康，太平
亦謂之大同，其義與《禮運》所傳相表裏焉。小康為國別主義，大同
為世界主義，小康為督制主義，大同為平等主義。凡世界非經過小康
之級，則不能進至大同，而既經過小康之級，又不可以不進至大
同。……大同之學，門弟子受之者蓋寡，子游、孟子稍得其崖略，然
其統中絕，至本朝黃梨洲稍窺一斑焉。先生乃著《春秋三世義》、《大
同學說》等書，以發明孔子之真意，此為孔教復原之第二段。」[31]在
同篇文章中，梁啟超還宣稱康有為以《禮運》篇「孔子告子游之語」
（即「大道之行也，天下為公……是謂大同」）為「論據之本」，「演
繹」出了「非數十萬言不能盡」的「大同學說」（對此學說，文中作
了約八千字的概述），其原理為「博愛主樂進化之三大主義」，其理想
的國家為「破國界」之後建立由「人民公舉」的政府而「實無國家
也」，其理想的家族為「破家界」之後實行由政府公養子女和老人、
夫婦結婚離婚自由的制度而「實無家族也」，其理想的社會以「進種

---

29 《孔子改制考》（北京市：中華書局，1958年），頁285、288、283-284頁。下引該書
    同此版本，不再另注。
30 同上書，頁1-2。
31 《康有為傳》，《康南海自編年譜（外二種）》，頁248-249。

改良」、「教育平等」、土地和產業公有、「男女同權」等為基本的制度或政策，等等。[32]這些論述與前引康有為本人關於「大同三世」說的表述完全一致，特別是梁啟超所概述的大同學說，可視為對《禮運注》中粗線條的「太平世大同之道」作了一個相當詳盡的補充。當然，這不能說是對孔子「真意」的「發明」或「演繹」，而應反過來說，是立足於康有為本人業已成熟的社會歷史發展觀，對今文經學進行改造的結果。

經此改造，「大同」、「三世」等經學語言形式中，終於填滿了近代社會歷史發展觀的思想內涵，「大同三世」因而也就名存實變，成了康有為新學說的代名詞。[33]

三 戊戌政變後「三世」內涵的重新解釋不宜說成是思想「蛻變」

康有為通過改造今文經學而形成的「大同三世」說在戊戌政變後發生了很多變化，其中最主要的變化是對「三世」的內涵作了與原來有顯著不同的解釋。對此變化，史學界一種有代表性的看法是：「戊戌變法前的『大同三世』說，把二千多年來的中國封建專制制度說成是『昇平世』（『小康』）；而戊戌政變後的『大同三世』說，卻把當時的中國由『昇平』倒退到『亂世』」，「戊戌變法以前的『大同三世』說，認為實現君主立憲的資本主義制度，就可逐漸進入『大同之域』，是引導人們向前看的。戊戌政變以後，康有為『君主立憲』的

---

32 《康有為傳》，《康南海自編年譜（外二種）》，頁253-262。

33 戊戌政變後，「大同三世」說繼續發展變化，其中裝載的思想內容更加豐富也更加複雜，而其經學語言形式與其實際內涵的反差增大乃-完全脫節的現象也愈益明顯，此處姑不詳論。

主旨不變，但說什麼當時中國還不過是『亂世』，要進到『大同』，還要經過『昇平』，決不能逾越」，因此，這種變化是一種消極落後的「蛻變」。[34]

　　在這種看法中，首先存在著一個很大的誤斷，就是認為戊戌政變前的「大同三世」說（以下簡稱舊「三世」說）已經將「君主立憲」作為其政治目標的「主旨」。實際上，舊「三世」說與「君主立憲」並沒有直接的聯繫。如前所論，戊戌政變前康有為給「三世」確定的內涵分別是：亂世（或稱據亂世、撥亂世）──文教未明；昇平世──即小康之世，漸有文教，實行君主制；太平世──即大同之世，文教全備，實行民主制。康有為認為，孔子生於文教未明的亂世，而孔子之後的二千年，中國已經是漸有文教、實行君主制的昇平小康之世，按三世進化之義，接下來就應朝文教全備、實行民主制的太平大同之世發展。此時，康有為關於「三世」的所有闡釋，都沒有提及「君主立憲」的概念，更未以「君主立憲」作為從「昇平」、「小康」邁向「大同」要實現的主要政治目標。康有為此時「三世」說所著重強調的只是要將中國的君主制變向民主制（由「昇平」、「小康」變向「大同」），至於怎樣變，還未在制度模式上直接歸結為要搞君主立憲。康有為明確以君主立憲作為維新派的政治綱領和中心任務，是在戊戌政變之後[35]。正是由於政綱發生了重大變化，舊「三世」說的

---

34 湯志鈞：《康有為與戊戌變法》，頁164、160。

35 戊戌政變之前，康有為所提出的政治綱領可以簡略地概括為「以君權變法」，其內容以《上清帝第五書》為界，大致可分為兩個階段。前一階段以改善君權、全面變法為中心內容；後一階段則突出強調要學習日本「變政」，通過設制度局等對清朝進行體制上的重大改革。君權變法雖然以實現君主立憲為目的，但畢竟還不等於君主立憲。直到變法失敗，保皇和勤王自立活動亦一再受挫之後，君主立憲才正式成為康有為等維新派所高舉的政治旗幟。對此變化，學界認識尚不一致，需另文詳論，此處暫述其大略。

內涵才須作相應的調整，以使「大同三世」的基本理論與現實的政治思想保持一致，並更好地為後者服務。

糾正了上述誤斷，就可以進一步看得很清楚，康有為對舊「三世」說的調整，其實都是圍繞著如何將「君主立憲」這一新的內容置入「三世」之中而進行的。

其主要辦法一是將原來合在一起的「昇平」與「小康」完全分離，另立一新的「昇平世」。為此，康有為不惜變更舊說，提出孔子的治世之道不是只有「大同」和「小康」兩種，而是有三種分別與「三世」相對應：「時當亂世，則出其撥亂之法；時當昇平，則出其昇平之法；時當太平，則出其太平之法」[36]，「時當亂世，則為亂世學；時當昇平太平，則為昇平太平之學」[37]，「子貢傳太平之學……有子傳昇平之學……曾子傳據亂世之學」[38]。按此三分法，「小康」與「昇平」就不再是等同的概念，而是被排列在「昇平」之前，歸屬於「亂世」之內，稱之為「據亂之法、小康之治」、「據亂小康之制」、「小康據亂世之制」，康有為甚至更明白地說「《禮運》記孔子發大同小康之義，大同即平世也，小康即亂世也」[39]，完全改變《禮運注》中「昇平世小康之道」的概念，而使「昇平世」從「小康」中獨立了出來。二是明確規定新「昇平世」的內涵就是實行君主立憲，而「亂世」和「太平世」的內涵則相應分別調整為君主制（小康之道）和民主共和制（大同之道）。有關的論述頗多，如說「當昇平世，而仍守據亂，亦生大害也。譬之今當昇平之時，應發自主自立之義，公議立憲之事，若不改法則大亂生」[40]，「此孟子特明昇平授民權、開議院之

36　《孟子微禮運注中庸注》，頁229。

37　《論語注》（北京市：中華書局，1984年，頁1）。下引該書同此版本，不再另注。

38　《孟子微禮運注中庸注》，頁169。

39　《孟子微禮運注中庸注》，頁208、225、1、22、239。

40　同上書，頁223。

制，蓋今之立憲體，君民共主法也，今英、德、奧、意、日、葡、比、荷、日本皆行之……昇平之善制也」、「……今大地中，三法並存，大約據亂世尚君主，昇平世尚君民共主，太平世尚民主矣」[41]，「昇平世則行立憲之政，太平世則行共和之政」、「政在大夫，蓋君主立憲。有道，謂昇平也。君主不負責任，故大夫任其政」[42]，「其為《春秋》，分據亂、昇平、太平三世。據亂則內其國，君主專制世也；昇平則立憲法，定君民之權之世也；太平則民主，平等大同之世也」[43]，等等。隨著「君主立憲」在「三世」說中的定位，整個「三世」說也就由舊變新。新舊相比，只有「太平世」變化不大，而「亂世」和「昇平世」都重新作了規定，變成了新的「亂世」和新的「昇平世」。由此，便圓滿實現了「大同三世」說與戊戌政變後維新派新政治綱領即君主立憲主張的結合。

「三世」內涵發生如此改變後，孔子之後二千年的中國社會自然就不再屬於「昇平世」，而是屬於「亂世」，用康有為的話說就是「三世之說，不誦於人間，太平之種，永絕於中國，公理不明，仁術不昌，文明不進，昧昧二千年，瞀焉惟篤守據亂世之法以治天下」[44]，「於是孔子改制之義遂湮，三世之義幾絕。孔子神聖不著，而中國二千年不蒙昇平太平之運」[45]。

這種稱謂的變化能否說成是「倒退」呢？顯然不能。新「三世」說將中國封建社會稱為「亂世」與舊「三世」說將其稱為「昇平世」，事實上只有名稱的不同，並無實質的差別，因為無論是稱「昇

41 同上書，頁20、104。

42 《論語注》，頁17、250。

43 《答南北美洲諸華商論中國只可行立憲不可行革命書》，《康有為政論集》上冊，頁476。

44 《春秋筆削大義微言考序》，《康有為政論集》上冊，頁468-469。

45 《論語注》，頁87-88頁。

平世」還是「亂世」，其內涵並沒有發生變化，兩者指的是同一個實行小康之道和君主制，其政治制度已經完全違背社會發展的趨勢，必須迅速加以改變的中國社會，只不過原來將「昇平」與「小康」混為一談，故稱之為「昇平小康之世」，將「昇平」與「小康」分開並重新加以解釋之後，屬於「小康」的中國封建社會便只能稱之為「亂世」了。對此「亂世」，康有為在戊戌政變之後也像在政變之前一樣，同樣持批判態度，認為「我國從前尚守孔子據亂之法為據亂之世，然守舊太久，積久生弊，積壓既甚，民困極矣。今當進至昇平。……若守舊法，泥古昔，以為孔子之道盡據亂而止，是逆天虐民而實悖乎孔子者也」[46]，「一孔之士，溺於所習，蔽於一隅，滯於一方，篤守劉歆偽經之舊學，近世撥亂之舊法，以為孔子之道止於如此，則是斷削孔子之道而小之，甘於割鬻大道而害群生，其罪甚於洪水猛獸矣」[47]。可見，康有為仍然是主張向前發展的。他將發展的目標定於「君主立憲」，雖然沒有充分的現實依據，最後也並沒有真正實現，但相對於現存的清朝封建君主專制來說，仍不失為一種具有重要變革意義的政治要求。因此，戊戌政變後「三世」內涵的變化，似不能說成是一種思想「蛻變」。

---

46 《春秋筆削大義微言考》卷一，萬木草堂叢書刻本，轉引自《中華文史論叢》第一輯，頁259。

47 《孟子微禮運注中庸注》，頁228。

戊戌維新派政治綱領的再探討

近幾年，隨著故宮博物院收藏的一批康有為在戊戌年間所呈奏稿、書籍原件的發現，史學界提出了重新評價維新派變法政治綱領的問題。有的先生認為，康有為從上清帝第六書起，完全「背棄」了原來的政治綱領，「親手消滅」了與洋務派之間的界限，「一直倒退下去」，在變法勇氣上甚至「還不如」光緒皇帝；他所代表的維新派不是堅定積極地促進「百日維新」高潮的到來，而是極易「動搖、變節、倒退」和「屈服」。因此，人們原來所稱頌的「戊戌變法」歷史一幕的光輝已經「黯然失色」。[1]下面擬根據史實，對維新派的政治綱領及有關問題談一點看法，兼與《戊戌變法的評價問題》（以下簡稱《評價》）商榷，以期得到教正，促進討論。

一 維新派的議院觀有個演變發展的過程

史學界歷來把「設議院」作為維新派政治綱領的中心，並將維新派的「設議院」與「興民權」、「立憲法」看成是緊密相連的「三位一體」。《評價》亦以此為前提，不同的是運用新發現的史料，把「興民權、設議院，實現君主立憲」說成是維新派戊戌年之前的政治綱領，以便進而論證康有為後來的「背棄」和「倒退」。如果維新派一直主

---

1 劉大年：《戊戌變法的評價問題》，《近代史研究》1982年第4期。以下所引該文簡稱《評價》，不再另注。

張「設議院」，且其「議院」等於憲政和民權，那麼，他們後來再不提「設議院」的要求，自然是「背棄」和「倒退」。可是，仔細考察維新派的議院觀，我們發現事實並非如此。

議院起源於西方。在資本主義國家的近代史上，議院制度的確立，無疑是新興資產階級奪取或分享國家政治權力的標誌，表明一種新型政體即立憲政體和新的統治方式的誕生。然而，對於西方議院制度的這種性質，19世紀的中國改良主義思想家們並沒有也不可能一下子就認識清楚。

最早鼓吹在中國「設議院」的是早期改良派。他們為「設議院」所製造的理論根據主要是通下情，去尊隔。在他們經過「斟酌變通」後設計的幾種中國式「議院」方案中，激進的也只是把「議院」與科舉制聯繫在一起，由秀才、舉人、進士中選出「議員」，在不干涉「君國大政」的前提下，「議員」在「度支轉餉」等方面有一點議論政事的權力。而保守的則乾脆把「議院」與現有官僚機構融為一體，使之成為封建君主專制的附庸。[2]他們的「設議院」與「民權」、「憲法」還談不上有什麼聯繫。

維新派的政治思想與早期改良派有很大不同，主要區別之一，就是開始產生了資產階級的民權思想。最早對民權思想予以表述的是康有為。他在19世紀90年代初所寫的《實理公法全書》中，就提出了「人有自主之權」，「權歸於眾」，君主只是民眾所確立的「保衛者」和所選擇的「中保人」，「君」意即為公共職守等原則性命題；設想完美的政治制度是以「平等」和「有益於人道」為鵠的，比「民主」制更為精緻的「立一議院以行政」的制度，進而對「威權無限」的君主

---

2 戴逸：《戊戌維新前的資產階級啟蒙思潮》，胡繩武主編：《戊戌維新運動史論集》（長沙市：湖南人民出版社，1983年），頁30-31。下引該書同此版本，不再另注。

專制和封建綱常進行了批判否定。[3]就思想高度而言，這種民權思想顯然大大超過了早期改良派。不過，康有為這時所表述的民權（其中更多的是人權）思想還相當簡單粗糙，更重要的，它還只是一種處處與「幾何公理」相比附、以「實理」「公法」作標榜的比較純粹的理論上的推導和理想化的設計，而不是康有為現實的政治主張（如果按照康有為的大同三世論，從理想到現實之間勢必隔有相當長的循序漸進的過程）。從這部書中看，康有為對西方現行的政治制度（書中稱為「比例」）還沒有多少確切的瞭解，還僅用「以平等之意，用人立之法」來稱道民主制，用「君民共主，威權有限」來概括君主立憲制。[4]這反映出在當時歷史條件下，他的西學西政知識的有限。這樣，雖然康有為較早就產生了民權思想，但這種思想在隨後表達維新派現實政治主張的幾次上清帝書中卻未能直接體現出來，表現出政治思想觀點與實際政治主張的不一致；而在1895年《上清帝第四書》中講到西方「議院」制時，康有為的見解與早期改良派幾乎沒有什麼不同，亦認為西方設「議院」只是為了聽取「眾議」，通達「下情」，以使民之「疾苦」上聞，君之「德意」下達，以去「權奸」之私，杜「中飽」之弊，辦好「籌餉」等「最難之事」[5]。「議院」不過被視為一個反映民意的諮詢機構，既不是「民權」的象徵，也不是「立憲」的標誌。

維新派中，熟知西方的嚴復最先用資產階級的民主精神介紹「議院」制度。他在1896年發表的《原強》一文中指出：「西之教平等，故以公治眾而尚自由。……法令始於下院，是民各奉其所自主之約，

---

3 《實理公法全書》，《中國文化研究集刊》第一輯（上海市：復旦大學出版社，1984年），頁329、336、332、334。下引該書同此版本，不再另注。

4 《實理公法全書》，《中國文化研究集刊》第一輯，頁336。

5 《上清帝第四書》，《康有為政論集》上冊，頁150。

而非率上之制也。」[6]這種以「平等」、「自由」和「自主」為特徵的「議院」，顯然與僅作為「通下情」之具的「議院」是大不相同的。嚴復之後，其它維新派在救亡變法的宣傳組織活動中，也逐漸把「議院」與自己日益發展的政治思想結合起來，不斷對「議院」加以新的解釋。他們主張「合群」，便說「國群曰議院」。[7]當他們大倡「民權」的時候，便用「民權」思想將「議院」武裝起來。梁啟超在《古議院考》一文中，就把西方設「議院」之意說成「君權與民權合，則情易通，議法與行法分，則事易就」。但同時由於對西方「議院」制並無更多的瞭解，便不得不仍然「推本於古」[8]。在嚴復的指點下，梁啟超很快認識到將「議院」附會於古制的「訛謬」，同意嚴復的「議院在權之論」，即是否「議院」制應以權力的有無「為斷」，進而認為有權的「議院」也不能一概稱之為「民權」，必須考察「得政之人」的成分和「民權究何在」之後才能確定，如古希臘羅馬的「議政院」就不是「民政」，而是世卿貴族之政。[9]它只與英國的「上議院」相同，而真正代表「民權」的議院應是「英國今日之下議院」。[10]1898年譚嗣同在《湘報》上談到「議院」時亦著眼於「民權」：「查泰西議院立法之權，行政之權，分而為二。立法者議員也，行法者君主與民主也。」[11]這些認識表現了維新派議院觀的演變和深化。

對於康有為來說，他對「議院」認識的轉變是從1895年後逐漸發

---

6 《嚴復詩文選注》（南京市：江蘇人民出版社，1975年），頁67。下引該書同此版本，不再另注。

7 《變法通議・論學會》，《飲冰室合集・文集》之一，頁31。

8 《古議院考》，《飲冰室合集・文集》之一，頁94。

9 《與嚴幼陵先生書》，《飲冰室合集・文集》之一，頁108-109。

10 《論君政民政相嬗之理》，《飲冰室合集・文集》之二，頁10。

11 《湘報類纂》丙集上，頁5，轉引自黃彰健：《戊戌變法史研究》（臺北市：臺北中央研究院歷史語言研究所，1970年），頁19。下引該書同此版本，不再另注。

生的，造成轉變的關鍵是對於日本明治維新史所作的比較深入的考察研究。自從《馬關條約》簽訂後，康有為出於尋求切實可行的變法維新之路的迫切需要，開始「大搜日本群書」，在其女同薇的協助下，進行翻譯彙集、加工編纂的工作。[12]經過近三年的努力，到1898年初上清帝第五書之前，編寫成了「專明日本變政之次第」[13]的《日本變政考》一書。隨後，將此書加上序、跋和按語，應旨先後兩次進呈光緒帝。這部書的編寫，使康有為「得見日本變法曲折次第」[14]，對於「議院」制度有了比較全面、深入的瞭解。從書中我們可以清楚地看出，康有為對「議院」的認識比原先已大為改觀。首先，「議院」與「民」之關係：「人主之為治，以為民耳。以民所樂舉樂選者，使之議國政，治人民，其事至公，其理至順。」[15]「議院」出自民選，變「人主之治」為「民選議院」之治。其次，「議院」與君之關係：君猶「腦」也，「議院」猶「心」也，「腦有所欲為必經心，心斟酌合度，然後復於腦，發令於五官四肢也。苟腦欲為一事，不經心議決，而率然行之，未有不失過也」。[16]君主應在「議院」的指揮下發號施令，「議院」顯然比君主更重要。最後，「議院」與政府之關係：「立法屬議院，行政屬內閣政府。議院不得權過政府，但政府不得奪議院之權。……此憲法之主義也。」[17]「議院」掌握立法權，並受到「憲法」的保障。根據這些基本原則而建立起來的「議院」，已經不是作為「通下情」的諮詢機構，而成了立法機構和「民權」的政治代表。

---

12 《日本變政考・序》。

13 《上清帝第五書》，《康有為政論集》上冊，頁208。

14 《日本變政考・序》。

15 《日本變政考》卷六按語。

16 《日本變政考》卷十一。此係康有為所譯伊藤博文演說辭中的一段，參見黃彰健：《戊戌變法史研究》，頁217、219。

17 《日本變政考》卷十一。

當然，它只是一個日本模式的「議院」，因而對君權具有很大的妥協性。此點姑不詳論。

然而，維新派對「議院」的資產階級政治性質瞭解得越是清楚、真切，他們對於在中國設立「議院」就越是充滿疑懼。如果說，當他們像早期改良派一樣，把「議院」僅僅視為「通下情」的諮詢機構時，還不以「議院」的設立與否為然的話（這點後面還要談到），那麼一旦當他們將「民權」、「憲法」與「議院」密切聯繫在一起，他們就幾乎一律反對在中國立即開設「議院」了。梁啟超早在1896年就表示：「今日而開議院，取亂之道也。」[18]同年，嚴復在《原強》中雖然提出「設議院於京師」，但只是從「進吾民之德」，「使各私中國」，「以同力合志，聯一氣而禦外仇」的救亡目的，而非從「興民權」的立場出發的。[19]因此，在次年發表的《中俄交誼論》一文中，他就特別指責「論者動言中國宜減君權、興議院」，反對立即開「議院」。[20]康有為反對立即開設「議院」的言論更多。《日本變政考》中寫道：「吾今於開國會，尚非其時也。」[21]百日維新期間，他專門寫了《答人論議院書》刊於《國聞報》，說明民眾不能「自主」，「議院」不可速開。[22]當內閣學士闊普通武上疏請開「議院」時，他認為今日「萬不可行」，隨後又對譚嗣同、林旭「欲開議院」的主張「力止之」。[23]

維新派的代表人物為什麼不主張立即開設「議院」呢？前面已經

---

18 《古議院考》，《飲冰室合集‧文集》之一，頁96。

19 《嚴復詩文選注》，頁68。

20 《中俄交誼論》，《嚴復集》第二冊（北京市：中華書局，1986年），頁475。下引該書同此版本，不再另注。

21 《日本變政考》卷六按語。

22 《國聞報》光緒二十四年（1898年）五月二十八日，參見孔祥吉：《關於康有為的一篇重要佚文──〈答人論議院書〉》，《光明日報》1982年8月2日。

23 《康南海自編年譜》，《戊戌變法》第四冊，頁158、159。

提到，康有為最初提出的民權思想只是注重於理論上的推導和理想化的設計，與現實政治主張之間有頗大的距離；從整個戊戌時期看，維新派所宣傳的民權思想都未能真正改變這種狀況。它以從西方資產階級那裏借用來的「自由」、「平等」和「自主」等觀念作為自己的內涵，主要表現了力圖衝破封建專制主義思想嚴重束縛的個性解放要求，而不是更加明確直接地代表一定階級、集團的政治權力要求；它富於啟蒙的理性光輝，而缺乏深刻的政治內容；它更多地只是思想理論上的遠大追求，而不是現實鬥爭中的具體綱領。正因為如此，維新派頭腦中的「民權」與現實之「民」是相隔頗遠的。他們在理性王國中高談「興民權」，在現實生活中卻歸結為無力的「開民智」，其辦法甚至是先由「紳權」興到「民權」，由「官智」開到「紳智」，再由「紳智」開到「民智」；其邏輯結論怪到最終要以「開官智」作為「興民權」的「起點」。[24]在這種民權思想的指導下，維新派不主張立即開設「議院」就有了共同的理由。正如他們認為「權生於智」，把「開民智」作為「興民權」的前提一樣，他們也把代表「民權」的「議院」不能立即開設的原因歸之於「民智未開」，斷言要設「議院」首先必須興學校，辦教育，開民智。他們的言論幾乎是一模一樣的，茲引數條於下：「凡國必風氣已開，文學已盛，民智已成，乃可設議院。今日而開議院，取亂之道也。故強國以議院為本，議院以學校為本。」（梁啟超）[25]「以今日民智未開之中國，而欲效泰西君民並王之美治，是大亂之道也。」（嚴復）[26]「民智不開，遽用民權，則舉國聲聾，守舊愈甚，取亂之道也。故立國必以議院為本，議院又必以學校

---

24 《論湖南應辦之事》，《飲冰室合集‧文集》之三，頁43、45。

25 《古議院考》，《飲冰室合集‧文集》之一，頁96。

26 《中俄交誼論》，《嚴復集》第二冊，頁475。

為本。」（康有為）[27]這是維新派一貫的改良主義態度。除「民智」之外，康有為還舉出兩條理由。一是「守舊盈朝」，「舊黨盈塞」[28]，害怕朝廷上下頑固派勢力太大，開「議院」只會被其操縱利用，「益阻擾新政」[29]。二是「日本亦至二十餘年始開議院」[30]，堅持變政須有先後次第，只能循序漸進。譚嗣同對開設「議院」的態度稍有不同。1898年他在談到南學會與「議院」的關係時說：「學會者開民智也。議院者民智已開之後之事也，界限不可不清也。……苟民智不開，議者何人？……議院何益？」又認為即使以學會為「議院」，而「今國家既無議院以總其成，設湖南議有某事，須秉承國家請辦者，或飭部批駁，則此議院為虛設矣」。[31]他不主張即開湖南地方議院，但對全國議院應即開與否，沒有明確表態。百日維新期間，據《康南海自編年譜》記載，譚嗣同則「欲開議院」[32]，表現了比較激進的政治態度。不過，當他這樣主張時，是以皇帝有權變法作為前提的。當康有為告訴他「上無權」時，開始他「不信」，到親見光緒帝決定政事必須「請於西後」的事實後，「至是乃悟」。[33]所以，譚嗣同最後也明白了在當時開「議院」是不行的。在開「議院」的問題上，他與康有為之間並不存在原則性的分歧。

　　「議院」立即開設是不行的，那麼，日後是否存在開設的希望和可能呢？對此，維新派代表人物的認識很不一樣。嚴復代表保守的一翼。他認為政制「天演之事，始於胚胎，終於成體」，中國作為「專

27　《日本變政考》卷十一按語。

28　《康南海自編年譜》，《戊戌變法》第四冊，頁158、159。

29　《戊戌政變記》，《戊戌變法》第一冊，頁314。

30　《日本變政考》卷六按語。

31　《湘報類纂》丙集上，頁5，轉引自黃彰健：《戊戌變法史研究》，頁19。

32　《康南海自編年譜》，《戊戌變法》第四冊，頁159。

33　同上。

行君政之國」，沒有包含民主的種子以為「起點」，故「雖演之億萬年，不能由君而人民」。[34]對中國設立「議院」的前途看得是相當黯淡的。康有為代表維新變法的主流派。他明確肯定「議院」「終不能禁」，如果「學校既成，智識既開，而猶禁議會者，害治之勢也」。[35]他並不認為「議院」設立的日期會太遙遠，「日本變法二十四年，而後憲法大成，民氣大和，人士知學，上下情通，而後議院立，禮樂莘莘，其君亦日益尊，其國日益安，此日本變法已成之效也」[36]。他認為中國仿傚日本可以成效「立致」，甚至認為可以通過考察研究而避其「乖謬」，免其曲折，便能夠「日本為其難，而我為其易」，「事半而功倍」。[37]可見，開設「議院」仍然是維新派孜孜以求的政治目標。

「議院」既不可禁開，又不可速開，而只能待於「民智」，賴於君權，這就是維新派在「議院」問題上所表現出來的十分軟弱的改良主義態度。由這種態度所決定，維新派雖然一再流露出對於西方以及日本「議院」制的羨慕之心，卻不可能以「興民權，設議院，立憲法」作為自己的政治綱領。進一步分析康有為的歷次上書，可以更加清楚地看出這一點。

二　維新派沒有提出過「興民權，設議院，立憲法」的政治綱領

上清帝第六書之前，維新派的政治綱領主要體現在第一至第五書中。仔細分析這五篇上書，不難看出維新派政治綱領的基本內容。

34　《論君政民政相嬗之理》，《飲冰室合集‧文集》之二，頁10。

35　《日本變政考》卷七按語。

36　《日本變政考》卷十二按語。

37　《日本變政考‧序》。

　　第一至第四書所提出的政治綱領是大致相同的。在1888年的《上清帝第一書》中，維新派的政治綱領是「變成法，通下情，慎左右」三條。[38]1895年5月的《上清帝第二書》即有名的「公車上書」，在「變法成天下之治」的「立國自強」總綱領下，就政治方面提出了「改官制」、去「隔絕」兩大內容。[39]同月寫的《上清帝第三書》與第二書基本一樣，將政治綱領概括為「求人才而擢不次，慎左右而廣其選，通下情而合其力」[40]。第三書送到了光緒帝手裏，「上覽而喜之」[41]，併發至督撫徵求意見。在此鼓勵下，康有為於同年六月又呈《上清帝第四書》，變法之心更加急切，提出了「講明國是」、「盡棄舊習，再立堂構」的總綱，重申「紓尊降貴以通下情」、「賞擢不次以鼓士氣，沙汰庸冗以澄官方」等基本政治主張，強調皇上「紓尊降貴，與臣民相親，而以明季太尊為戒」，尤為變法自強的「根本」。[42]總括起來，四次上書中所提出的變法政治綱領不外是「革弊政，變成法；去尊隔，通下情；改官制，任賢才」幾條。它集早期改良派政治主張之大成，並有比較明顯的發展，但從其基本內容來看，還不是一個明確具有資產階級性質的政治綱領。在四篇上書中，維新派沒有直接提出「設議院」的具體方案，更未將「設議院」作為一條單獨的政綱。

　　第四次上書與第五次上書間隔了兩年多時間。這兩年中，全國救亡變法運動的高漲，維新派政治思想的發展，使從第五書起所提出的政治綱領的面目煥然一新。1898年1月的第五書提出的新政治綱領的根本特徵，就是「以日本明治之政為政法」。康有為向光緒帝表示，

38　《上清帝第一書》，《康有為政論集》上冊，頁57。

39　《上清帝第二書》，《康有為政論集》上冊，頁116、132、133、134。

40　《上清帝第三書》，《康有為政論集》上冊，頁144。

41　《康南海自編年譜》，《戊戌變法》第四冊，頁131。

42　《上清帝第四書》，《康有為政論集》上冊，頁153、159、158。

已經編寫了說明「日本變政之次第」的《日本變政考》,「若承垂採,當寫進呈」。他認為此書只要「皇上勞精屬意講之於上,樞譯諸大臣各授一冊講之於下」,就能「權衡在握,施行自易;起衰振靡,警聵發聾」。[43]對新政治綱領的具體內容,書中並沒有詳述,同前四書一樣,第五書也沒有提出「興民權,設議院,立憲法」的政治綱領。

可是,《評價》認為,維新派在上清帝第六書之前是提出了「興民權,設議院,立憲法」的政治綱領的。其主要根據,一是「公車上書」中主張設「議郎」,二是第四書中建議「設議院以通下情」,三是第五書中要求「自茲國事付國會議行,……採擇萬國律例,定憲法公私之分」,四是《日本變政考》中有講國會、議員、憲法政黨的二十幾條按語。這四條根據的前三條是史學界一直引以為據的,第四條則是作者新加的。這些根據究竟能否證明維新派提出了「興民權,設議院,立憲法」的政治綱領呢?以下讓我們逐一作些分析。

設「議郎」的主張,維新派在第一至第四書中都提出過。最初,建議仿周代之「土訓誦訓之官」制和漢代「專主言議」的「光祿大夫太中大夫議郎」制,「增設訓議之官,召置天下耆賢,以抒下情」。[44]其後,正式提出了「議郎」制的設想,即參照漢之「徵辟有道之制」,宋之「給事封駁之條」,由君主「特詔頒行海內,令士民公舉博古今、通中外、明政體、方正直言之士,略分府縣,約十萬戶而舉一人,不論已仕未仕,皆得充選,因用漢制,名曰議郎。皇上開武英殿,廣懸圖書,俾輪班入直,以備顧問。並准其隨時請對,上駁詔書,下達民詞。凡內外興革大政,籌餉事宜,皆令會議於太和門,三占從二,下部施行。所有人員,歲一更換。若民心推服,留者領班,

43 《上清帝第五書》,《康有為政論集》上冊,頁208。
44 《上清帝第一書》,《康有為政論集》上冊,頁60。

著為定例，宣示天下。上廣皇上之聖聰，可坐一室而知四海，下合天
下之心志，可同憂樂而忘公私」。[45]這是關於「議郎」制的最為完整詳
細的表述。在第四書中，對「議郎」制除了簡單提及上述內容外，還
作了若干補充：「……其省府州縣咸令開設，並許受條陳以通下情」；
「置議郎以通下情，……徵議郎則易於籌餉」；「議郎」等「會議之
士，仍取上裁，不過達聰明目，集思廣益，稍輸下情，以便籌餉，用
人之權，本不屬是，乃使上德之宣，何有上權之損」。[46]綜觀上述主
張，可看出「議郎」制的基本性質和特點。其淵源，與中國古代諫議
制有密切聯繫；其成員產生，採用傳統的「推舉」法，而不是西方式
的「民選」；其職責，是參與政事，其中重點又是「籌餉」之事的商
議，並且可以隨時提出建議；其作用，主要是為君主備顧問，供諮
詢，以通達下情。總之，議郎制的目的在於改善君臣、君民關係，使
君主能夠集思廣益，做出合乎民意的決斷，但本身並不能議決政事、
限制君主的權力。所謂「上駁詔書，下達民詞」，作為官員的個人行
為，與幾乎歷代都有的「犯顏諫上」、「忠臣死諫」等只有程度上的差
別；所謂「三占從二，下部施行」，是要求君主「從眾」，並非關於
「議郎」議決政事的原則和「議郎」主張對君主約束力的規定。因
此，很顯然，「議郎」制不表示一個立法權力機構，「議郎」也不是具
有立法權的議員。那麼，「議郎」制是否與「議院」毫無關係呢？也
不是。如果聯繫維新派議院觀的演變，應該進一步指出，「議郎」制
雖與真正資產階級性質的「議院」相差很遠，與康有為這時所瞭解的
「議院」卻並無差別。因為康有為到上第四書為止，對西方「議院」
的瞭解還非常膚淺，僅僅將其視為「通下情」的工具，這點我們在前

---

45 《上清帝第二書》，《康有為政論集》上冊，頁135。

46 《上清帝第四書》，《康有為政論集》上冊，頁158、159、160。

面考察維新派的議院觀時已經指出過了。正是由於這種膚淺性，維新派可以用「議郎」制來對「議院」制加以中國式的變通，使之更少「異物」的色彩而容易為人接受。因而，「議郎」制亦可視為間接的「議院」方案。但也正因為兩者同樣都只是作為一種諮詢性或諫議性的機構出現，所以，無論是維新派的「議郎」制還是他們這時所瞭解的「議院」制，都沒有也不足以作為維新派的政治綱領。在四篇上書中，「議郎」制只是從屬於「去尊隔，通下情，變官制」諸條政治綱領之下的一項重要的具體措施，即使這時維新派用「議院」的名稱來代替「議郎」，情形也不會兩樣。所以，設「議郎」不成其為維新派提出「興民權，設議院，立憲法」政治綱領的一個根據。

關於第二條根據，按照第四書的原文，「設議院以通下情」只是康有為分析「泰西所以致強」[47]的三個原因之一，而不是維新派自己向皇帝提出的一項要求。《評價》說「上清帝第四書，列舉各項建議，其中一條是『設議院以通下情』」，是明顯地不符闔第四書原意的。因為第四書中的「各項建議」是後面的五條，而「設議院」並非康有為的建議，它當然也就更不能看做維新派的政治綱領。

比起前兩條根據來，第三條根據要有分量一些。因為它不僅明確地提到了「國會」和「定憲法」，而且從第五書看，它所表明的也是康有為自己的主張。不過，要把「國會」和「定憲法」作為第五書提出的政治綱領，我們還不能同意。首先，從已考察過的維新派議院觀的演變發展來看，自1895年之後，維新派就認為代表民權的議院制度不可立即實行，要開議院只能等到開民智之後。因此，根據維新派自身思想發展的邏輯來說，他們是不可能在1898年初上第五書時提出立即召開國會、實行憲政的政治綱領的。其次，從第五書全篇內容來

---

47 《上清帝第四書》，《康有為政論集》上冊，頁149-150。

看，主要包括三層意思：一是以大量篇幅闡明「殷憂所以啟聖，外患可以興邦」的道理，以內外危機打動光緒，推動其下決心變法；二是要光緒先下發憤之詔，明定國是；三是提出了可供選擇的上、中、下三個變法方案，但均未詳述。可以說，第五書著重的是鼓動皇帝下變法的決心，而不是提出具體的政治綱領。如果要說書中有維新派政治綱領的話，那麼，綜觀全文，也只能是「待皇上決擇」的「變法三策」中的「上策」，即仿照日本變政的「次第」和「條理」辦事，走「明治維新」的道路，而明治維新恰恰不是立即興民權、開「國會」。最後，從「國會」、「憲法」這兩句話來看，它們屬於書中要求皇帝下的「發憤之詔」的兩項內容，是與「發憤之詔」中的其它十餘項範圍頗為廣泛的內容雜亂無章地羅列在一起的，並非對「發憤之詔」提綱挈領的概括，無法單獨抽出來作為此次上書中的政治綱領。而且，在全書中，下「發憤之詔」也僅是作為變法的一個前奏，明確作為政綱提出的則是有待選擇的「變法三策」。何況，對於「國會」這句話，從語義上來看，應是已有國會存在，才能談得上「國事付國會議行」，可是，當時中國並不存在任何形式的「國會」，在此之前，康有為也從未向皇帝提出過「國會」一詞，在書中又未提議如何建立國會，何以能突然「自茲國事付國會議行」？有的學者經過研究，推測「國會」、「憲法」兩句不是第五書原呈中的內容，而「可能是刊行時增入的」。[48]這個見解值得重視。

至於《日本變政考》中的那部分內容，我認為，《評價》本來是不應該將其作為一條根據提出來的。因為，《評價》既然斷言康有為從上第六書開始就發生了「變法態度的突然轉變、後退」，「一爭取到接近皇帝的機會，馬上就把自己的政治綱領拋到一邊去了」，不再主

---

48 黃彰健：《戊戌變法史研究》，頁597。

張開國會、行憲法，那麼，同時又以在第六書之後遞呈上去的《日本變政考》中的內容作為康有為仍然主張開國會、行憲法的根據，豈不是自相矛盾嗎？在《日本變政考》中，康有為一方面讚揚了西方式的議會制度，一方面又明確表示在中國不能立即實行議會制，這本來是一種完整的、統一的政治態度，《評價》在把《日本變政考》作為論據使用的時候，卻將其割裂開來：一方面，引證《日本變政考》中讚揚國會等的二十幾條，說康有為主張「開國會，行憲法，堅定不移，毫無含糊之處」；另一方面，又引證該書中說明中國目前開國會「尚非其時」，必須先開民智、後興民權的若干條，說「堅決反對」開議院、行憲法的「不是別人，恰恰是」康有為自己，進而得出維新派「在變法政治綱領上有矛盾」，「背棄」了自己的政治綱領的結論。實際上，《日本變政考》並不存在《評價》所說的這種「矛盾」和「背棄」，恰好說明了康有為議院觀的演變發展與維新派政治綱領的演變發展的一致性。他通過考察日本變政史，對資產階級的議會制有了比較深入的認識，因而肯定它，讚美它，盼望在中國終究能夠實現議會制度；同時，正因為他的認識深入了一步，所以又不主張立即實行，而是企圖仿照日本變法的次第，逐漸達到設議院、興民權的目的。他的這種政治態度固然可以說是軟弱的和妥協的，但卻不能說成是對於民權思想的背叛。

以上分析說明，康有為在上第六書之前並未提出過「興民權，設議院，立憲法」的政治綱領，《評價》為「背棄」和「倒退」之說所建立的前提是站不住腳的。丟開這個實際上並不存在的前提之後，我們就可以如實地對康有為從第六書起所提出的新的政治綱領作些論述，並與在此之前的政治綱領作些比較。

三 「開制度局」是維新派政治綱領的進步

新的政治綱領是在康有為於1898年1月29日遞交總理衙門代呈的《大誓臣工請開制度局摺》即《上清帝第六書》中正式提出的。這個奏摺編入《戊戌奏稿》時曾被康有為多處修改，現從故宮博物院收藏的《傑士上書匯錄》中，可以看到第六書的原件。第六書所提出的新政治綱領有三條：「一曰大誓群臣以革舊維新而採天下之輿論，取萬國之良法；二曰開制度局於宮中，徵天下通才二十人為參與，將一切政事制度重新商定；三曰設待詔所許天下人上書。」這三條本來是「日本維新之始」所做的幾件事，康有為明確指出：「此誠變法之綱領，下手之條理，莫之能易也。伏願皇上采而用之。」[49]在戊戌五月進呈的《日本變政考》的「跋」中，康有為對日本變法的「大端」作了與第六書大致相同的概括：「大誓群臣以定國是，立制度局以議憲法，超擢草茅以備顧問，紆尊降貴以通下情，多派遊學以通新學，改朔易服以易人心。」再次強調只要行此數端，「其餘自令行若流水矣」。[50]至此，維新派的新政治綱領已經完全確定和成熟。

新政治綱領並未否定在此之前的政治綱領的內容，而是有了進一步的發展，集中表現在「開制度局」上。「開制度局」是新政治綱領的核心內容和實質所在。康有為對「開制度局」看得頗重，他說：「若欲變法而求下手之端，非開制度局不可也。」[51]又說，日本所以能夠「驟強」，其「本」就在於「開制度局」，「惟此一事為存亡強弱第一關鍵矣」。[52]康有為如此重視的「制度局」，其性質特點如何呢？

---

49 《請大誓臣工開制度新政局摺》，《傑士上書匯錄》。

50 《日本變政考・跋》。

51 《請御門誓眾開制度局以統籌大局摺》，《傑士上書匯錄》。

52 《日本變政考》卷二按語。

首先,「制度局」是根據西方「三權鼎立之義」,仿照日本變政模式開設的。[53]「制度局」就是「三權」中的「立法官」,它的主要職能是議決政事,制定憲法。對此,康有為多處論及。在第六書中,指出制度局須「將舊制新政斟酌其宜,某政宜改,某事宜增,草定章程,考覈至當,然後施行」。[54]隨後又說,制度局的任務就是「日夕討論,審定全規,重立典法」。[55]在代宋伯魯所擬《請講明國是正定方針摺》中,提出要仿照日本「特立參議局」之例,「特開立法院於內廷,……草定章程,酌定憲法」。[56]所謂「立法院」,就是第六書中的「制度局」。在《日本變政考》和戊戌年六月二十九日的《波蘭分滅記序》中,都更加明確地說明,「立制度局以議憲法」,開「制度局」以「草定憲法」。[57]康有為這裏所說的「憲法」,雖然還不能完全劃清與中國舊式「典法」的界限,但與君主立憲的「憲法」是一致的。[58]其次,以「制度局」為核心建立了一套新的政治體制。在「制度局」之下,設有法律局、稅計局、學校局等十二個專局,「凡制度局所議定之新政,皆交十二局施行」,十二局成為中央新政的行政機構,而「六部」、「軍機」、「總署」等一概被排斥在外。地方則設立「新政局」和「民政局」,作為執行新政的地方機構,而「直省藩臬道府皆為冗員」,加以廢除。[59]

---

53 《日本變政考》卷一按語。

54 《請大誓臣工開制度新政局摺》,《傑士上書匯錄》。

55 《請御門誓眾開制度局以統籌大局摺》,《傑士上書匯錄》。

56 《請講明國是正定方針摺》,《康有為政論集》上冊,頁262-263。

57 轉引自孔祥吉《從〈波蘭分滅記〉看康有為戊戌變法時期的政治主張》,《人文雜誌》1982年第5期。

58 《日本變政考》卷十一,康有為摘譯的伊藤博文關於日本憲法的演說辭。康氏所言「憲法」,是以日本憲法為模式的。

59 《請大誓臣工開制度新政局摺》,《傑士上書匯錄》。

從這兩方面來看,「制度局」已經是一個立法權力機構,「具有某些資產階級議院的性質和作用」。[60]開「制度局」是要取得維新派的參政權力,對清朝從中央到地方的舊式封建官僚政治機構全面加以取代。正如胡繩先生所說:「很明顯,康有為想使制度局成為一個具有立法職能的新政領導機構。……由維新派來掌握中央立法、行政權。」[61]

「開制度局」主張的提出,是維新派在政治綱領上的重要進步。可以用來同「制度局」相比的是一至四書中提出的「議郎」制。「制度局」帶有由「議郎」制演變而來的痕跡。它的成員由維新之士為主所組成,參與討論政事,採取設置宮中、按時值內、與皇帝面議的方式活動等都與「議郎」制有共同之處。但兩者又存在顯著的差異。「議郎」主要是一批供皇帝諮詢的官員,其職能主要是以參與議事的方式,上廣「聖聰」,下達民情;它的設立不明顯排斥舊的封建官僚政治機構。在第一至第四書中,設「議郎」也不是作為一條政治綱領提出來的,而只是政治綱領之下的一項重要的具體措施。「制度局」則不然,它基本上是一個議政立法的權力機構,其職能主要是議決政事、制定憲法;它的設立明確排斥從中央到地方的舊式封建官僚政治機構。從第六書正式提出「開制度局」起,它就明確成為維新派的政治綱領。兩相比較,「開制度局」在政治上所表現的進步是相當明顯的。正因為「開制度局」對於改革封建君主專制政治具有更大的尖銳性,所以在封建頑固派中引起了非常強烈的反響。康有為在自編年譜時記述當時情況說,「制度局」主張一出,「於是流言紛紜,咸謂我盡廢六部內閣及督撫藩臬司道。……京朝震動,外省悚驚,謠謗不可聽

---

60 房德鄰:《淺析康有為開制度局的主張》,《光明日報》1983年12月14日。

61 胡繩:《從鴉片戰爭到五四運動》下冊(北京市:人民出版社,1981年),頁545-546。下引該書同此版本,不再另注。

聞矣」。[62]頑固派不僅通過流言來阻撓中傷，而且在慈禧的支持下，通過他們把持的「部議」拼命抵制。他們對光緒帝要求對康有為《請大誓臣工開制度新政局摺》「妥議具奏」的旨令，先是敷衍搪塞，遲遲不予議復，接著是在議復中對康有為的建議多次加以批駁。最後，在光緒嚴責之下，才不得不對開制度局的建議提出了一個選派翰詹科道十二人，輪日召對，以備任使的「變通」辦法。這個辦法與康有為原來的建議完全不同，實際上否定了「制度局」的主張。因此康有為說，經過變通，「制度局一條了矣」[63]。封建頑固派文人胡思敬後來在《戊戌履霜錄》中這樣評價康有為「開制度局」的主張：「窺其隱謀，意在奪樞府之權歸制度局；奪六部之權歸十二分局；奪督撫將軍之權，歸各道民政局；如是則天子孤立於上，內外盤踞皆康黨私人，禍將不忍言矣。」[64]應該說，頑固派「敏感」得並不過分。

另一方面，「開制度局」又表現出維新派對於君主的極大依賴性。「制度局」的成員不是經過選舉產生的，而是由皇帝「超擢」的，它設於內廷，在討論政事的時候，「派王大臣為總裁，……共同討論，皇上親臨，折衷一是」[65]。這樣，它就勢必不能成為一個真正代表民意的、獨立的立法權力機構，並且仍然帶有濃厚的諮詢色彩。因此，「開制度局」也和設「議郎」一樣，根本上都是對封建統治階級實行嚴重妥協的、空幻的改良主義政治方案。「開制度局」主張的進步，主要在於它表現了設「議郎」所不具有的明確的資產階級政治性質。

這裏順便還要指出，「開制度局」新政治綱領雖然是第六書正式

---

62 《康南海自編年譜》，《戊戌變法》第四冊，頁153。
63 《康南海自編年譜》，《戊戌變法》第四冊，頁153。
64 《戊戌履霜錄》，《戊戌變法》第一冊，頁385。
65 《請大誓臣工開制度新政局摺》，《傑士上書匯錄》。

提出來的，但其開端應從第五書算起。第五書與第六書不僅在時間順序上而且在思想脈絡上都緊密相承，其基本精神完全一致，兩者之間並不存在所謂政治綱領的「突然轉變」和「倒退」的問題。

四 「君權變法」不等於封建專制主義的「尊君權」

《評價》論證康有為戊戌年間的「背棄」和「倒退」，除了前面分析過的關於政治綱領方面的理由之外，還提出了一個關於政治思想方面的重要論點，即認為康有為、梁啟超所代表的維新運動主流派「都主張『尊君權』，『以君權雷厲風行』變法」；其「尊君權」的主張像維新派的政治綱領一樣，也有一個突然轉變，在上第六書之前，「贊成民權，傾向『變於下』」，此後則「強調君權，極力希望『變於上』」。據此，作者進一步發揮道，維新派「就是在從事進步活動的時候，政治觀點也是皇權主義者，遠談不上民主主義」。在這個論點中，《評價》一是將維新派所主張的「君權變法」與「尊君權」完全劃了等號，二是將維新派從「變於下」到「變於上」的轉變說成是從「興民權」到「尊君權」的轉變，從而斷言維新派在政治上不過是「皇權主義者」。事實是否如此，也是值得商榷的。

要判定維新派的政治思想是皇權主義還是民主主義，以及是多大程度上的皇權主義或民主主義，我以為需要對維新派戊戌時期的整個政治思想理論和政治綱領主張進行全面的分析。這種分析當然不是此處所能圓滿完成的。僅從前面所粗略涉及的維新派的民權論、議院觀和政治綱領來看，我認為維新派戊戌時期政治思想的主流不是「皇權主義」，而是與「皇權主義」有著性質上的不同，與「民主主義」相距並不十分遙遠的民權思想。這種民權思想不但是當時先進的中國人向西方尋找真理的寶貴結晶，而且是後來資產階級革命民主主義的前

驅先導，這是主要的一方面。另一方面，維新派在用民權思想否定和批判封建專制主義的同時，又表現出對於君權的嚴重妥協和依賴。他們不僅幻想「民權」與「君權」之間的和諧，「君權與民權合，則情易通，……二者斯強矣」[66]；而且在君權和民權二者之中，更加「注重君權」，企圖「以君主之法，行民權之意」，把「民權」的命運寄託在君主的英明之上[67]。為此，他們甚至不惜違反自己嚮往和追求的資產階級民權，對君權進行稱頌，宣揚：「君猶父也，民猶子也，中國之民皆如童幼嬰孩，問一家之中，嬰孩十數，不由父母專主之，而使童幼嬰孩自主之，自學之，能成學否乎？必不能也」[68]；強調若要立國救亡就要倡孔教、尊君權，「令天下人知君臣父子之綱，家知孝悌忠信之義」[69]。在《日本變政考》中，康有為還借伊藤博文之口反覆辯明，即使在變法成功後，議院的民權也非但不削減君權，反而「輔弼君權」，「益增君權而壯國威也」；在所加「按語」中，也一再說明，議院設立後，只會使君主「日益尊」，不敢承認民權議院制的確立必然造成的「虛君」傾向，不願放棄君權這面久受尊崇、似乎具有無限魅力的旗幟。[70]這種既熱切嚮往民權，又念念不忘君權的思想狀況，說明維新派的民權思想還很不成熟、很不徹底；它是當時中國不成熟的資產階級狀況和維新派代表人物自身封建屬性轉變不徹底的狀況的反映。但是，能否據此就將維新派簡單地說成是「皇權主義者」呢？我以為不能。維新派政治思想中所存在的種種「尊君權」的主張和傾向，固然顯露了他們政治思想中十分消極、落後的一面，表明他

---

66 《古議院考》，《飲冰室合集·文集》之一，頁94。

67 《康南海先生傳》，《飲冰室合集·文集》之六，頁85。

68 康有為：《答人論議院書》，孔祥吉：《戊戌維新運動新探》，頁61-62。

69 第一歷史檔案館：光緒二十四年（1898年）閏三月十六日公呈原件，轉引自《光明日報》1982年8月2日孔祥吉文。

70 《日本變政考》卷一、卷十二按語。

們與「皇權主義」有著千絲萬縷的聯繫，是中國幾千年專制主義歷史和根深蒂固的專制主義現實在他們思想上留下的深刻烙印，但儘管如此，它們並不能掩蓋或取代戊戌時期維新派反對封建專制主義、追求民主主義的政治思想主流。

至於「君權變法」，乃是維新派的一種政治活動方式。毫無疑問，「君權變法」是以承認和信賴現有君權為前提的，他們無力同整個封建統治階級決裂，無力依靠自己的實際鬥爭來爭取參政權力，只能將全部變法希望寄於君權之上。既然如此，他們也就不能不將自己的政治要求儘量限制在君主所許可的範圍之內，並且勢必使維新派變法事業的命運取決於君主的命運。因此，維新派採取「君權變法」這種活動方式，與他們既嚮往民權又不忘懷君權的政治思想有直接聯繫。但是，「君權變法」還不等同於封建專制主義的「尊君權」。這是因為，在維新派「君權變法」的主張裏，「君權」與「變法」是不可分割地聯繫在一起的。他們請求君主「乾綱獨斷」，希望以君權「雷厲風行」的都是維新變法之事，都是為了實現維新派的政治綱領和主張。他們並不主張像過去歷代那樣加強封建君主專制統治；相反，在他們提到「君權變法」的每一篇上書裏，都充滿了反對君主「獨尊」，抨擊上下隔絕，要求君民結合的文字。實際上，在講到「君權變法」時，他們極少單獨提出「尊君權」的口號。在他們看來，中國君權已經「最尊」[71]。他們固然不敢公然向君權挑戰，卻企圖說服君主按照維新派的意志變法。他們在受到召見之後，是將光緒帝作為一個願意維新然而權力不足的皇帝看待的。因此，如果簡單地把「君權變法」等同於「尊君權」，我以為是缺乏根據的，至少是不夠確切的。倘若以「君權變法」為主要論據，把維新派的整個政治思想都概

---

71 《上清帝第七書》，《康有為政論集》上冊，頁218。

括為「尊君權」或「皇權主義」，那更是違背歷史的實際。

為了將「君權變法」的問題說明得更清楚，我們還要進一步探討：維新派由「變於下」到「變於上」的轉變是否就是由「興民權」到「尊君權」的「倒退」，以及上清帝第六書是否就是截然劃分他們採取「變於下」的「興民權」和採取「變於上」的「尊君權」的轉捩點。為此，讓我們對戊戌時期維新派的整個政治活動方式作一個比較詳細的分析。

維新派的政治活動方式經歷了兩次而不是一次「轉變」。

從1888年康有為上清帝第一書起到1895年6月上清帝第四書止，上書皇帝，請求朝廷自上而下實行變法是維新派的主要活動方式。他們高舉「君權變法」的旗幟，在上書中多處寫著「獨奮乾綱」，「中國人主之權雷霆萬鈞，惟所轉移，無不披靡」之類的文字，堅信只要皇上下詔變法，便會「天下雷動，想望太平，外國變色，斂手受約」。[72]然而，維新派的四次上書只有第三書到了皇帝手裏，其餘均遭阻隔。威嚴的宮闕，並不理會一介書生的叩擊。在上書不達，「望在上者而一無可望」[73]，而瓜分之禍日逼，清朝腐敗愈甚的情況下，維新派轉而採取了「變於下」的政治活動方式。從1895年秋到1898年春，他們在京師和各地大張旗鼓地進行立學會、設學堂、辦報刊等活動，為救亡變法進行輿論宣傳、人才隊伍和「自主」基地[74]。的準備。這些活動有力地促進了維新運動的高漲，這段時間是維新派政治活動中最有意義和最有光彩的時期。

康有為在積極以「變於下」的方式開展活動之時，從未忘記「變於上」的重要性。他之所以「變於下」，一方面固然表示了對於朝廷和

---

72 《康有為政論集》上冊，頁136、161、159。

73 康有為未刊稿，轉引自黃彰健：《戊戌變法史研究》，頁2。

74 同上。

皇上的失望和不滿，另一方面也是為了通過從下面造成浩大的聲勢，來「爭取皇帝贊成他的主張，利用皇帝的權力來推行他的主張」[75]。他從開始「變於下」的時候起，就在處心積慮地考察研究日本自上而下變政的史實，編撰大部頭著作，等待獻給皇上的機會。自1897年膠州灣事件之後，康有為便又開始了中斷達兩年之久的上書活動，將「變於下」的努力與「變於上」的希望結合起來。這時，便又一次發生了維新派政治活動方式上的變化。實際上，這也就是《評價》所說的發生於第五書與第六書之間的「轉變」。不過，這次轉變既不「突然」，也非「倒退」。

關於這次「轉變」的時間和原因，有兩條史料具體記載。一條是王照在戊戌變法失敗半年後所說的話：「及丁酉（1897年）冬，康有為入都，倡為不變於上而變於下之說。其所謂變於下者，即立會之謂也。照以為意主開風氣，即是先生。俄而康被薦召對，即變其說，謂非尊君權不可。照亦深以為然，蓋皇上既英明，自宜用君權也。」[76]指出轉變時間是「康被薦召對」之後，這次「召對」當指1898年1月24日總理衙門的召見；轉變原因是由於皇上「英明」。另一條是康有為1901年給人信中的一段：「當戊戌以前，激於國勢之陵夷，……望在上者而一無可望，度大勢必駸駸割剝至盡而後止，故……奔走南北，大開強學、聖學、保國之會，欲開議院得民權以救之。……及見皇上後，乃知聖明英勇，能掃除舊國而新之，又能決開議院，授民以權。……此固英德意奧法俄所死人千萬而不得者，而一旦上能敝屣天下而行之，吾為感泣，願效死焉。」[77]指出轉變時間是1898年6月19日光緒帝親自召見之後，原因是「乃知聖明英勇」。兩條史料，所論原

---

75 胡繩：《從鴉片戰爭到五四運動》下冊，頁537。
76 《戊戌變法》第四冊，頁331。
77 康有為未刊稿，轉引自黃彰健：《戊戌變法史研究》，頁1-2。

因一致，而時間不同。根據史實來看，我認為當以康有為所說為準。但是，康有為所說的轉變時間是就完全放棄「變於下」的活動方式，一心輔佐君主「變於上」而言。而事實上，從「變於下」到完全「變於上」經歷了一個漸變的過程，轉變的原因也並非那麼簡單。這是康有為的記載中所沒有講明的。

康有為重新爭取「變於上」是從上清帝第五書開始的。他在書中希望皇上「以俄國大彼得之心為心法」，「起衰振靡，警聵發聾」，「發憤維新」。[78]這同前四書所說的「獨奮乾綱」是同一個意思。此後，康有為受到總理衙門大臣的召見，詢問變法事宜，並有旨令其條陳所見，進呈所著書籍。這是康有為自從事變法活動以來，第一次受到朝廷重視，他的心情自然是很不平靜的。他在當時寫給康廣仁的信中說：「總署延見，問治天下之故，乃自有總署以來□（所）無，舉朝以為曠典。」他推測自己有可能「或則加五品卿入軍機，或設參議□（行）走」，從而成為皇帝的近臣。[79]於是，加緊了「變於上」的活動。在第六書中，他向皇上再次強調以俄彼得之心變法，並將第五書中作為變法「上策」提出的日本明治之「政法」具體化為以「開制度局」為核心的新政治綱領。隨後，又把他數年中精心編纂的《日本變政考》和《俄羅斯大彼得變政記》送呈皇帝，以作為採法俄日的依據。第七書則更加明確地提出「採法彼得」，「以君權變法」[80]。他還多次代人草擬奏摺，迫切籲請皇上迅即「統籌全域」，「明定國是」，在「守舊」與「開新」兩黨「互相水火，有如仇讎」的激烈鬥爭中，「賞擢」開新者，「罷斥」守舊者，以君權「雷厲風行」新政。[81]

---

78 《上清帝第五書》，《康有為政論集》上冊，頁208、209。

79 轉引自房德鄰《淺析康有為開制度局的主張》，《光明日報》1983年12月14日。

80 《上清帝第七書》，《康有為政論集》上冊，頁218。

81 代楊深秀擬：《請定國是而明賞罰摺》，《康有為政論集》上冊，頁243、245。

　　然而，康有為熱切的希望，並未得到皇上相應的反響。朝廷始終沒有發佈過一道決心變法的上諭。康有為的種種設計，似乎有如「泥牛入海」，消息全無。對此，康有為是頗有怨言的。直到光緒下詔變法的前三天，康有為在一篇代擬的奏摺中還明言：「天下咸竊竊然疑皇上仍以守舊為是也。」[82]在這種情況下，維新派政治活動方式的重心顯然還不能完全移到「變於上」一方面來。事實上，自第五書後，直到光緒帝召見之前，維新派是「變於下」與「變於上」並舉，而且偏重於前者。作為維新派「變於下」基本方式的學會活動，主要開展於這一時期，被梁啟超說成「實兼地方議會之規模」[83]的南學會，具有近代資產階級政黨雛形的保國會，都是這時成立並積極進行活動的。由康有為執筆作於1898年4月17日的《保國會序》一文，痛言北京已成為「崇禎甲申之燕市、北宋政和之汴京」，「君上等於僕隸，豈得為有國者哉！」表示「惟有合群以救之，惟有激恥以振之，惟有厲憤氣以張之」。[84]這些都是強調「變於下」的必要和重要。

　　可是，維新派在進行「變於下」的政治活動時，其對象只是部分官僚和士紳，而沒有去發動下層勞動群眾，其內容主要是宣傳「救亡」和「變法」，並且兩者中「救亡」往往佔有更大的比重；他們所標榜的「開議院得民權」、「大倡民權」等實際上只落腳到「開紳智」和「開官智」；在進行種種衝破封建例禁的活動時，他們總是儘量向清朝統治者「自白嫌疑」。[85]因此，他們的活動並不能突破改良主義的範圍而找到真正的出路。而且，由於封建頑固派的大肆阻撓攻擊，「變於下」的改良活動也不可能順利開展。1895年8月成立的北京強

82　代徐致靖擬：《請明定國是疏》，《康有為政論集》上冊，頁258。

83　《戊戌政變記》，《戊戌變法》第一冊，頁300。

84　《保國會序》，《康有為政論集》上冊，頁231。

85　《康南海自編年譜》，《戊戌變法》第四冊，頁133。

學會只活動了四個月左右，便被頑固派以「植黨營私」的罪名封閉。
1898年4月成立的保國會，僅活動一個多月，便有反對派上奏彈劾
說，「包藏禍心，乘機煽惑」，「此風萬不可長」[86]，因而很快渙散了。
南學會存在時間較長，活動開展得很出色，但同樣遭到湘省劣紳的一
再圍攻。維新派骨幹一個個被相繼逼走，譚嗣同甚至被以死相脅。要
繼續堅持，也是異常艱難的。維新派改良主義方式的「變於下」的活
動顯然已經走到了自己的盡頭。困境相逼，使軟弱的維新派望君上更
如「大旱之望雲霓」。正是在這個時候，代表帝黨利益的光緒帝下詔
宣佈變法，康有為隨即受到皇上親自接見，「乃知聖明英勇」。維新派
夢寐以求的「君權變法」似乎展開無限光明的前途。於是，康有為為
之「感泣」，「願效死焉」。譚嗣同則扶病應詔赴徵，感到「絕處逢
生」[87]。從此，輔佐「君權變法」成為維新派惟一的政治活動方式。

　　概括地說，維新派的「變於下」與「變於上」作為政治活動方
式，雖然在激進保守的程度、活動範圍的大小等方面有所區別，卻不
存在一為「興民權」、一為「尊君權」這樣重大的原則性差異。他們
最初是從「變於上」開始自己的政治活動的，「只是在『上面』碰壁
後，才到『下面』去尋找支持力量」。[88]

　　當他們這樣做的時候，從未放棄「變於上」的希望，而是積極做
著準備，等待重新爭取「變於上」的機會。而「變於下」的改良活動
所遇到的無法克服的阻力和困難，也必然將他們重又推往「變於上」
的一邊。當維新派再次將重心轉向「變於上」的時候，「變於下」的
活動事實上已經難以為繼。當此之時，維新派抓住光緒帝宣佈變法的
有利時機，重新全力以「君權變法」作為突破口，以推進維新事業。

86　《禁止莠言摺》，《戊戌變法》第二冊，頁465。

87　《致李閏》，《譚嗣同全集》增訂本下冊（北京市：中華書局，1981年），頁530。

88　胡繩：《從鴉片戰爭到五四運動》下冊，頁507-508。

應該說，這不是「倒退」，而是一個積極的選擇。

　　維新派是中國資產階級政治運動和思想啟蒙運動的先驅者，戊戌時期是他們的思想、行動和鬥爭最有生氣的時期。雖然他們作為資產階級改良派，處處表現了其固有的嚴重的軟弱性和妥協性，但是，在當時特定的歷史條件下，他們積極宣導和推動了挽救民族危亡、改革腐敗政治的變法維新運動，始終堅持了反對封建專制主義的立場，其政治思想觀點是日益向著民權和民主主義方面演變發展的，其政治綱領是不斷有所進步的，並不存在政治上的「背棄」和「倒退」；改良主義的局限固然使他們不可能成為革命派，但也絕不會使他們倒退得比洋務派還不如。新史料的發現使我們更加相信這一點。

維新派的政治綱領及其它

　　房德鄰先生於1989年第6期《歷史研究》上發表《維新派政治綱領的演變》一文，對拙作[1]中若干粗疏錯漏處從史料的考辨上作了精細的教正，讀後受益匪淺。但是，在一些基本問題的論述上，筆者認為房文在史實和觀點上都存在著明顯的舛誤。限於篇幅，這裏僅就維新派是否提出過「興民權，設議院，立憲法」的政治綱領及有關問題進行商榷。

一

　　戊戌維新時期，維新派提出了怎樣的政治綱領，是關係到如何評價維新派的根本政治態度和維新運動基本性質的重要問題。拙作認為，從康有為上清帝第一書到第五書，維新派沒有提出「興民權，設議院，立憲法」的政治綱領。房文則認為，維新派「提出」了這樣的綱領。孰是孰非，有深入探討的必要。

　　房文說，維新派自己並沒有把何者說成是「政治綱領」，「『綱領』云云，是今人概括的」。筆者贊同這一說法。但筆者認為，就「綱領」本身的內容而言，「今人」要將這種而不是那種主張「概括」為維新派的政治綱領，首先必須有兩個起碼的前提條件。一是維新派確實提出過這種主張，假如提都不曾提出過，何以說這是「維新

---

[1]　《戊戌維新派政治綱領的再探討》，《歷史研究》1985年第5期。下引此文和房文，不再另注。

派提出」的,「今人」又何以加以「概括」呢?二是這種主張維新派雖未冠以「綱領」二字,但確實把它作為基本的或根本的政治主張,將其置於提綱挈領的地位。如果這個看法不錯的話,讓我們分析一下「興民權,設議院,立憲法」這一「概括」的準確性如何。

「興民權,設議院,立憲法」的「概括」共有三項內容,為敘述的方便起見,筆者先從第二、三項析起。「設議院」、「立憲法」是具備第一個前提條件的,雖非原文[2],但大致符合原意。然而,「設議院」、「立憲法」並不具備第二個前提條件。「議郎」制雖然在一至四書中都提出過,但不是作為一項綱領性的主張提出來的,而只是置於去「隔絕」、「達民情」、「降尊嚴」等主張之下的一項重要的具體措施。[3]「國會」、「憲法」之議僅見於第五書,在書中與其它變法主張並列雜陳,也未被賦予綱領性的意義。[4]這一點,房文實際上也是承認的,認為「設議院」、「立憲法」只是「各項具體變法建議」中的兩項。既然如此,它們怎麼能算做維新派的「政治綱領」呢?房文強調這兩項建議「最重要」、「最根本」、「至為重要」,但這只是房文的評價,與這兩項建議維新派有沒有作為綱領性的主張提出來並非一回事。

再看「興民權」這一項。房文已經看到這樣一個事實,就是「在五次上書中康有為並沒有把『興民權』單列一項提出來」;筆者要補充的是,五次上書中不僅未單列「興民權」的主張,而且連「民權」一詞也沒有出現過。既然連第一個前提條件也不具備,當然就更不能算做維新派提出的政治綱領。

2　原文在一-四書中是「置議郎」或「徵議郎」,在第五書中是「自茲國事付國會議行」和「定憲法」。《上清帝第四書》中有「設議院以通下情」句,但這只是康有為分析「泰西所以致強」的三個原因中的一個,而不是維新派自己提出的主張。又,議郎制可視為間接的議院方案。詳見拙作。

3　《康有為政論集》上冊,頁134、135、156-158。

4　《上清帝第五書》,《康有為政論集》上冊,頁207。

　　可是，房文認為是可以算的。為什麼呢？因為雖然康有為沒有提出過「興民權」的主張，但「今人」可以從已經提出的「各項具體變法建議」中加以「概括」。「興民權」作為政治綱領，就是房文從「設議院」、「立憲法」兩項建議中「概括」出來的。但這樣一來，就產生了兩大問題。首先，「設議院」、「立憲法」本不是綱領性條文，而只是「具體變法建議」。從本非綱領性的條文中怎麼能「概括」出「綱領」來呢？即便「概括」出來，「興民權」作為「概括」出來的結論，卻與據以「概括」的材料排列在一起，共同組成一個「政治綱領」，這在邏輯上、結構上似乎都過於混亂了一點。其次，撇開「綱領」二字不談，「興民權」也算不上是對「設議院」、「立憲法」的「概括」。舉兩個簡單的例子。同盟會制定了「驅除韃虜，恢復中華，建立民國，平均地權」的綱領，我們稱之為「十六字綱領」，這可以說是一個概括。孫中山提出了民族主義、民權主義、民生主義，我們稱之為「三民主義」，這也可以說是一個概括。與此相對照，房文將「設議院」、「立憲法」稱之為「興民權」，顯然不成其為「概括」。

　　其實，房文所作的並不是「概括」，而只是「解釋」，即將「設議院」、「立憲法」的意義解釋為「興民權」。房文肯定「維新派提出『興民權，設議院，立憲法』的政治綱領」，就是以這種「解釋」作為基本依據的。但「解釋」不能代替「概括」，即使「設議院」、「立憲法」具有「興民權」的意義，也不能說這意義就是維新派提出的政治綱領，更不能因有此意義，就把「設議院」、「立憲法」本身也由「具體變法建議」變成為「綱領」。

　　不僅如此，房文將第二至四書中的「置議郎」解釋為「興民權」也是很不妥當的。（說「立憲法」有「興民權」的意義筆者沒有異議。至於第五書中提到的「國會」與議郎制和「興民權」有何關係，

為便於分析，後面再談。）

關於議郎制，拙作曾作過詳析。其中，有錯析之處，也有過於籠統之處。錯析之處是，將「公舉」一詞理解為傳統的「推舉」，不知康有為說的「公舉」就是「民選」之義。[5]籠統之處有二：一是在分析議郎的職責和作用時，沒有分別指出議郎的活動有在「武英殿」以個人身份建言和在「太和門」以會議之法議事兩種方式；二是在分析議郎制的淵源時，沒有明確說明當議郎以「開門集議」的方式活動時，是對西方議院形式的一種仿傚。這些地方蒙房文一一賜教，使錯漏得以糾正。不過，在結論上，筆者仍堅持拙作中指出的「『議郎』制不表示一個立法權力機構，『議郎』也不是具有立法權的議員」，議郎制的作用主要是「通下情」等基本觀點，而不同意房文所作的「議郎制絕非僅僅為『通下情的工具』，而是近代君主立憲政體中的議院」，議郎制是「最重要、最根本的民權要求」等論斷。

房文說，自己的論斷是通過對議郎制「從『成員產生』、『職責』、『作用』和『淵源』四個方面考察」後得出的。可是，細究房文的考察，筆者認為實難得出這些論斷。

第一，成員產生方面。房文的考察就是證明「『公舉』議郎即『民選』議郎」。但「民選」並不能表明議郎將起何種作用，也不能表明議郎制將為何種性質的機構。

第二，職責和作用方面。房文考察出議郎在「武英殿」與在「太和門」有不同，進而便推斷議郎制「在太和門為立法機構」。指出議

---

5 房文說「事實上康有為所用的『公舉』一詞在中國近代一直就是『民選』的意思」，尚不盡確切。「民選」固然稱之為「公舉」，但「官選」往往也以「公舉」相稱。如在早期維新派陳虬的議院方案中，中央議院的議員全部由「任官公舉練達公正者」（《治平通議‧變法一》，《戊戌變法》第一冊，頁219），同樣叫「公舉」，但全然是「官選」。

郎有兩種議事方式是正確的，但說議郎制在太和門便為立法機構則難
以令人信服。房文這一推斷的全部依據是《上清帝第二書》中的這段
原文：「凡內外興革大政，籌餉事宜，皆令會議於太和門，三占從
二，下部施行。」⁶讓我們認真作些分析。首先，君主令議郎到太和
門開會，討論「內外興革大政，籌餉事宜」，當然是讓議郎參政議
政，但參政議政並不等於「立法」，也不等於議郎就有「議決權」。其
次，「下部施行」是指君主所「從」之事交有關機構去辦理，顯然也
不能表明議郎的立法權力。關鍵是第三，「三占從二」這幾個字怎麼
看。所謂「三占從二」，也就是房文第一部分談到過的「要求君主從
眾」。對「三占從二」或「從眾」何以能夠證明議郎或議員的「議決
權」，房文未作具體的論證，只是給近代議院制的「議決權」下了這
樣一個定義：「所謂議決權，是指議員不僅參與討論政事，而且有權
根據多數原則（簡單多數或三分之二多數）通過法案。」可是，「三
占從二」或「從眾」並不符合這個定義。「三占從二」之「二」，只是
一種自然狀態的「多數」，即議論政事時多半會自然而然地形成的一
種多數意見，而不是指「通過法案」即立法時按規定所必需的「多
數」。所謂「從眾」，主要是對君主如何運用權力的一種要求，而不是
賦予議郎或議員以「議決權」。也就是說，在君主相「從」之前，議
郎所表達的無非是「眾議」或「民意」而已，與權力並無多大關係；
在這種情況下，君主的「從」與「不從」就起著決定性的作用。可
見，就其實質而言，在「太和門」也像在「武英殿」一樣，議郎只是
「下情」的代表，而君主則是權力的代表，並不因為採取「會議」之
法議事，議郎就具有了「立法職能」和立法之權。對此，康有為在
《上清帝第四書》中講得十分清楚：「至會議之士，仍取上裁，不過

6　《上清帝第二書》，《康有為政論集》上冊，頁135。

達聰明目，集思廣益，稍輸下情，以便籌餉，用人之權，本不屬是，乃使上德之宣，何有上權之損哉？」[7]「仍取上裁」一句，房文解釋為「會議之士」應由皇帝「超擢」而不是「公推」，並進而論析康有為的建議「相互矛盾」。但這樣一來，房文實際上就將自己置於了一種不能自圓其說的兩難境地：如果「仍取上裁」否定了「公推」，那麼房文論議郎制為「近代君主立憲政體中的議院」就缺少了「民選」這一塊房文非常看重的基石；如果仍然堅持對議郎制的基本結論，那麼就不能將「仍取上裁」說成是「超擢」。其實，康有為在第四書中並沒有「相互矛盾」。他申明「會議之士，仍取上裁」，並不是要改變議郎「令天下郡邑十萬戶而推一人」的產生辦法，而是針對守舊派所作的「開院集議，有損君上之權」[8]的指責，強調「會議之士」雖能發表意見，但決定只能由君主來作[9]。而這正是「三占從二」，或「從眾」的題中應有之義。

第三，淵源方面。房文指出議郎「『開門集議』則明顯是仿傚西方議院設計的」。的確，「開門集議」與「闢館顧問」在議事方式上是有區別，但這只是「眾議」與「獨諫」的不同，而不是有無議決權的不同。

可見，從房文的考察中得不出議郎制是君主立憲式的「立法機構」等結論。

在上清帝一至四書中，康有為對「立法」、「民權」未置一詞，相反，凡是談到議郎制的地方，都無不佔用大量篇幅，用十分明確的語

7　《上清帝第四書》，《康有為政論集》上冊，頁160。

8　《上清帝第四書》，《康有為政論集》上冊，頁158、160。

9　關於這一點，第四書中還有這樣一段文字：下達「置議郎」等詔旨之後，「三月之內，懷才抱藝之士雲集都中，強國救時之策並伏闕下，皇上與二三大臣聚精會神，延引講問，撮群言之要，次第推施，擇群士之英，隨器撥用，賞擢不次以鼓士氣，沙汰庸冗以澄官方⋯⋯」（《康有為政論集》上冊，頁159）。也說明了同樣的意思。

言，闡述和強調這一建制「通下情」的意義和作用。姑略舉數例如下。《上清帝第一書》:(洋務諸政)「夫泰西行之而富強，中國行之而奸蠹何哉？上體太尊而下情不達故也。……漢有光祿大夫太中大夫議郎專主言議。今若增設訓議之官，召置天下耆賢，以抒下情，則皇太后皇上高坐法宮之中，遠洞萬里之外……。」[10]《上清帝第二書》:「夫中國大病，首在壅塞，……上有德意而不宣，下有呼號而莫達。」設議郎則可「上廣皇上之聖聰，可坐一室而知四海；下合天下之心志，可同憂樂而忘公私」。[11]《上清帝第三書》:「下情不達，百弊未已。」今設議郎，「……合四萬萬人之心以為心，天下莫強焉。所謂通下情而合其力者此也」。[12]《上清帝第四書》:「……皇上九重深邃，堂遠廉高。……何以得人才而盡下情哉」；「置議郎以通下情」；「伏乞皇上……紆降尊貴，通達下情，日見賢才，日求讜論」。[13]筆者之所以堅持認為議郎制主要是「通下情」的工具，而不是「興民權」的「立法機構」，除拙作中已做出過的引證外，這些就是基本的史實依據。而這些史實，房文在論議郎制時是多半忽略了的。

　　順便指出，拙作中曾談到議郎制由於沒有立法權，因而「與真正資產階級性質的『議院』相差很遠」，房文將「真正資產階級性質」解釋為「完全的資產階級專政」，然後批評這是拙作的「一個重大失誤」，一個「未免嚴苛」的標準。對此，筆者有必要作個簡單說明。首先，所謂議郎制不是「真正資產階級性質」的議院，無非是說「『議郎』制不表示一個立法權力機構，『議郎』也不是具有立法權的議員」，而並不涉及議郎的階級屬性如何。原文具在，應無歧義。其

10　《上清帝第一書》，《康有為政論集》上冊，頁60。

11　《上清帝第二書》，《康有為政論集》上冊，頁134-135。

12　《上清帝第三書》，《康有為政論集》上冊，頁144、146-147。

13　《上清帝第四書》，《康有為政論集》上冊，頁156、159、161。

次，「立憲」與否是指政體，「專政」與否是講國體，不能加以混淆。拙作與房文的分歧都是圍繞政體問題而展開的，並不涉及早期維新派或戊戌維新派所設計的議院是資產階級專政還是地主階級專政，抑或「資產階級和封建階級聯合專政」。因此，房文中就國體問題對英國、德國或日本所作的引證，至少是缺乏針對性的。最後，房文說，在共和政體中，議院就「固然」是「真正資產階級性質」的，即「等於完的資產階級專政」，這與史實不符。比如，人所共知，中國自1912年後，就開始採用「共和」政體，但是終中國近現代史，在此政體下也沒有出現過「完全的資產階級專政」。

二

以下，我們要專門分析一下房文頗為看重的「國會」問題。

在《上清帝第五書》中，康有為已完全不提「議郎」，而是寫進了一至四書中從未提出過的兩項主張：「自茲國事付國會議行」，「採擇萬國律例，定憲法公私之分」。[14]對這兩句話，拙作曾在詳析它們不能算做第五書提出的政治綱領之後，對它們是否是原呈中的內容表示懷疑。房文將第一歷史檔案館藏的《上清帝第三書》與外間刊本相校核，證明並無不同，由此推斷《上清帝第五書》的外間刻本與原呈也完全一樣。儘管第三書的情況對研究第五書只能起旁證作用[15]，但看

14 《上清帝第五書》，《康有為政論集》上冊，頁207。
15 康有為上清帝書的外間刊本與原呈是否完全相同，各書的情況並不一樣。如《上清帝第七書》，外間刊本與《傑士上書匯錄》本兩者相較，刪改達數十處之多，其中有的改動使文意大不相同。如外間刊本說：「昔周公吐哺握髮以待天下士，況無周公之才美而加以驕吝，而欲旋乾轉坤，安可得哉？」（《康有為政論集》上冊，頁220）《傑士上書匯錄》本則為：「昔周公吐握以待天下士，計當時之士，豈有及周公萬一者，而周公下之如此，今舍周公之法，而欲旋乾轉坤，安可得哉？」又，

來房文的推斷比拙作的懷疑要有道理一些。並且，正如房文指出的：
「退一步說，即使刊行時增入開『國會』、『定憲法』，也仍然表明維
新派當時有此主張。」因此，康有為在戊戌年初的確提出過關於「國
會」、「憲法」的主張，當為定論。但是，對此兩項主張怎麼看，筆者
與房文存在著較大的分歧。「國會」、「憲法」的主張不能算做維新派
提出的政治綱領，拙作和前文中業已詳論，姑不重複。在此需要進一
步加以探討的，是與「國會」有關的另外兩個問題。

第一個問題是，「國會」與「議郎」是不是一回事。

房文認為，「國會」與「議郎」只是「用語不同」，「實質則一」。
這也是一般論者的看法。這種看法忽視了維新派的議院觀有一個前後
演變的過程。對此演變，拙作中進行過詳細的說明。概略地說就是，
在上清帝一至四書時，維新派將「議院」主要視做「通下情」的工
具，因而，設計的是與「民權」、「憲法」基本上無關的「議郎」制。
隨後，維新派逐漸認識到「議院」與「民權」、「憲法」的關係，在第
五書中，便不再提「議郎」，而代之以與「民權」密切相關的「國
會」和「憲法」。這一演變的事實，房文實際上已經看到了一部分。
如房文明確指出：一至四書「雖然提出了設議院的建議，卻未提及立
憲法，表明當時維新派尚不懂得立憲法的意義」。後來，「維新派悉心
研究東鄰日本的維新史，才懂得立憲法的重要性」。什麼「意義」和
「重要性」呢？「就是分清『公權』與『私權』各自的許可權，而
『公權』即『民權』，『私權』即『君權』」，這是第五書與前四書相比
所取得的「最明顯的進步」。這也就是拙作中所說的從「通下情」的
議郎到「興民權」的議院（或「國會」）的進步。維新派不只是通過

《上清帝第七書》於戊戌三月由上海大同譯書局刊刻，隨後又在《湘報》發表。可
見，即便是「戊戌政變前……刊刻過的」奏稿，也可能與原呈不相同。

提出「定憲法」而賦予國會以「民權」的意義，而且直接談到過國會的「民權」作用。[16] 相反，這些「意義」和「重要性」我們在「議郎制」中從來沒有發現過。

第二個問題是，「自茲國事付國會議行」是不是主張戊戌年立即召開國會。

「自茲……」這句話，以往論者多解釋為維新派主張立即開國會。拙作不同意作此解釋，因而從「語義上」作了一番分析，認為「國會」句在文中出現得太「突然」。但拙作忽視了對「自茲」一詞的深究，所以雖然提出了問題，卻未能解決問題。房文針對拙作中提出的問題，將「自茲」一詞解釋為「從此」之意，證明「國會」句並不突然，而是「很通暢」。這是正確的。但是，房文雖然正確地疏通了原文的「語義」，卻把原文的「意思」解釋為「是說在正式宣佈變法之後，把國事付國會議行」，就是說，「國會」句仍然表示維新派主張戊戌年立即召開國會。這就明顯地弄錯了原意。

康有為的原文是：「明定國是，與民更始，自茲國事付國會議行。」[17] 房文將「從此」之「此」（即「自茲」之「茲」）解釋為「正式宣佈變法」。可是，「自茲」句並非直接承接「明定國是」，而是緊跟在「與民更始」之後。而且，就是「明定國是」，也不是「正式宣佈變法」的意思。按照筆者的理解，上引原文是一個完整的句子，整個意思是說：明確確定國家的大政方針，為庶民除舊布新，然後將國事交付國會議行。其中，「與民更始」和「自茲國事付國會議行」都

16 《日本變政考》卷十一按語：「日本外交，參用民權，故國勢大振……蓋民權之收效，如是其可貴也。然必自大開民智始。民智不開，遽用民權，則舉國聾瞽，守舊愈甚，取亂之道也。故立國必以議院為本，議院又必以學校為本。」

17 《戊戌變法》第二冊，頁194頁。「與民更始」，《康有為政論集》中又作「與海內更始」，見頁207。

是「國是」的內容，而「自茲國事付國會議行」則是「與民更始」之後所要做的事。這種先行全面變法，然後再設議院的主張，康有為在《日本變政考》一書的按語中又多次表述過。[18]雖然這些按語寫於上第五書之後，但應該說，這些按語所表達的基本思想在上第五書之前就已經形成了，所以第五書中才會有「願皇上……以日本明治之政為政法」，「職尚有《日本變政考》，專明日本變政之次第，若承垂採，當寫進呈。皇上勞精屬意講之於上，樞譯諸大臣各授一冊講之於下，權衡在握，施行自易；起衰振靡，警聵發聾，其舉動非常，更有迥出意外者」，「然非皇上採法俄、日，亦不能為天下雄也」[19]，等等之類的話。由此可見，「自茲」句並非主張在戊戌年立即開國會，而是主張變法成功之後才開國會。

這種主張與康梁等維新派的整個邏輯和思路也是相吻合的。對此邏輯和思路，房文倒是進行過較好的概括：「……康梁的邏輯是：先制定一部君主立憲的憲法，使國家沿此方向發展，待條件成熟時再予以全面實施，也就是說到那時才能開議院。我們弄清了康梁的思路，也就明白了他們為什麼一面反對立即開議院，一面又主張迅速定憲法了。」房文還特別引用了梁啟超1901年說過的「立憲政體者，必民智稍開而後能行之」，但「行之在十年之後，則定之當在十年以前」，「故採定政體，決行立憲，實維新開宗明義第一事，而不容稍緩者也」一段話。準此，康有為在第五書中主張「定憲法」，就應該反對立即開議院；而在上一至四書時「尚不懂得立憲法的意義」，他設計

---

18 如：「日本變法二十四年，而後憲法大成，民氣大和，人士知學，上下情通，而後議院立。……此日本變法已成之效也。」（《日本變政考》卷十二按語）「日本變法，以民選議院為大綱領。……然民智未開，螢螢自愚，不通古今中外之故，而遽使之議政，適增其阻撓而已。令府、州、縣開之以奉宣德意、通達下情則可。日本亦-二十餘年始開議院，吾今於開國會尚非其時也。」（《日本變政考》卷六按語）

19 《上清帝第五書》，《康有為政論集》上冊，頁208-209。

的「議郎」制就不應該是「立憲」的議院。可是，按照房文的分析，
康梁似乎只是從《上清帝第六書》主張開制度局起才有此邏輯和思
路。在上第五書時（與上第六書只相隔二十餘天），其邏輯和思路還
是既主張「迅速定憲法」，又主張「立即開議院」。而在上一至四書時
其邏輯和思路則是：雖主張「立即開議院」，卻未主張「迅速定憲法」
（因為還不懂立憲法）。假如維新派的邏輯和思路真是如此大起大
落，那麼房文在全文最後結論中只承認「維新派的具體政治主張有時
不同，這些不同多為策略上的不同」也就很不妥當了。而實際情形
是，康梁從「公車上書」以來一直就認為欲興民權，必先開民智（這
方面的史料很多，恕不徵引）。因此，他們在二至四書中設計的議郎
雖有議院之形，卻無民權之實。接著，當他們懂得立憲法對於「民
權」的重要性之後，他們也只是主張通過開制度局來議憲法，而反對
立即開設具有民權的議院。從第二書到第六書，維新派的邏輯和思路
是一貫的。

房文還從第五書規劃的「變法次第」上進行考察，引證第四書和
另一篇估計是康有為手筆的論文《變法當知本源說》中的「變法次
第」，指出它們之間「大體相同」或「完全相同」，從而證明《第五
書》請開『國會』」是順理成章的。且不說房文所比較的三者明顯地
互不相同[20]，就是房文所列舉出來加以比較的第五書的詞句，也並不
是該書的「變法次第」。第五書的結構可略分為三部分。第一部分如

---

20 從「次第」的角度看，第四書是先罪己，次行賞罰，再集賢求言（包括「置議郎以
通下情」），最後由皇上與二三大臣推行種種變法措施（《康有為政論集》上冊，頁
159）；《變法當知本源說》是先定國是，次開議院（以通上下之情），再改官制（以
正吏治之弊）；第五書則是先罪己，次明恥，再集賢求言（以廣聖聽以通下情），然
後是明定「與民更始，自茲國事付國會議行」之國是，然後是「紆尊降貴，延見臣
庶，盡革舊俗，一意維新」，等等（《康有為政論集》上冊，頁207）。三者既有相同
之處，又差別頗大。

房文所析，是「陳述清廷面臨的危機局勢」。第二部分卻並非「提出
如何變法的總體建議」，而是指明皇上應如何「赫然發憤」，採取緊急
措施，以挽救面臨的危局。首先是「下發憤之詔」，主要表示變法的
決心，列舉變法的基本要點，以收到「詔旨一下，天下雷動，士氣奮
躍，海內聳望」的效果。其次是大力辦好一系列具體的新政事務，如
「破資格以勵人才；厚俸祿以養廉恥；停捐納，汰冗員……」等等，
「如是則庶政盡舉，民心知戴」。最後是軍事上「盡變民兵」。在實行
第二、三項措施之前，還要先設法對付各國正在策劃的軍事入侵，以
求「緩兵」。康有為認為，通過採取這些緊急措施，「雖未能遽轉弱為
強，而倉猝可圖存於亡；雖未能因敗以成功，而俄頃可轉亂為治」[21]。
整個第二部分都不是規劃「變法次第」，房文所列舉的「明定國
是……」等句，屬於第二部分中「發憤之詔」的內容，自然也不是講
「變法次第」。與「變法次第」有關的是第三部分。這一部分提出變
法的上中下「三策」以供皇帝選擇，「三策」實際上就是三個變法方
案，其中包含著三個「變法次第」。此部分康有為著重論「三策」的
優劣，對「變法次第」則未詳述。因此，房文引證的「變法次第」也
不能作為維新派主張戊戌年間立即開國會的一個論據。事實上，維新
派主張戊戌年立即開設的，不是國會，而是制度局。

三

　　房文既然肯定維新派在上清帝一至五書中提出了「興民權，設議
院，立憲法」的政治綱領，於是認為第六書主張「開制度局」「無疑
是退步了」，並進而分析「從開國會到開制度局轉變的原因」。這一

---

21 《康有為政論集》上冊，頁207、208。

「轉變」，筆者認為實際上沒有發生過。因此，在拙作中，沒有也不可能直接或間接探討何以有此轉變的問題。可是按照房文的解釋，拙作不僅探討了與上述「轉變」有聯繫的「康有為主張開制度局的原因」，而且「說康有為之所以不提開議院而提開制度局，是因為對於議院的性質認識得太深刻了」。據此，房文進而批評拙作至少是「把複雜的社會歷史現象看得過於簡單了」。但按照原文，拙作探討的根本不是康有為1898年主張開制度局的原因，而是維新派（主要是康有為）1895年後不主張立即開設議院的理由。兩者的不同，應該說是十分明白的。關於這些理由，拙作講了三點：一是「民智未開」；二是「守舊盈朝」；三是仿傚日本。而房文也同樣分析說：「康有為在戊戌年絮絮叨叨地說了許多不能立即開議院的理由，概括起來就是兩條：『守舊盈朝』和『民智未開』。」既然如此，為什麼拙作的分析就「過於簡單」呢？

撇開這一誤解不談，我們來看一下房文是如何解釋從開國會到開制度局轉變的原因的。房文主張，要探討維新派的政治主張時有變化，甚至彼此矛盾的原因，「須從階級力量的對比、政治形勢的變化、個人環境的不同等方面進行考察」，其中，階級力量的對比是「根本原因」，國際背景和政治形勢的變化是「重要因素」，個人環境的不同則是「不可忽視的因素」；由於種種因素的交互影響，「維新派的政治主張不可能是一成不變的。而每一變化，均非單一原因所致」。這些見解，筆者是完全贊同的。可是，房文在具體分析問題時，卻一再違背自己提出的正確主張，將維新派個人境遇的變化說成導致維新派政治主張和政治綱領變化的惟一的或起決定作用的原因。這在解釋從開國會到開制度局轉變的原因時，表現得最為明顯。

按照房文的觀點，第五書主張戊戌年立即開國會，這是維新派政治綱領中的一條，是最重要、最根本的民權要求之一，具有變封建制

度為資本主義制度的政治意義；第六書中卻不再提開國會這一如此重
要的主張，而代之以開制度局這樣一個沒有立法權的非民意機構，表
現了在改變封建政治制度方面的退步。按說，在政治綱領上發生這樣
重大的轉變，一定是各種相關因素至少是主要相關因素起了顯著變化
的結果。可是，從上第五書到上第六書之間僅相隔二十餘天，階級力
量的對比沒有變化，國際背景沒有變化，政治形勢房文也承認「並無
變化」，那麼有變化的是什麼呢？房文說：「有變化的是康有為個人的
處境」。什麼變化呢？主要就是皇帝令康有為條陳所見並進呈所著書
籍，康有為由此「推測」自己可能當上五品官之類。由於這一變化，
就導致了上述重大轉變。房文雖然也說「守舊盈朝」、「民智未開」是
基本原因，但這一基本原因實際上不起任何作用。因為，「守舊盈
朝」、「民智未開」的情況在上第五書前後都是一樣的；在第五書中，
康有為還特別指出：「職誠不料昔時憂危之論，倉猝遽驗於目前，更
不料盈廷緘默之風，沉痼更深於昔日」，「況各國競騖於聰明，而我岸
然自安其愚暗……今日大患，莫大於昧」。[22]如果據此基本原因進行分
析，康有為在第五書中就應該反對立即開國會才對。

　　在分析另外兩個例子時，房文同樣把個人境遇的變化看成起決定
作用的原因。一是第三書與第四書之間從只主張「公推」議郎變為同
時主張「會議之士，仍取上裁」。房文認為，發生這種變化的主要甚
至惟一的原因就是第三書得到了光緒帝賞識（旨令抄寫四份分別呈太
后和存檔），給康有為帶來了「超擢」的希望。[23]二是戊戌政變後，維

---

22 《上清帝第五書》，《康有為政論集》上冊，頁204-205。
23 房文說第三書與第四書之間的變化「不能僅從屈服於守舊派壓力來解釋」，似乎認
　　為屈服於守舊派的壓力也是原因之一。但事實上，守舊派的壓力在上第三書前後是
　　一樣的；而從第四書的內容看，恰恰是反對守舊的態度更為堅決，如說「誠以積習
　　既深，時勢大異，非盡棄舊習，再立堂構，無以滌除舊弊，維新氣象。若僅補苴罅
　　漏，彌縫缺失，則千瘡百孔，顧此失彼，連類並敗，必-無功」；又說「職竊料今者

新派從反對開議院變為主張開議院。對造成這一轉變的原因，房文表面上承認「首先是政治形勢發生激變」，可是隨後又指出，這種政治形勢的變化本來只會使康梁更有理由主張開制度局，而反對開國會。這實際上就否定了政治形勢激變對以上轉變所起的作用。那麼，剩下的就只有「康梁等人前後境遇迥異」這一原因發生作用了。

房文之所以做出上述誤斷，從理論觀點上說，是過分強調了個人境遇對政治人物的影響作用。過去人們常常忽略個人境遇的因素固然是不對的，但對這一因素也不能任意加以誇大。筆者認為，對於維新派的重要政治主張特別是政治綱領的演變來說，起決定作用的是階級力量的對比、國內外政治形勢等基本因素，而不是個人境遇的因素。後一因素只能在前一因素的制約下發生作用。在基本因素不變的情況下，維新派受皇帝的賞識多些或少些，他們的「個人進身」即當官的希望大些或小些，雖然會在他們的心理、情緒上引起一些變化，但這些變化至多只可能加強或減弱維新派個人的恩怨，而絕不會導致既定重要政治主張或政治綱領的改變。

房文做出誤斷的更重要的原因是在史實方面。房文的目的本來是探討從開國會到開制度局轉變的原因，可是，這一「轉變」在實際上卻並沒有發生過（關於這一點，拙作和本篇第一部分有詳細的分析）。房文所舉的另外兩個「轉變」的例子也是如此。關於第一個例子即第三書到第四書的轉變不能成立，亦可參閱本篇的第一部分。這裏只說一下第二個例子即戊戌政變後維新派從反對開議院到主張開議

廷議變法，積習難忘，仍是補漏縫缺之謀，非再立堂構之規，風雨既-，終必傾墜，國事有幾，豈可頻誤哉」；還說「以為舊習可安，不必更張太甚，是雖有起死之方，無救庸醫之誤矣」（《康有為政論集》上冊，頁152-153）；等等。這些主張大變全變的詞句皆不見於前三書。於「會議之士……」的補充說明，則明顯地是對守舊派的駁斥，而不是屈服。

院的轉變同樣不能成立的理由。要弄清這一點，我們首先需要確定：在戊戌政變前的百日維新時期，康有為所反對開設的是什麼樣的「議院」？按照房文的觀點，這個議院在第二至第四書中被稱為「議郎」，在第五書中被稱為「國會」。也就是說，這是一個由皇帝令天下士民約十萬戶公舉一人而組成，在武英殿為諮詢機構，在太和門為立法機構（所謂立法，即「三占從二，下部施行」）的議院。這個議院在第二至第五書中康有為都是主張開設的。按照筆者的觀點，康有為百日維新中所反對立即開設的議院，不是通下情的議郎制，而是作為君權變法成果的興民權的議院，這個議院康有為第二至第五書中都未主張立即開設過。然而，無論是房文還是筆者所認為的議院，在戊戌政變之後，都已經不可能開設了。對房文來說，此時光緒帝已不可能頒佈設議郎（或開國會）的特詔，議郎（或議員）當然也就無法產生。對筆者來說，此時君權變法已完全失敗，自然也談不上開設作為君權變法成果的議院。這種不可能性，應該說是明明白白的。戊戌政變後，康有為的確主張開議院，但這個議院與原來的議院已完全不同。這個事實，僅據房文所引的史料就可以看得很清楚：這個議院是由維新派（「新黨」）自己開設的，既不靠皇帝的特詔，也不靠君權變法的成功；它與清廷「偽政府」勢不兩立，「甚至不惜以武力」打倒偽政府，建立新政府，重新立國，這已在一定程度上表現了從改良向革命轉變的性質；它明確宣稱「以立憲自治之政治權與之人民」，而設議郎時康有為還不懂立憲法的意義，僅強調「設議郎以通下情」，等等。所以，絕不能因為它們都被叫做議院，就把兩者混同起來，籠統地說維新派從反對開議院「轉變」為主張開議院。對於這些在史實上不能成立的「轉變」，房文要去探討其發生的原因，在基本原因方面當然得不到說明，於是就只能用個人境遇的變化來加以解釋了。

　　由於上述理論觀點和史實上的失誤，房文在具體解釋維新派個人

境遇的變化所產生的影響時，也就難免出現牽強和矛盾之處。比如，房文說，康有為上第五書後因得到皇帝的重視，便在應詔進呈的第六書中刪去了第五書中一些刺激皇帝的話，不再提開國會而代之以開制度局，「既受皇上青睞，當然不宜再說刺激皇上的話，既然皇上有重用之意，當然以開非民選的制度局為宜」。這種推理沒有多少道理。因為，康有為的第五書是在第四書格未上達之後兩年，朝廷「泄沓如故，坐以待亡」[24]，而猝然發生德國強佔膠州灣事件，時局十分危急的情況下上遞的；上書的主要目的是請求皇帝赫然發憤，以救危亡，所以通篇多「刺激」之語。而第六書是「應詔」而上，「蒙大臣延詢以善後變法大計」[25]，當然應以陳述變法大計為宜，而不必一一重複第五書的詞句[26]。書中所陳述的「開制度局」等大計，與第五書中指出的變法「上策」即「擇法俄日以定國是⋯⋯以日本明治之政為政法」[27]是完全一致的，而與皇帝是否「重用」並無關係。如果康有為僅為個人出頭，那麼只要重複過去的一些主張，然後等待接受皇帝的重用，當個五品官就行了，根本不必建議動開制度局這樣的大手術，以致在朝野上下弄得謗言塞途。再比如，房文說：「百日維新中，康有為通過上書實際上已經成為光緒帝的變法顧問，如果開制度局就可能入值其中，政變後，康梁成為海外逋客，即使開制度局清廷也不可能擢拔他們了。因此他們也就不再主張開制度局而主張開國會了。」照此推理，筆者不禁要問，倘若開國會，清廷就會同意康梁當「議郎」或「議員」嗎？作為逃犯，恐怕連參加公舉的資格都沒有。既然

---

24 《康有為政論集》上冊，頁201。

25 《請大誓臣工開制度新政局摺》，《傑士上書匯錄》。

26 第五書中也不是完全沒有「刺激」之語。如房文說刪去了的一句話：「職恐自爾之後，皇上與諸臣雖欲苟安旦夕、歌舞湖山而不可得矣」，就只刪了「歌舞湖山」四個字（見《請大誓臣工開制度新政局摺》，《傑士上書匯錄》）。

27 《上清帝第五書》，《康有為政論集》上冊，頁208。

同樣實現不了個人進身的願望，康梁又何必重提二至五書中開議院的主張呢？可見，這種解釋也是很難說通的。

要正確認識維新派政治綱領演變的情況，筆者以為除了首先需要糾正上述理論上的偏頗和史實上的失誤之外，還必須與對當時階級狀況、政治形勢及其所決定的維新派變法指導思想等因素的考察結合起來。

就階級狀況而言，史學界對戊戌變法時期民族資產階級及其上層是否已經形成尚存在分歧。但總的來說，這一時期民族資本主義有比較顯著的發展，而構成維新派階級基礎和社會基礎的力量卻仍然十分薄弱，是大家所公認的。因此，維新派雖然一再大聲疾呼變法，他們卻既不可能獨立承擔變法的重任，也不可能採取強有力的實際行動來促成變法的實現，而只能把希望寄託在打動皇帝、自上而下實行變法之上。由此，就決定了維新派的變法指導思想只能是「以君權變法」[28]。按照梁啟超的說法，就是「以君主之法，行民權之意」[29]。這一思想可以說貫串於維新派戊戌時期向皇帝提出的全部變法主張之中。君權變法的實質是變法。要變法，按照維新派的主張，政治上就要限制君權，改革封建專制主義的政治制度。但既然是以君權變法，那麼在實施變法的過程中就只存在君權這一種權力，無論維新派希望變什麼法，都只能通過或借助於君權才能實現。即使是限制君權的要求，也是通過君權來付諸實施的。在這種指導思想的局限下，維新派在提出政治綱領時，其民權意識就表現得相當微弱。他們總是真誠然而軟弱地將一切變法理想的實現寄託在皇帝的英明和神武之上，沒有也不可能向皇帝直接提出「興民權」的政治綱領。在整個戊戌變法時

28 《上清帝第七書》，《康有為政論集》上冊，頁218。
29 《康有為傳》，《戊戌變法》第四冊，頁34。

期，雖然維新派在「變於上」與「變於下」之間有過多次波動，但上述基本格局卻沒有發生過實質性的變化。

就政治形勢而言，對維新派和維新運動起最大推動作用的是當時日益加深的民族危機。瓜分狂潮的愈演愈烈，不但更加明顯地暴露出封建統治階級的因循守舊、腐敗無能，而且使各種社會矛盾進一步激化。在這種形勢下，維新運動就呈現不斷高漲的趨勢，而維新派的變法思想則不斷向前發展。比如，在第二書中，維新派設計的還只是一個從富國、養民、教民到變通國政、整修兵備和去隔塞通下情的變法方案；而從第五書到百日維新，便規劃了一個以「變政」為中心的日本明治維新式的藍圖。又比如，在上一至四書時，康有為還不懂得立憲法對於變法的意義，而從第五書到百日維新，便一再強調制定憲法的重要性。這種趨勢就使維新派的政治綱領也是朝著不斷進步的方向演變，既不會背棄原來的政治綱領，也不會從原來的政治綱領後退。從一至四書中的「設議郎以通下情」到第五書至百日維新的「立制度局以議憲法」，就正是表明了這種進步。

早期維新派議院觀若干問題辨析

　　《歷史研究》1989年第6期發表了房德鄰先生《維新派政治綱領的演變》一文，文中主要圍繞兩大問題與拙作《戊戌維新派政治綱領的再探討》進行商榷。一是戊戌維新派的政治綱領如何概括，二是早期維新派的議院觀如何分析。對前一問題，上面已作了討論。這裏，擬就後一問題談點淺見，以進一步求得教正。

　　房文首先批評說，拙作認為早期維新派把議院僅僅視為通下情的諮詢機構，「這種說法不符合早期維新派的思想實際」。事實上，拙作並未進行過這種籠統的概括。

　　照筆者看來，早期維新派對於「設議院」的認識即他們的議院觀比較複雜，應分為三個不同的層次分別加以說明，才可能得出全面、準確的結論。這三個層次，一是早期維新派對西方議院制的瞭解和介紹，二是早期維新派圍繞設議院而提出的政治思想觀點，三是早期維新派具體設計的中國式議院方案。三個層次雖有聯繫，但不可混為一談。拙作在談到早期維新派的議院觀時，是從第二、三個層次出發的，第一個層次則沒有涉及。

　　對早期維新派議院觀的三個層次，筆者曾專文[1]進行過探討。關於第一個層次，文中明確指出：「早期改良派對西方議院制的瞭解程度是很不一致的。」有的「只是把議院視為溝通上下之情的工具和彙集眾說的場所」；有的則「明確地將民與君看做地位同等、互相制約

1　《論「君民共主」》，《華南師範大學學報》1987年第1期。

的兩方,指出在國家『大政』的處理上,君民必須共同商量和決定,並強調服從民意」;有的「進一步指明了議院在『用人行政』和財政諸方面所獨立履行的職責,初步把權力與議院聯繫起來」;還有的甚至認識到「議院政治是民權和政黨的天下,而君權幾近於僅守虛位。對於『君民共主』制,這可說是一種相當真實的瞭解」。這與房文所說的早期維新派「對於西方議院的瞭解並不是片面的。在人們經常提到的幾位早期維新派思想家中,幾乎沒人把議院僅僅理解為通下情的諮詢機構」大體一致。筆者的這篇文章房文中特地作了引述,按說不應產生對拙作觀點的誤解。誤解的產生,可能是由於拙作的表達不夠清楚所致。

關於早期維新派議院觀的第二個層次,房文沒有談及。而筆者認為,在這個層次上,「通下情」正是早期維新派為設立議院所提出的主要思想理論依據之一。[2]對此,鄭觀應說過一段有代表性的話:「故欲行公法,莫要於張國勢;欲張國勢,莫要於得民心;欲得民心,莫要於通下情;欲通下情,莫要於設議院。中國而終自安卑弱,不欲富國強兵,為天下之望國也,則亦已耳。苟欲安內攘外,君國子民,持公法以保太平之局,其必自設議院始矣。」[3]不只是鄭觀應,其它凡

2　其它主要思想理論依據還有「重民論」和「公平論」等。「重民」與「通下情」精神一致,「公平論」則不限於「通下情」,而是開始具有了某些民權思想的因素,但還不是民權論。總的來看,早期維新派的議院政治思想還未從根本上突破中國傳統的開明政治思想的局限。詳論參閱拙文《論「君民共主」》。

3　《盛世危言‧議院》,《戊戌變法》第一冊,頁57-58頁。1893年鄭觀應還這樣寫道:「考泰西於近百十年間,各國皆設立上下議院,藉以通君民之情,其風幾同於皇古。《書》有之曰:『民惟邦本,本固邦寧。』又曰:『眾心成城。』設使堂廉高遠,則下情或不能上達。故說者謂中國亦宜設議院以達輿情,採清議,有若古者鄉校之遺意。」(《格致書院課藝》,癸巳年卷下,上海書局1897年石印本,轉引自熊月之:《中國近代民主思想史》,上海市:上海人民出版社,1986年,頁204。下引該書同此版本,不再另注。)

是主張中國設議院的早期維新派，幾乎都強調議院「通下情」（或「通上下之情」）的意義。如王韜：「惟君民共治，上下相通，民隱得以上達，君惠亦得以下逮，都俞籲咈，猶有中國三代以上之遺意焉」；「中國欲謀富強，固不必別求他術也。能通上下之情，則能地有餘利，民有餘力，閭閻自饒，蓋藏庫帑無虞匱乏矣」。[4]如陳虯：「何謂開議院？泰西各有議院，以通上下之情。」[5]「虯愚以謂泰西富強之道，在有議政院以通上下之情，而他皆所末。」[6]如陳熾：「泰西議院之法，本古人懸鞀建鐸，閭師黨正之遺意，合君民為一體，通上下為一心，即孟子所稱庶人在官者，……夫民心即天心也，下協民情，即上符天道，防民之口，甚於防川，道之而使言，進之而使通，聯之而使合，……此天之所以為天，而聖之所以為聖也。」[7]如湯震：「今日之言路，……眾臣不敢盡情，而上無由聞過失也。……泰西設議院，集國人之議以為議，即王制眾共眾棄之意，今欲傲行……而變通之。」[8]此外，還有人們不常提到的早期維新派思想家宋恕，算不上早期維新派的代表人物，但積極主張變法的上海格致書院的學生許象樞、陳翼為等，在論及設議院的道理時，也都以「通下情」作為主要之義。[9]有所不同的是何啟、胡禮垣，他們所強調的是「開議院以布

4　《弢園文錄外編・重民下》，（上海市：上海書店出版社，2002年），頁19、56。下引該書同此版本，不再另注。

5　《治平通議・開議院》，《戊戌變法》第一冊，頁228。

6　《治平通議》卷六，轉引自熊月之著《中國近代民主思想史》，頁197。

7　《庸書・議院》，《戊戌變法》第一冊，頁245-247。

8　《危言・議院》，《戊戌變法》第一冊，頁177。

9　宋恕：「欲通君、臣、官、民之氣，必自設議院始」（《上李中堂書》，《宋恕集》上冊，中華書局1993年版，頁502）。許象樞：「我中國……地利不能盡，國用不能充，弊政不能革，刑罰不能簡，民困不能蘇，國威不能振……非中國之君不若泰西各國之君也，非中國之相不若泰西各國之相也，上下之情隔焉故也。」議院制「中國誠能行之，將見君民聯為一氣，家國合為一體。古所云民惟邦本，本固邦寧，又

公平」。前已指出,「公平論」正開始向民權論轉化,因而不同於「通
下情」,但也正因為處於轉化之中,又仍然在一個方面包含了「通下
情」之意,如說:「君者,民之父母也,為父母者孰不欲知其子之心
曲隱微,而置其子於安樂得所;乃格於不得相見,阻於不得相聞,雖
欲保護之救濟之,不可得而為也。今君門萬里,民之疾苦無由而訴;
尊居九重,事之順逆無由而知,雖有留心民瘼之名,而不能得留心民
瘼之實;有料量民隱之念,而不能得料量民隱之施,皆未得其法之故
也。……今復行以闔門議政之法,是直使天下為一家,中國為一人
也。長治久安,必基於此。吾故終之曰:開議院以布公平。」[10]以上
筆者之所以贅引史料,不僅是因為房文論「早期維新派對於『設議
院』的認識」,卻對構成這種認識的主要成分之一的「通下情」論基
本上付之闕如,而且因為這一方面的史料及其意義歷來論者多未予以
充分的注意。而筆者認為,「通下情」恰恰是早期維新派主張設議院
的總的指導思想,在早期維新派的整個議院觀中,處於核心的位置。

筆者與房文更明顯的分歧表現在對早期維新派議院觀的第三個層
次即他們設計的中國式議院方案的看法上。分歧點有兩個:一是這些
議院起什麼作用;二是這些作用限於哪個範圍。

筆者認為,早期維新派設計的議院主要起「通下情」的作用。而
房文則認為,這些議院「除個別方案僅具通下情的作用外」,多數方
案具有「限制君權」的作用。房文如果只在一般意義上談「限制君
權」,筆者並無異議,因為要「通下情」,也就必須對君權有所限制。

所謂眾志成城者,不難再見於今也」。陳翼為:「議院立,則天下之情通,而大臣之
奸謀息。……群臣之情通,而吏胥之伎倆窮。……商農之情通,而官紳之中飽
絕。……囚虜之情通,而刑獄之冤抑泯。」(《格致書院課藝》,癸巳年卷下,上海
市:上海書局,1897年石印本,轉引自熊月之:《中國近代民主思想史》,頁214)

10 《新政真詮・新政論議》,《戊戌變法》第一冊,頁197-198。

問題在於如何「限制君權」。房文指明，早期維新派設計的議院多數具備了近代議院制的「本質特徵」，「可以說，早期維新派已經指出了變封建專制政體為君主立憲政體的初步要求」，也就是說，不是起一般的「限制君權」的作用，而是起「立憲」作用。這是筆者不敢苟同的。

房文舉出了「民選議員」和「議決權」這兩項近代議院制的「基本條件」，以「具備」這些條件作為早期維新派的議院方案起「立憲」作用的依據。但是，這兩個依據既不夠充分，也不夠可靠。

先看「民選議員」。單就「民選」而言，它只能說明議員產生的方式以及議員具有何種代表性，而不能說明議院將起何種作用。同為「民選」，但由於設議院的指導思想不同（且不說現實的階級狀況、政治狀況、社會狀況等的不同），議院既可能起「立憲」作用，也可能起「通下情」作用，不能一概而論。就早期維新派來說，他們設議院的指導思想恰好是「通下情」，而不是「立憲」。

進一步考察，早期維新派並不完全主張「民選議員」。鄭觀應是主張「公舉」議員的，他說的「公舉」即「民選」之意。[11]不過，由於他沒有提出中國設議院的具體方案，所以對「民選」的具體辦法語焉不詳。何啟、胡禮垣亦主張「公舉」，但他們的「公舉」已不完全是一般意義上的「民選」。在他們的議院方案裏，只有縣級議員才主要由「平民」從秀才中選出，而選舉府議員和省議員則「平民」皆無資格，須分別主要由秀才從舉人中和主要由舉人從進士中選出。[12]相對於「官」來說，秀才、舉人甚至進士當然仍可算成「民」，但他們與「平民」的區別是明顯的；在封建科舉制度下，他們實際上是官僚階層的後備隊。可見，何、胡的「民選」已打了不少折扣。陳熾的議

11　《盛世危言‧議院》，《戊戌變法》第一冊，頁57。
12　《新政真詮‧新政論議》，《戊戌變法》第一冊，頁196-198。

院方案規定「下議院」議員產生的辦法是：「縣選之達於府，府舉之
達於省，省保之達於朝，皆仿泰西投匭公舉之法，以舉主多者為
準。」[13]此法房文是算入「民選」之列的，但筆者還有一點懷疑。這
種選舉法的起點是「縣選」，由誰選，並未明說。但由陳熾「前倡鄉
官之議，實與議院略同」[14]的說法，根據「由百姓公舉鄉官」[15]的規
定來推斷，可知是由「百姓」進行「縣選」，即為「民選」。可是，
「縣選」並不能完全算數，還要經過「府舉」和「省保」。「府舉」、
「省保」雖然形式上也還是「公舉」，但「舉主」們顯然不可能像
「縣選」一樣仍是「百姓」或「百姓」的代表。筆者認為，「府舉」、
「省保」的實質是上級官府對「縣選」人員進行審查和篩選，參加
「舉」、「保」者只能是一些官吏。雖仿「公舉之法」，實為「官選」，
而非「民選」。所以應該說，陳熾的「下議院」議員選舉是「官選」
與「民選」的結合。陳熾的議院方案還有「上議院」：「閣部會議，本
有舊章，惟語多模棱，事無專責，亦宜特建議院，以免依違，此上議
院之法也。」[16]按照此法，「上議院」議員不必「民選」，是很明白
的。在陳虬的議院方案中，中央議院的議員全部由「任官公舉練達公
正者」[17]，同樣叫「公舉」，但全然是「官選」。州縣議院則採取「就
所有書院或寺觀歸併改設，大榜其座。國家、地方遇有興革事宜，任
官依事出題，限五日議繳，……擇尤議行」[18]的方式設立和議事，並
無正式議員，因而連「公舉」也沒有。湯震的議院方案則主張凡「王
公至各衙門堂官翰林院四品以上者」皆為上議院議員，凡「堂官四品

13　《庸書‧議院》，《戊戌變法》第一冊，頁246。
14　同上。
15　《庸書‧鄉官》，《戊戌變法》第一冊，頁234。
16　《庸書‧議院》，《戊戌變法》第一冊，頁246。
17　《治平通議‧變法一》，《戊戌變法》第一冊，頁219。
18　《治平通議‧開議院》，《戊戌變法》第一冊，頁228。

以下人員……及翰林院四品以下者」皆為下議院議員[19]，名為「議員」，實際上全部是封建官僚機構的原班人馬，當然更與「民選」無關。綜觀早期維新派的四個議院方案，有兩個其議員完全不用「民選」，另有兩個則不完全用「民選」。倒是沒有具體設計議院方案的鄭觀應，在原則上完全主張議員「民選」。而房文卻說，早期維新派的議院方案除「個別」外，「多數」具備了「民選議員」這一近代議院制的基本條件，「早期維新派已經認識到民選議員的重要性」，這顯然很不確切。

關於「民選議員」，房文還進一步斷言：「在早期維新派的議院方案中，議員都有資格限制。……這種種資格規定，一方面限制普通勞動群眾，一方面限制政府各級官吏，從而保證資產階級和開明士紳當選。」說「都有資格限制」，大體上不錯[20]，但房文就此所舉的鄭觀應的例子是錯的。鄭觀應的原文，完整地引用是這樣：「且選舉雖曰從眾，而舉主非入本籍至十年以後，及年屆三十，並有財產身家，善讀書，負名望者，亦不得出名保舉議員，其杜弊之嚴又如此。」[21]非常清楚，鄭觀應所列的「資格規定」是用來限制「舉主」即選民，而不是限製作為被選者的議員。而且，這段話也不是鄭觀應對中國「民選議員」的設計，而是對西方議員選舉的介紹，這從「其杜弊之嚴又如此」及原文上下文中可以看出來。說「種種資格規定」「一方面限制普通勞動群眾」，這完全正確，但若說這些規定另一方面又「限制政府各級官吏」，則大謬不然。首先，房文當做正例來舉的陳熾的建議「必列薦紳，方能入選」，就明顯地是一個反例。「薦紳」者，官吏之

---

19 《危言·議院》，《戊戌變法》第一冊，頁177。

20 之所以只大體上，是因為陳虯的州縣議院議員並無資格限制，而陳虯的中央議院議員和陳熾的上議院議員雖實際上有資格限制，但未明文加以「規定」。

21 《盛世危言·議院》，《戊戌變法》第一冊，頁57。

謂也。[22]就是說,必須是官吏,才能當議員。其次,不單是陳熾,而
且陳虬的中央議院,湯震的上下議院,其議員都必須是官吏,才能當
選,史實前已詳列,不再贅舉。只何啟、胡禮垣例外。所以,對於
「多數方案」來說,不是「限制」官吏,而是不限制;不僅不限制,
而且非官吏不可。既然如此,所謂「保證資產階級和開明士紳當選」
當然也就無從說起。即使對於何啟、胡禮垣規定的各級議員分別從秀
才、舉人、進士中選出的「資格」來說,筆者認為也不能對「資產階
級和開明士紳當選」起「保證」作用。

再看「議決權」。議決權,即制定、修改或廢止法律的權力。在
君主立憲政體下,立法權屬於議院,雖然議院通過的法案須呈請君主
批准,君主有拒否權,但一般說來,這只是履行一種完備的手續而
已。實質是議院做出決定,通過法案,行使立法權力。那麼,早期維
新派設計的議院是否具有這樣的議決權呢?房文認為是有的。文中
說:早期維新派的議院方案「賦予議員議決權」,議院「有廣泛的立
法權」;甚至說,在這些方案中,「皇帝已不能憑個人意志頒佈法令,
而只能依照議院通過的法案『簽押』而已」。說得這樣肯定,有沒有
史實作根據呢?房文舉了三個人的例子,可是稍加分析就可看出,這
些例子都不能證明議院(或議員)有議決權。

房文所舉何啟、胡禮垣關於議員議事的辦法不過是說:在縣一
級,如果官員或者議員想幹點什麼「興革之事」,就先互相商量,拿
定主意。然後將意見層層上報府、省議員,得到同意後,最後報告君
主。君主同意則批准實行,不同意則「令其再議」──實際上也就是
按照君主的「個人意志」進行修改。[23]這種辦法,只涉及縣級欲辦之

---

22 見《辭海》「紳」條,(上海市:上海辭書出版社,1999年縮印本),頁854。紳即薦
　紳。下引該書同此版本,不再另注。
23 這段話的原文是:「議員者,將出其所學,而施之於政,以濟民之困,而養民之

事如何提議和如何上報審批，與議員的議決權並無關係。這種辦法中的所謂「從眾」，是指縣、府、省議員議事時的規則，而不是對君主的要求。因為如果沒有這個規則，當意見分歧時就無法定出一種意見上報；而如果這是對君主的要求的話，那麼，所謂「君意合，則書名頒行，意不合，則令其再議」，就毫無必要了，因為既然上報來的都是「眾意」，「從」之便可，不存在「合」與「不合」的問題。

房文所舉的湯震的例子同樣與議決權無關。按湯震的設想，議員（即四品以上和四品以下的各級京官）欲參與議事，首先應請君主給定一個可議之事的範圍，然後對這些事「殫思竭慮」地寫出自己的意見，到時「分集內閣及都察院，互陳所見」，最後由宰相「覈其同異之多寡，上之天子，請如所議行」。[24]「請如所議行」可以理解為「要求君主從眾」，但是，任何臣下遞折上疏都無不「請如所議行」；就同為請求君主採納意見而言，「眾」與「獨」的區分是不大的。對於君主來說，「眾議」固然比獨諫的壓力大一些，但兩者之間並不存在有無立法權的差別。究其實，湯震不過是主張眾官（被稱為議員）應詔獻策、君主博採眾議而已，哪裏有什麼議員的立法和議員的議決權呢？為了論證議員確有「議決權」或「立法權」，房文講得最多的是鄭觀應的例子。然而，房文所引都不是鄭觀應對中國議院的「設計」，而是對西方議院的介紹。這只要翻開《盛世危言》「議院」篇便知，姑不贅析。因此，無論是鄭氏之語「隱藏著限制君權的事實」也

和。地方之利弊，民情之好惡，皆借議員以達於官。興革之事，官有所欲為，則謀之於議員；議員有所欲為，亦謀之於官，皆以敘議之法為主。官與議員意合，然後定其從違也。從違既定，乃由縣詳府；府議員意合，則由府詳省；省議員意合，則詳於君。君意合，則書名頒行；意不合，則令其再議。若事有不能衷於一是者，則視議員中可之者否之者之人數多寡，而以人多者為是，所謂從眾也。」（《新政真詮·新政論議》，《戊戌變法》第一冊，頁197）

24 《危言·議院》，《戊戌變法》第一冊，頁177。

好，「恰恰表明……議院既有廣泛的立法權，又有巨大的權威性」也好，都不能證明「早期維新派所設計的議院」具備君主立憲式的「議決權」。

上述房文所舉何啟、胡禮垣和湯震的例子只佔了早期維新派四個議院方案的一半，還有另一半即陳熾、陳虬的有關設計我們也需要看一看，以便確定「多數方案」的情況如何。陳熾對議院如何議事談得很少，僅說下議院「有大利弊，會議從違」[25]。陳虬說得多一些：中央議院（即「都察院衙門」）「國有大事，議定始行」[26]；州縣議院「國家、地方遇有興革事宜，任官依事出題，限五日議繳，但陳利害，不取文理。……」[27]，「縣各設議院，大事集議而行。凡薦辟刑殺人，皆先狀其事實於議院，有不實不盡者改正」[28]。這些議事辦法，一是與「立法」無涉，二是與君主無涉，顯然也不能據以推斷議院具有了「有效地限制君權」的「議決權」。可見，不是早期維新派的議院方案「多數」具備了「議決權」這一基本條件；恰恰相反，是這些方案全部沒有「賦予議員議決權」。

既然早期維新派的議院方案不完全主張甚至完全不主張「民選」議員，又根本未賦予議員「議決權」，那麼，它不具備「近代議院制的基本條件」是可以肯定的，因而它不能在「君主立憲」的意義上起「限制君權」的作用也是沒有疑義的。其實，如果在史實和概念上不發生混淆，我們就會看得很清楚，這些議院方案的種種規定和規則主要都是為「通下情」服務的。所謂「公舉」規定，是為了保證議員在臣民（不僅是「民」）中的代表性，以便公正地反映下情；所謂「資

25　《庸書‧議院》，《戊戌變法》第一冊，頁246。

26　《治平通議‧變法一》，《戊戌變法》第一冊，頁219。按：都察院本為清朝最高的監察、彈劾及建議機關。

27　《治平通議‧開議院》，《戊戌變法》第一冊，頁228。

28　《治平通議‧變法二》，《戊戌變法》第一冊，頁220。

格規定」，是為了防止議院出現「撓國法」、「抗官」[29]之類弊端，保證議員的言行不超過「通下情」的範圍；所謂「多數原則」，則是為了集中眾議，把主要的「下情」上達。至於要求君主「從眾」，是因為「下情」本來就是要「通」之於君主，如果君主不從，議院的議事就會完全是清議、空議，連「通下情」的作用也起不到。「通下情」與「限制君權」並不截然對立。相反，「通下情」在主張臣民選出自己的代表組成議院，議員在一定程度上參與議政，並將意見集中起來向上反映、請求採納方面，在要求君主改變與下隔絕，不悉民隱，不察民瘼，不通民情，不重眾議等弊端方面，都或多或少地起著「限制君權」的作用。但同為「限制君權」，「通下情」與「立憲」在「本質特徵」上卻不相同。「立憲」，立法之權由君主轉移到了議院；「通下情」，權仍在君主，不過多少受到「眾議」的約束和限制。這是應該區別開來的。

關於早期維新派所設計的議院在哪個範圍內發揮作用，筆者只簡單說明兩點。

第一，房文認為：「早期維新派的議院方案賦予議員廣泛的議政權」，「並未局限於『轉餉度支』」。如果不將「議政權」解釋為「議決權」或「立法權」，而是解釋為「通下情的作用」（為何應作這種解釋，上已詳論），房文的論點是對的。不過，拙作中也認為不限於「度支轉餉」，因此在「度支轉餉」之後有「等方面」幾個字，原文房文已照錄。拙作之所以對「等方面」未一一列舉，因為主要論的是議院的權力如何，而不是議員具體可參與討論哪些事，故作了省略。

第二，拙作中寫道：早期維新派「在他們經過『斟酌變通』後設計的幾種中國式『議院』方案中，激進的也只是把『議院』與科舉制

---

29 《庸書・議院》，《戊戌變法》第一冊，頁246-247。

聯繫在一起，由秀才、舉人、進士選出『議員』，在不干涉『君國大政』的前提下，『議員』在『度支轉餉』等方面有一點議論政事的權力」。對這句話，房文只摘取了後面的一半，然後就批評拙作的觀點「是缺乏根據的」，甚至很可能有對鄭觀應的言論「斷章取義」之嫌。可是，拙作的觀點是有根據的。這個根據就是設計了「激進」方案的何啟、胡禮垣談到議院時所說的：「推之凡軍國大政，其權雖出於君上，而度支轉餉，其議先詢諸庶民，是真為政者矣。」[30]與鄭觀應則無關。

　　綜上所述，早期維新派的議院觀除第一個層次即對西方議院制的瞭解和介紹之外，在第二、三個層次上，都主要是圍繞「通下情」而展開的。他們所設計的中國式議院尤其如此。論者往往對此不察，見早期維新派談及議院，便一概稱之為「民權思想」，稱之為「君主立憲」，而忽視了早期維新派議院觀的特點。實際上，早期維新派的權力意識是很微弱的。他們還極少談「民權」，更未明確地將「民權」與自己所設計的議院方案聯繫在一起，主張設議院者對「憲法」、「三權分立原則」等幾乎還毫無認識。這是早期維新派存在的歷史局限性。

---

30 《新政真詮‧新政論議》，《戊戌變法》第一冊，頁197。

維新派對列強的矛盾態度

　　如何對待列強，是近代中國人自鴉片戰爭以來就時刻面臨的無法
迴避的嚴峻課題。戊戌維新運動時期正值瓜分狂潮驟起之際，這一課
題顯得更加緊迫突出。以救亡圖存、變法自強為職志的維新派，一方
面對列強的虎視鷹瞵、蠶食鯨吞痛心疾首，另一方面又從它們的富強
進步中看到了中國未來發展的方向；一方面主張堅決抵抗侵略、阻止
瓜分，另一方面又不得不面對清朝既貧且弱且昧、不變法就無法抗敵
的現狀；一方面大聲疾呼朝廷變法禦侮、民眾合群救亡，另一方面又
對列強朝野人士支持維新寄予希望。因此，他們在對待列強的問題上
表現出十分複雜、充滿矛盾性的態度。分析這種態度，可以加深對維
新派性格特徵和當時複雜的社會矛盾的瞭解，並從中獲得有益的啟示。

一　憂憤與羨慕的雙重心理

　　資本主義列強自 1840年以來對中國造成的恥辱、損害和威脅，經
過半個世紀的積纍，至維新運動時期達到十分嚴重的程度。甲午戰敗
和瓜分狂潮的掀起，直接導致了維新派隊伍的集結。他們對外國侵略
者企圖在中國劃分勢力範圍十分憤恨，不斷揭露列強的瓜分陰謀，上
以警告朝廷，下以喚起民眾（主要是士紳），以形成舉國一致的憂患
知危、禦侮救亡的意識。

　　早在甲午戰爭爆發之前，維新派就預見到列強瓜分中國局面的可
能出現，康有為就曾指出：「方今外夷交迫，自琉球滅、安南失、緬

旬亡，羽翼盡剪，將及腹心。比者日謀高麗，而伺吉林於東；英啟藏衛，而窺川滇於西；俄築鐵路於北，而迫盛京；法煽亂民於南，以取滇粵」，「國事蹙迫，在危急存亡之間，未有若今日之可憂也」[1]這是維新派最早發出的救亡呼聲。甲午戰敗後，瓜分狂潮便一步步猛烈襲來。維新派對列強侵略的憤恨和對亡國前途的憂慮都極大地加深了。他們刻畫列強圖謀瓜分中國猶如一群兇猛的野獸盯視一隻垂涎已久的獵物：「俄北瞰，英西睒，法南瞵，日東眈……磨牙涎舌，思分其餘者，尚十餘國」[2]，「二萬萬膏腴之地，四萬萬秀淑之民，諸國眈眈，朵頤已久……如蟻慕羶，聞風並至，失鹿共逐，撫掌歡呼。其始壯夫動其食指，其後老稚亦分杯羹，諸國咸來，並思一臠」，所有帝國主義國家都急於對中國動手；瓜分之速度越來越快，「昔者安南之役，十年乃有東事，割臺之後，兩載遂有膠州，中間東三省、龍州之鐵路，滇粵之礦，土司野人山之邊疆，尚不計矣。自爾之後，赴機愈急，蓄勢益緊，事變之來，日迫一日」[3]。列強的瘋狂掠奪使中國的國計民生遭到極為嚴重的破壞，「洋紗、洋布，歲耗凡五千三百萬」，此外各種進口的外洋用品、食品等則「耗我以萬萬計」，「吾物產雖盛，而歲出萬萬，合五十年計之，已耗萬兆，吾商安得不窮。……吾民精華已竭，膏血俱盡，坐而垂斃」。[4]這種「以商滅國」之法，正是列強與古代「以兵滅國」者的顯著不同之處。列強的肆意欺凌更使中國的獨立地位、民族尊嚴幾乎喪失殆盡，「吾中國四萬萬人，無貴無賤，當今一日在覆屋之下，漏舟之中，薪火之上，如籠中之鳥，釜底之魚，牢中之囚，為奴隸，為牛馬，為犬羊，聽人驅使，聽人割宰，

---

1 《上清帝第一書》，《康有為政論集》上冊，頁52、53。
2 《京師強學會序》，《康有為政論集》上冊，頁165。
3 《上清帝第五書》，《康有為政論集》上冊，頁202。
4 《上清帝第二書》，《康有為政論集》上冊，頁128。

此四千年中二十朝未有之奇變。加以聖教式微，種族淪亡，奇慘大痛，真有不能言者也」[5]。為此，維新派直接向朝廷發出嚴重的警告：如果聽任現狀的發展，中國將如埃及、土耳其、高麗、安南、馬達加斯加等國一樣被列強所滅，「皇上與諸臣，雖欲苟安旦夕，歌舞湖山而不可得矣，且恐皇上與諸臣，求為長安布衣而不可得矣」[6]。維新派的憤與憂，是中國傳統的愛國主義精神在新的歷史條件下的最鮮明的展現，並集中體現了中國近代民族意識在嚴重外患刺激下的新的覺醒。

維新派對列強一方面表現出極大的憤恨，另一方面又對其懷有深切的羨慕之意。他們極力稱讚列強軍事上的強大，經濟上的發達，文化教育科技事業的進步，政治制度的君民共主和民主（不少維新派將此理解為中國三代之治式的賢良禮讓從眾），價值觀方面的自由平等博愛精神。當他們有意識地將中外狀況進行對比時，這種羨慕之心更是溢於言表。康有為在《上清帝第五書》中寫道：「泰西大國，歲入數十萬萬，練兵數百萬，鐵船數百艘，新藝新器歲出數千，新法新書歲出數萬，農工商兵，士皆專學，婦女童孺，人盡知書。而吾歲入七千萬，償款乃二萬萬，則財弱；練兵鐵艦無一，則兵弱；無新藝新器之出，則藝弱；兵不識字，士不知兵，商無學，農無術，則民智弱；人相偷安，士無俠氣，則民心弱，以當東西十餘新造之強鄰，其必不能禁其兼也。」[7]嚴復精通西學，他在《論世變之亟》一文中所作的中西比較更富於文化意味，也更為深刻：「粗舉一二言之，則如中國最重三綱，而西人首明平等；中國親親，而西人尚賢；中國以孝治天下，而西人以公治天下；中國尊主，而西人隆民；中國貴一道而同

5　《京師保國會第一集演說》，《康有為政論集》上冊，頁237。

6　《上清帝第五書》，《康有為政論集》上冊，頁202。

7　同上書，頁203。

風,而西人喜黨居而州處;中國多忌諱,而西人眾譏評。其於財用
也,中國重節流,而西人重開源;中國追淳樸,而西人求歡虞。其接
物也,中國美謙屈,而西人務發抒;中國尚節文,而西人樂簡易。其
於為學也,中國誇多識,而西人尊新知。其於禍災也,中國委天數,
而西人恃人力。」[8]雖然嚴復聲言對中西之道「吾實未敢遽分其憂絀
也」,但其字裏行間之褒貶已不言而喻。在另一篇論文中,嚴復則毫
不掩飾地指出:「公等從事西學之後,平心察理,然後知中國從來政
教之少是而多非,即吾聖人之精意微言,亦必既通西學之後,以歸求
反觀,而後有以窺其精微,而服其為不可易也。」[9]這是對西學的高
度讚賞。在列強中,維新派尤為推崇日本,視之為東方國家學習西方
取得完全成功的典型。康有為專門編纂了《日本變政考》一書呈給光
緒帝,對日本明治維新的歷史和經驗作了頗為詳盡的介紹,指出「取
日本更新之法斟酌草定,從容行之,章程畢具,流弊絕無,一舉而規
模成,數年而治功著,其治傚之速,非徒遠過日本,真有令人不可測
度者」[10]。儘管維新派上述對列強的認識還不夠深刻全面(如對列強
國內的矛盾及其各種弊端尚來不及重視和研究),但他們對於當時先
進的事物無疑是採取了一種相當客觀求實而積極的態度。

　　一方面憤恨列強的逼迫欺凌,一方面又羨慕它們的富強進步,這
正好反映出近代資本帝國主義國家所具有的兩重性:它們既是肆無忌
憚的侵略者,又是資本主義制度的推行者;既是憑藉暴力巧取豪奪的
強盜,又是摧毀閉關鎖國的藩籬、令封建時代最後崩潰的使者;它們
將一切落後的國家和民族逼到了滅亡的邊緣,又完全不自覺地起到了
將其驚醒、促其覺悟、令其走上謀求獨立解放道路的作用。深刻理解

8　《論世變之亟》,《戊戌變法》第三冊,頁73。
9　《救亡決論》,《戊戌變法》第三冊,頁69、70。
10　《進呈〈日本變政考〉等書乞採鑒變法摺》,《傑士上書匯錄》。

和科學認識列強的兩重性，是深刻理解和科學認識中國近代歷史的一把鑰匙，在這方面，維新派的看法是富有啟發意義的。

基於對列強的憤恨和對亡國的憂慮，維新派不能不把列強當做最大的對手，而出於對列強的羨慕和對進步的追求，維新派又必須將列強作為最好的榜樣。兩者的統一，就是發憤學習西方變法維新，使自身變得像對手一樣強大。維新派認為，這是當時中國人惟一的選擇：「夫今日在列大競爭之中，圖保自存之策，舍變法外別無他圖。」[11]「總之驅夷之論，既為天之所廢而不可行，則不容不通知外國事，欲通知外國事，自不容不以西學為要圖，此理不明，喪心而已。救亡之道在此，自強之謀亦在此。早一日變計，早一日轉機，若尚因循，行將無及。」[12]由此，維新派對封建朝廷之頑固守舊，遲遲不變，一再失去自強機會是極為不滿的，對中國存在的種種閉塞愚昧落後現象深惡痛絕，甚且認為正是由於中國自己守舊不變，才使列強得以欺侮不已。他們引《仲虺之誥》中「兼弱攻昧，取亂侮亡」之語，認為「吾既自居於弱昧，安能禁人之兼攻？吾既日即於亂亡，安能怨人之取侮？」[13]引孟子「國必自伐，然後人伐之」之語，認為「割地失權之事，非洋人之來割脅也，亦不敢責在上者之為也，實吾輩甘為之賣地，甘為之輸權。若使吾四萬萬人皆發憤，洋人豈敢正視乎？而乃安然耽樂，從容談笑，不自奮厲，非吾輩自賣地而何，故鄙人不責在上而責在下，而責我輩士大夫，責我輩士大夫義憤不振之心，故今日人人有亡天下之責，人人有救天下之權者」[14]。這些話雖不無偏激，但顯然不是為列強開脫罪責，而是對中國封建地主階級──從它的統治集

---

11 《上清帝第五書》，《康有為政論集》上冊，頁208。
12 《救亡決論》，《戊戌變法》第三冊，頁70。
13 《上清帝第五書》，《康有為政論集》上冊，頁203。
14 《京師保國會第一集演說》，《康有為政論集》上冊，頁240。

團到士大夫群體——的冥頑不靈、自甘落後的有力鞭撻。事實上，戊
戌變法正是由於頑固守舊勢力的阻撓、破壞和鎮壓而歸於失敗。而後
來的歷史同樣清楚地證明，中國如果不能同時有力有效地展開對於頑
固守舊、專制獨裁、軍閥割據等自身痼疾的鬥爭，也就不能很好地完
成戰勝帝國主義侵略者的任務。

二 力拒與退讓的矛盾舉措

　　學習西方變法自強，全面清除封建主義積弊，使中國成為新型的
資本主義強國，這是維新派抵制和最終戰勝列強的根本之圖。他們預
計如果朝廷採納其變法主張，數年之間中國就會大有起色。因此，維
新派大部分的活動都集中在如何說服、打動乃至通過施加壓力使朝廷
下決心於變法之上。但與此同時，列強瓜分中國的活動卻越來越猖
獗，甚至「四十日之間，要脅逼迫者二十事」[15]。對這些紛至沓來的
侵略活動採取何種方策，也是維新派考慮的一個重要問題，它從另一
個側面反映出維新派對待列強的態度。

　　從基本立場來看，維新派對列強不斷提出的侵略要求是主張堅決
抵制的。1895年當中日和談正在進行，《馬關條約》尚未簽訂之時，
康有為代表一千三百多名應試舉人上書朝廷，表示堅決抵制割地棄民
的屈辱條約，並針鋒相對地提出了三條強硬的「權宜應敵之謀」：其
一是下詔鼓天下之氣，通過下罪己之詔、明罰之詔、求才之詔，令天
下「距躍鼓舞，奔走動容，以赴國家之急」，人人願慷慨效死，以報
國仇，以雪國恥，從士氣民氣上做好與日本再戰的準備。其二是遷都
定天下之本，將都城由北京遷至長安，「遠之防諸夷之聯鑣，近之拒

---

15 同上書，頁238。

日本之挾制」，在新都「妙選將才，總屯重兵，以二萬萬之費改充軍餉，示之以雖百戰百敗，沿海靡爛，必不為和」，日本如放棄割地要求，雙方可達和議，如不放棄，則與之再戰。其三是練兵強天下之勢，京都練「畿輔之軍」五萬，「厲以忠義，激以國恥，擇其精悍，憂其餉糈，以為選鋒」；沿邊各選將才，各練精兵萬人；並飭紳士「各自團練，遇有緊迫，堅壁清野」；在軍械方面，可先「專購英黎姆斯槍十數萬，以備前敵，並廣購毒煙空氣之炮、御彈之衣，庶器械精利、有恃無恐」；甚且可派人密令南洋諸島華僑商民舉辦一軍，「或防都畿，或攻前敵，並令聯通外國，助攻日本，或有奇功」。[16]這些謀略大有全國動員、全民皆兵的氣勢。雖然實行起來會有困難，有些也不大現實（如遷都），但貫串其中的絕不輕言妥協、誓與侵略者鬥爭到底的精神是十分可貴的，下發憤之詔、練禦侮之兵的辦法也完全可行。可惜這一上書連順暢上達朝廷的途徑也沒有，更不用說被重視和採納了。「公車上書」中提出的與列強以「兵戰」相抗的主張，維新派在後來還一再提出來。

　　維新派對列強堅決抵制的態度，還鮮明表現於戊戌年閏三月的第二次「公車上書」活動中。這年1月，在山東即墨縣發生了德國士兵騷擾破壞文廟、毀壞聖像的事件。康梁等維新派聞訊後，立即發動各省公車簽名上書，鼓動在京各衙門的官吏、士大夫呈遞條陳，要求朝廷與德國嚴正交涉，令其懲辦侮聖之人，並賠償損失。一時間，有一千數百人加入了上書上奏的行列，造成了強大的禦侮衛教的聲勢。由康門弟子麥孟華領銜、有八百三十二名各省舉人簽名的公呈中寫道：「德人乃公毀先聖先賢之像，是明則蔑吾聖教，實隱以嘗吾人心。若士氣不揚，人心已死，彼即遍毀吾郡邑文廟，復焚毀吾四書五經，即

16　《上清帝第二書》，《康有為政論集》上冊，頁114-122。

昌言攻我先師，即到處迫人入教，若人咸畏勢，大教淪亡，皇上孤立
於上，誰與共此國者？……割膠不過失一方之土地，毀像則失天下之
人心，失天下之聖教，事之重大，未有過此。」請朝廷「飭下駐德國
使臣呂海寰責問德廷，責令查辦毀壞聖像之人，勒令賠償，庶可絕禍
萌而保大教，存國體而繫人心」。[17]從當時瓜分狂潮發展的兇猛勢頭來
看，維新派主張對列強採取強硬態度是完全必要的，不如此就難以振
起民族的正氣，捍衛國家的權益，阻遏侵略的步步深入。

　　維新派主觀上希望有力地遏止列強的瓜分，緩解日甚一日的危
局，但他們在提出具體方略時，又不能不受制於非常複雜的因素，結
果有些時候又不自覺地表現出實際上的退讓，甚至退讓得相當之遠，
與其強硬的一面適成鮮明而矛盾的對照。有兩件事是很典型的。

　　一是康有為1898年3月代宋伯魯擬《請統籌全域摺》，提出募集美
國商人組建大公司，將中國全部鐵路礦務交其舉辦。維新派的出發點
是當時列強紛紛租地掠權，「國勢危急」，非將各項新政事業「同時並
舉」，無以振國體而禦外侮，而要達此目的，需籌數萬萬鉅款。中國
財力困匱，向外借款艱難，國內搜刮亦非計，「最好的」辦法是「募
開一大公司，集款數萬萬，准其開辦各省鐵路礦務」，條件是「責令
報效七事」，分別為購大鋼板鐵甲船三十艘、沿海設水師學堂內地設
武備學堂、各省府縣設工藝學堂、各省設鐵政局槍炮廠火藥局、請洋
將練兵百萬並負責俸餉、築沿邊緊要炮臺、直省各設銀行等。此公司
「中國民窮商匱」不能舉，惟「美國最富，又不利人土地」，可「招
集美商辦此」。由美商舉辦中國全境鐵路礦務，無異於將中國最重要
的利權拱手讓人，這正是列強求之不得的。在維新派看來，出讓路礦
權的代價是換來了自強新政的全面舉辦，而且募美商開公司權操在

17　孔祥吉：《戊戌變法時期第二次公車上書述論》，《戊戌維新運動新探》，頁318-323。

我，「其鐵路礦務利益，酌分成效，歸於國家」，因而「有此大舉，庶幾外侮可弭，內政可興，疆土可保，國祚可存」。這種想法未免過於天真。在當時的形勢下，美商若一旦真正獲得舉辦中國全部路礦的權利，恐怕中國失去的就不僅是路礦利權，而借機大索中國的也絕不會只是美國，其嚴重後果是不堪設想的。其實，面對瓜分狂潮中列強的所作所為，維新派對此亦有所預感，因而在上奏中強調「惟茲事體大，恐俄、德、法因而生忌，尤非慎秘不為功。如蒙垂採，請發秘旨，速派容閎往美，集此公司，不必聲明，以免各國生心」[18]。姑且不論此秘終不可保，就是暫且保住，也不過是將各國的瓜分變為美國的獨吞，並不能改變將會導致的嚴重後果。

　　二是隨後不久，康有為因俄國脅割旅順大連灣，上奏朝廷請密聯英國日本堅拒勿許。維新派將俄國割地一事看得很嚴重，認為「若許俄割地則英豈獨讓，必割長江，法割兩粵，諸國紛來，思得分地，魚爛瓦解，一旦盡亡，……職敢一言曰：拒俄則必存，與俄則必亡，倘諸臣畏懼失機，一時誤割，則祖宗二百餘年之天下，神聖四百兆之遺民，盡付強俄，皆為奴隸，職豈忍為暴俄民哉」，因此，維新派的立場就是堅決拒絕俄國的要求。為了拒俄，折中提出了上中下三策：「密聯英日，赫怒而戰，上策也；不允畫押，聽其來攻，徐待英日之解難，中策也；布告萬國，遍地通商，下策也。」維新派執意拒俄，所獻上策中策都嚴陣以待，絕無退讓可言。之所以言其退讓，是因為維新派還提出了一條「遍地通商」的下策：「即或慮俄人橫肆，德法助俄，諸國未必助我，則可遣大使布告萬國，皆許其遍地通商，立約瑞士，公眾共保，則俄人亦必不能獨肆要求。」[19]所謂「通商」，在當

18　《康有為政論集》上冊，頁227-228。

19　《為脅割旅大乞密聯英日堅拒勿許摺》，《傑士上書匯錄》。

時實際上是向列強出讓利權的代名詞;「公眾共保」,意味著置於列強的半殖民地式的共管之下。這種辦法能否達到拒俄的目的,實在令人懷疑。正所謂饑不擇食、有病亂投醫,無怪乎維新派自己也將此策列為下策。對此下策,有的論者抨擊甚力,斥為徹底的賣國主義。筆者認為此議尚可商榷。首先,維新派的出發點毫無疑問是強烈的愛國情懷,其設計的「萬國通商」,並不是出於某種個人或小集團的私利,故意使中國淪於列強之手;他們既然不忍「祖宗二百餘年之天下,神聖四百兆之遺民盡付強俄,皆為奴隸」,又豈會容忍祖宗天下、億兆遺民盡付強英、強法、強德、強日等國,皆為列強的奴隸?其次,折中關於「萬國通商、立約共保」還只是一個極為籠統的設想,究竟在什麼條件下「通商共保」,對中國主權有多大程度的損害,列強各國將得到何種利益,這都要依據具體的事實而定,因為這不僅關係到對維新派此策的評價,而且關係到此策究竟有無可能得到實行。此策對中國利權的損害是肯定的,但不能說利權的任何損失都是賣國,迫不得已的權宜之計與置國家民族根本利益於不顧的賣國主義是有原則區別的。

維新派之所以在力拒列強的同時出現退讓,主要有兩方面的原因。一是中國當時既貧且弱,很難與列強全面直接相對抗,而朝廷又遲遲不能變法,對維新派的強硬之策不作任何回應,與其在瓜分狂潮中無所作為,聽天由命,不如以退為進,或許出現轉機。二是維新派對某些列強國家及「以夷制夷」仍存在幻想,如以路礦權換取鉅款就是看好美國,而萬國通商則是企圖使英日等國牽制俄國。清政府在對外政策上也常搞「以夷制夷」,從這點上說,維新派與清廷不無共同之處。但兩者的「以夷制夷」又是有區別的,清廷的「以夷制夷」只求相安無事、苟延殘喘,是消極無力的,而維新派的「以夷制夷」則是在變法自強的總目標下,暫時採取的「應急之策」,是積極有為

的。這裏問題的癥結並不在於維新派在多大程度上愛國，或者有多麼糊塗多麼天真，而在於當時維新派只能選擇通過說服朝廷來對付列強、挽救危局的道路（他們還不可能像孫中山或洪秀全那樣去發動反清武裝起義），而朝廷既無意對列強加以力拒，也無意做出忍辱負重的退讓然後臥薪嚐膽地自強重振。不首先迫使清廷本身來一個極大的變化，任何對付列強的方策都只能是一句空話，這個道理，維新派是在戊戌政變發生之後才逐漸懂得的。

三　自主與求助的複雜關係

為了實現救亡圖存、變法自強的目的，維新派開展了一系列政治實踐活動。從根本上說，這些活動都是由於列強的侵略瓜分所引起，因而維新派強調政治實踐活動的自主性。他們雖然力倡學習西方，各方面都以西方作為變革的榜樣，但並不指望列強的恩賜，而是自己上下求索，將基點放在中國自己的覺醒和奮鬥之上。

維新派活動的重點是說服皇帝下決心實行自上而下的變法。為了達此目的，他們殫精竭慮，一次又一次地上書上奏請求變法，並在帝黨官僚和其它官員中頻繁活動，力求獲得接近皇帝的機會，增加對皇帝的影響，其用心可謂良苦。當他們的變法籲請得到採納，朝廷宣佈明定國是、變法自強之後，維新派更是夜以繼日地獻計獻策，嘔心瀝血地輔佐贊襄，希望抓住這個千載難逢的機遇使中國一舉變法成功。他們滿以為既然列強的瓜分使中國有亡國的危險，不變法將使朝廷不存，社稷斷送，因而任何明智的最高統治者都不會甘蹈印度等國的覆轍。但他們還未能深刻認識整個封建地主階級的腐朽沒落性與最高統治集團的頑固守舊性之間的表裏關係和相互制約關係，對於帝後黨爭及主張開新的光緒帝並無實權的嚴重意義也缺乏清醒的瞭解，更沒有

（也來不及）深思熟慮「君權變法」所必備的各項主客觀條件。這就決定了他們的「變於上」縱有成效，也只能是曇花一現，百日維新的雷雨尚未將地皮打濕便倏忽成為過去。

維新派還極力將士大夫中蘊藏的愛國熱情發掘出來，轉化為變法自強的自覺行動。為此他們辦報紙雜誌，開學會學堂，舉行集會，發表演說，提出合群學說，進行物競天擇、優勝劣敗的宣傳，甚至宣導興民權、興紳權。為了破除士大夫守舊不變的偏見，維新派從理論上作了艱苦的探討，康有為的《新學偽經考》、《孔子改制考》，譚嗣同的《仁學》，梁啟超和嚴復發表的一系列政論文，就是在批判傳統的封建專制主義、蒙昧主義，吸收西方資產階級學說的基礎上產生的代表性的思想成果，對打破禁錮，開啟紳智官智，起了相當有力的震撼作用。維新派對士大夫的發動和組織也是富有成效的。京師的幾次公車上書都形成一定的規模，維新派報刊贏得大批讀者，以各種形式參加保國、保種、保教及研究西學、探求新知活動的人越來越多，湖南、廣東尤其成為士大夫變法活動十分活躍的省份。這對君權變法也起了一種積極促進的作用。然而，維新派發動組織士大夫活動的最大弱點是無法紮根，不能持久。往往是風起雲湧於一時，又偃旗息鼓、銷聲匿跡於數月甚至數日之中。從主觀上說，維新派未把這種「變於下」的活動視為重點，而更主要的是客觀上頑固守舊勢力太大太強，不容維新派的活動立足紮根。

不論「變於上」與「變於下」的結局如何，維新派的自主自強意識都是非常明確的。不過，這並不意味著維新派救亡圖存、變法自強的活動與列強是絕對相排斥的關係。我們看到，維新派在立足自主的同時，對列強的求助之心亦時有流露，並且越到後來，表現得越為明顯強烈。前面論述過的用出讓路礦權來換取外國鉅款支持舉辦新政及拒俄三策，從另一角度看，都可視為向列強求助的事例。此外，維新

派對列強的求助，還突出地表現在當新舊鬥爭日趨激烈、政變即將發生之際，他們倉促地尋求列強國家朝野人士的支持和保護。

維新運動時期，新舊兩派的鬥爭一直沒有中斷過。「百日維新」開始後，兩派的鬥爭更迅速趨於白熱化。戊戌七月底八月初，處於鬥爭漩渦中心的光緒帝，已感受到來自慈禧太后（舊黨的總代表）的有可能使他皇位不保、使變法夭折的威脅，接連給維新派發出了兩道「密詔」：一是要維新派趕快商量出一個既能堅持變法又能不拂慈禧之意，以渡過難關的辦法；另一是催促康有為迅即動身去上海督辦官報，暫時遠離京師是非之地。兩道密詔一下，維新派悲憤異常，「跪誦痛哭激昂，……誓死救皇上」[20]。在這種變法嚴重受阻、新黨有可能隨時受害的緊急情況下，維新派除了說袁勤王之外，想到的另一個辦法就是向列強求助。康有為在接到光緒帝「密詔」的當天（戊戌八月初三），就上了一道密摺給光緒，告知如果皇上肯下令變法，「李提摩太曾向我保證，他可以向英國政府說項，取得英國的支持」，並請委託李提摩太做顧問，以保障皇上的安全。[21]第二天，康有為去面見李提摩太，談及「朝政概況」和如何將維新派「安全地窩藏」[22]。同一天，康有為還去拜訪了正在中國訪問的前日本首相伊藤博文，請他在覲見慈禧太后時為變法新政當說客，「極言宜引見漢臣，通曉外事，切莫受滿洲一二老臣壅蔽，聽宦官宮妾之簸弄，而與皇上講求變法條理」，使其「迴心轉意」，改變原來的態度。[23]此外，維新派還曾考慮去找美國公使和英國公使，未能成行。

---

20 《康南海自編年譜》，《戊戌變法》第四冊，頁161。

21 參見《白利南致英國外交部次大臣信》所附備忘錄及附件一，《戊戌變法》第三冊，頁525、528。

22 《康有為致李提摩太書》，《戊戌變法》第三冊，頁528。

23 湯志鈞：《戊戌變法史》，頁433。

　　戊戌政變發生後，維新派仍繼續進行求助列強的活動。康有為先後給李提摩太寫過幾封信，明確提出希望英國政府「主持公義」，「保護」光緒帝和維新派的安全。[24]在一艘開往香港的英國輪船上，康有為還直接向英國駐上海領事班德瑞表示：「皇上實在是位博學、聰明、勤奮的仁君，假如英國肯派兩百名（！）軍隊幫忙，就可以扶持他重新執政，那樣，他和全中國的人將永遠感謝你們的。」[25]梁啟超則在康有為離開北京去上海後，擔心他的安危，又去日使館找伊藤博文，請設法救康，而梁啟超本人是在日本駐華代理公使林權助的幫助之下逃到日本的。

　　從上述活動中可以看出，維新派求助列強主要是為了保護光緒帝及自身的安全，以避免受到正企圖一舉撲滅新政的頑固守舊派的迫害。在進行這些活動時，維新派的確表現出對列強的驚人的幻想和政治上的天真幼稚。他們希望英國能幫助從來沒有實權、政變中已遭幽禁的光緒帝獲得全權，並居然設想由英國派軍隊扶持光緒帝「重新執政」，而對英國人的報答則是皇上的「格外圖報」，這是一筆完全沒有可能做成的交易。因為列強的對華政策（包括對中國內部政治鬥爭的政策）都是從自身利益出發來制定的，並且建立在非常現實的基礎之上，在中國維新勢力極其弱小，而守舊勢力已絕對佔據上風的形勢下，英國人絕不會去為維新派的變法理想而冒險。實際上，英國駐華使節對維新派的評價並不怎麼高。英國駐華公使竇納樂在政變後不久寫給英國外交大臣的信中說：「我認為中國正當的變法，已大大被康有為和他朋友們的不智行為搞壞了。」[26]所謂不智行為，指的是維新派的變法主張過於激進，不僅危及滿族旗人而且危及很多漢族官僚的

24　房德鄰：《戊戌政變史實考辨》，胡繩武主編：《戊戌維新運動史論集》，頁276-278。

25　《戊戌變法》第四冊，頁527。

26　《戊戌變法》第三冊，頁532。

權利和地位。英國駐上海領事班德瑞在與康有為談話之後，發表自己的感想：「我認為康有為是一位富於幻想而無甚魄力的人，很不適宜做一個動亂時代的領導者。」[27]英國人對中國應當如何變法、變法領袖應當具有何種品格，自有他們的一套標準，而維新派與他們的標準是不相符合的。不過，在批評維新派對列強的幻想之時，似應看到，他們的求助活動也是迫不得已的。與其俯首就擒，甘心失敗，不如多方設法，盡力挽救。不管出於何種動機，英日畢竟對政變之際保護康梁等維新派人士的生命安全起了決定性的作用，而光緒帝雖被幽禁卻未被廢黜，列強的干涉也是關鍵性的因素。列強固然是別有用心的，但光緒帝的存在，客觀上象徵著維新的最終未泯和頑固守舊派到底不能為所欲為，而倖存的維新派人士能安全地逃離境外，則為後來的歷次運動掀起保皇、自立、立憲的波瀾，乃至誕生《大同書》、《新民說》等影響深遠的著作，提供了必要的條件。

維新派上述種種矛盾的表現說明，在中國近代認識和處理與列強之間的民族矛盾並不是件簡單的事情。與以往較多否定維新派對待列強態度的觀點相反，筆者認為維新派在對待列強問題上的基本立場是應該充分肯定的，他們對列強存在的濃厚幻想應批評和理解而不是苛責。在先進的中國人學會正確解答如何對待列強這一難題的歷史過程中，維新派的探索無疑是個不可缺少的重要環節。

---

27 同上書，頁527。

維新派「保救光緒」的目的

　　從1898年戊戌政變後開始到1907年保皇會改名為國民憲政會為止，維新派以海外為主要基地，開展了長達八年之久的「保救光緒」（即通常所說的「保皇」）的政治活動。維新派為何要始終不渝地竭力保救一位已遭幽禁、形同傀儡的皇帝，這是研究和評價維新派整個保皇活動首先要解決的關鍵性問題。

　　對維新派保皇的目的歷來流行這樣兩種看法：一是依據康有為答覆陳少白關於兩黨聯合之事時所說的一段話，「今上聖明，必有復辟之一日。余受恩深重，無論如何不能忘記，惟有鞠躬盡瘁，力謀起兵勤王，脫其禁錮瀛臺之厄，其它非余所知，只知冬裘夏葛而已」[1]，認為保皇是為了報恩；二是採用孫中山1903年在《敬告同鄉書》中表達的觀點：「革命、保皇二事決分兩途，如黑白之不能混淆，如東西之不能易位。革命者志在撲滿而興漢，保皇者志在扶滿而臣清，事理相反，背道而馳，互相衝突，互相水火。」[2]認為保皇旨在維護清朝統治。按照這些看法，保皇活動就沒有多少積極意義，甚至純然反動。這是頗不公允的。無庸諱言，維新派主張報恩及護滿都是客觀存在的事實。然而第一，對這些事實不能離開其它的事實孤立地加以看待；第二，若以此作為對保皇目的的集中概括，就完全不能對大批維

1　馮自由：《革命逸史》初集（北京市：中華書局，1981年），頁49。下引該書同此版本，不再另注。

2　《孫中山全集》第一卷（北京市：中華書局，1981年），頁232。下引該書同此版本，不再另注。

新志士甘願在保皇的旗號之下喋血勤王、慷慨就死，上百萬海外僑胞齊心團聚在保皇會周圍、捐助大量資財支持維新活動等事實，做出真正令人信服的解釋。

要弄清維新派保皇的目的，僅看一時一事或隻言片語顯然難以得出正確結論，必須根據當時特定的政治鬥爭背景和維新派基本的政治言行來加以分析，才能揭示其保皇的實質性意圖，並給予恰當的評價。在八年的時間裏，由於政局的不斷變化，維新派雖然保皇依舊，但其目的，或者更確切地說，其目的的中心點卻並非始終如一，而是凡經三變。

一

戊戌政變發生後的一年左右的時間裏，維新派保皇的目的與戊戌時期變法與反變法的鬥爭聯繫得很緊密，就是要堅決反擊慈禧後黨集團的政變，通過使光緒復位而重建維新運動的業績，繼續推進中國自上而下的改革。

早在戊戌政變發生之前，「保救光緒」的活動實際上就已在一種秘密狀態之中開始了。其序幕是由光緒先後交由楊銳和林旭帶出的「密詔」拉開的。在前份「密詔」中，光緒第一次向維新派透露了慈禧「不願將法盡變」，若「必欲朕一旦痛切降旨，將舊法盡變，而盡黜此輩昏庸之人，則朕之權力實有未足。果使如此，則朕位且不能保」這樣一種在最高統治集團內部兩軍對壘、鬥爭趨於白熱化的嚴重情況，「不勝十分焦急翹盼之至」地要求他們「妥速籌商」一道既可全變舊法，而又不致有拂慈禧「聖意」的「良策」，「密繕封奏，由軍機大臣代遞。候朕熟思，再行辦理」。[3] 僅隔兩天，光緒又發出第二道

3　趙炳麟：《光緒大事匯鑒》卷九，轉引自湯志鈞：《戊戌變法史》，頁418。

「密詔」，催促康有為速去上海「督辦官報」。於是，這兩道「密詔」便成了維新派「保救光緒」活動的動員令。據《康南海自編年譜》記載，當康有為等維新人士見到光緒的兩道密詔時，大家「跪誦痛哭激昂，草密摺謝恩並誓死救皇上」，並即刻「經畫救上之策」；最後商定的辦法是由譚嗣同連夜「入袁世凱所寓，說袁勤王，率死士數百扶上登午門而殺榮祿，除舊黨」。[4]另據梁啟超《戊戌政變記》中的說法，譚嗣同夜訪袁世凱時向袁所提出的並不完全是康有為所記載的勤王辦法，而是要等到天津閱兵之時，方由袁氏伺機動手誅榮祿，以「保護聖主，復大權，清君側，肅宮廷」[5]。確切的情形如何，尚待進一步考證。除說袁勤王之外，維新派還有其它一些「保救」的設想和活動。其總的目的，都是為了掃除舊黨的障礙，以使變法不致中途夭折。但等不到維新派的策劃取得任何成效，政變就迅即發生了。

政變後，維新派並不因為慈禧後黨集團的殘酷鎮壓就放棄「保救光緒」的活動，而是在海外更加切實地開展起來，這是前此「救上」活動的繼續和擴展。這時，「保救光緒」的中心目的仍然直接是為了拯救變法事業。對這一點，梁啟超於逃亡日本之初，在與日本外務大臣大隈重信的代表志賀重昂的筆談中講得很清楚：「然敝邦之能立與否，全繫乎改革不改革；敝邦之能改革與否，又全繫乎於皇上有權無權，……為今日之計，若使我皇上不能復權，則如今日西後與榮祿等守舊之政策，豈復能保此積弱之國於群雄環伺之秋哉，不及數年，必受分割矣。」[6]接著，梁啟超又在日本《東邦協會報》上發表論戊戌政變的文章，再次明確指出：「但使皇上有復權之一日，按次第以變

4　《康南海自編年譜》，《戊戌變法》第四冊，頁161。

5　《戊戌政變記》，《飲冰室合集‧專集》之一（北京市：中華書局，1989年），頁108。下引該書同此版本，不再另注。

6　丁文江、趙豐田編：《梁啟超年譜長編》（上海市：上海人民出版社，1983年），頁159-161。下引該書同此版本，不再另注。

法，令行禁止；一二年間，一切積弊，可以盡去；一切美政，可以盡行。」[7]這都是希望通過光緒復權，重現「百日維新」時以君權變法的局面。

欲恢復和完成變法大業，卻必以「保救」一位並無實權、且遭幽禁的皇帝相號召，並將光緒的復權置於先於一切、重於一切的地位，這固然與維新派領袖人物曾經深受光緒的知遇之恩有密切關係。誠如孫中山所言：「夫康梁，一以進士，一以舉人，而蒙清帝載湉特達之知，非常之寵，千古君臣知遇之隆未有若此者也。百日維新，言聽計從，事雖不成，而康梁從此大名已震動天下。此誰為之？孰令致之？非光緒之恩，曷克臻此！」[8]但是必須看到，光緒與維新派之間的根本關係並不是簡單的賜恩與受恩的關係。維新派之所以擁戴和「保救」光緒，最重要的原因在於光緒以實際行動表明了他是一位維新的皇帝。他既是維新派及維新運動的支持者和保護者，又更是「百日維新」期間變法的決策者；他之所以被守舊勢力視為仇敵，最後被慈禧剝奪了一度給予的「事權」乃至形式上的「親政」這種微弱的權力，也都是因為他以全部身心捲入了變法的潮流所致。同時，按照維新派「君權變法」的根本思想和基本模式，君權對於變法是如同布帛菽粟一樣須臾也不可缺少的東西；要變法就要有君權，而要重新恢復變法，光緒的復位便是首要的前提。康有為從1888年上清帝第一書開始，就一直堅韌不拔地進行爭取君權變法的努力，歷時十年，由於種種條件和機遇，維新派終於有了一位在他們看來是「自己的皇帝」。他們當然無論如何也不甘心輕易就讓其得而復失。因此，從實質上說，光緒並不是維新派個人的「聖主」，而是維新派事業的一面旗幟，「保救光緒」就是要保救維新事業。

7　《戊戌變法》第二冊，頁606。
8　《敬告同鄉書》，《孫中山全集》第一卷，頁231。

　　表面上看，「保救光緒」的口號和通過光緒復權來重新變法的思路是將變法從屬於君權，但事實剛好相反，處於主導地位的並不是君權而是變法，是維新派自己的切身利益；在很大程度上，光緒只是維新派用來開展政治鬥爭的工具。

　　從一開始，「保救光緒」的活動就是完全按照維新派的政治計劃進行的。最明顯的是，康有為奉為護身法寶的所謂「衣帶詔」，與光緒發出的兩道「密詔」相比，不僅文字上作了重大改動，而且在實質精神上也迥然不同。例如，光緒第一道「密詔」是寫給楊銳和「林旭、劉光第、譚嗣同及諸先生」的，《康南海先生墨蹟》中則改作「汝（指康有為）可與林旭、譚嗣同、楊銳、劉光第及諸先生」；「密詔」中「果使如此，則朕位且不能保，何況其它」，被改為「今朕位且不保」；兩道「密詔」中均無一字談到「求救」之意，而「衣帶詔」中則分別寫入了「妥速密籌，設法相救」和「汝可迅速出外求救」的字樣。[9]改動後的光緒「密詔」，可以說基本上失去了其本來面目。光緒「密詔」本來的用意有兩點：一是希望維新派趕快幫他找到一種與慈禧相妥協的變法之方；二是要求康有為迅速離開京都是非之地，以平息守舊派日益強烈的不滿情緒並避免可能遭到的傷害。其實質是想通過暫時緩和變法的勢頭，避免與慈禧後黨集團發生根本的決裂。但經過維新派的「加工」之後，光緒「密詔」卻恰恰相反地變成了加強變法的壓力、加速與慈禧後黨集團決裂的武器。

　　維新派在刻畫他們所要保救的「聖主」光緒的形象時，也存在著類似的情形。康有為向加拿大眾華僑描繪的光緒是：「極明西法，極欲維新」；「時恭親王以為祖宗之法不可變，皇上言曰：『法以保疆土也，今祖宗疆土不能守，何有於法乎？』」（這段「言曰」與康有為

9　湯志鈞：《戊戌變法史》，頁418-419。

1898年1月受總理衙門大臣召見，回答榮祿的詰問時所說的話，幾乎一模一樣[10]）；「捨己救民」，對議院「乃躬欲開之，絕無權位之心，但以救民從眾為念，此真堯、舜之王也」。[11]而梁啟超則向日本人宣傳說：「皇上於外國情形，極為了亮，於內邦積弊，疾首痛心，⋯⋯即以數月以來之新政言之，⋯⋯改革之跡，其於皇上心中之所欲行者，猶未及十之一也」；「皇上之意，欲設制度局於宮中，依貴邦明治初年之制，置議定參預等官，取各衙門辦事之規則而更定之。因遣人遊歷貴國，考察法規。欲設地方自治之制，欲聘貴邦名士為宮中顧問宮，⋯⋯欲易服以一人心，欲遷都以脫垢膩，欲去朝覲跪拜之禮，欲行遊幸各國之典。凡此諸端，皆欲行而未能行者，所能行者不過枝葉之事而已」。[12]這些刻畫不能說與光緒的本來面目毫無關係，但更多的還是借光緒之名來刻畫維新派自己及其政治思想，所謂「皇上之意」，更明白無誤地說就是「維新派之意」（只要讀一下康有為戊戌年的有關上奏即知）。與其說維新派極度美化了光緒的形象，不如說他們如實吐露了自己的變法心曲。

維新派組織保皇會，也首先和主要是從維新派自身的政治利益出發的。在保皇會成立之前數日，梁啟超曾在一封家信中談到他和康有為為何要聯絡華僑組成團體的動機：「惟昨日忽接先生（指康有為）一書，極言美洲各埠同鄉人人忠憤，相待極厚，大有可為。而金山人極仰慕我，過於先生。⋯⋯廣東人在海外者五百餘萬人，人人皆有忠憤之心，視我等如神明，如父母，若能聯絡之，則雖一小國不是過（似應作『不過是』）矣。今欲開一商會，凡入會者每人課二元，若入會者有半，則可得五百萬元矣。以此辦事，何事不成？今即以橫濱一地

---

10 《康南海自編年譜》，《戊戌變法》第四冊，頁140。

11 《在鳥喊士晚士叮埠演說》，《康有為政論集》上冊，頁403-405。

12 丁文江、趙豐田編：《梁啟超年譜長編》，頁163-164。

論之，不過二千餘人，而願入會者足二千人，其餘各埠亦若此耳。此事為中國存亡之一大關鍵，故吾不辭勞苦以辦之。」[13]這裏講到了利用康梁的影響聚集政治力量和通過開會籌集款項之事，對於逃亡到海外，尚未建立任何社會基礎的維新派來說，這都是至關重要的問題。保皇會成立之後，正是在這兩方面起了重要的作用。維新派之所以要以「保皇會」作為團體的名稱，歸根結底還是服從於變法的目的。

二

如果說，在保皇初期維新派所追求的政治目標還大致停留在「君權變法」的模式上，那麼，隨著慈禧後黨集團「己亥建儲」陰謀的出籠和義和團運動的漸至高潮，這一模式便開始被打破了。

正如保皇活動是維新運動的延伸一樣，「己亥建儲」是戊戌政變的繼續。慈禧後黨集團不滿足於對維新派和帝黨的鎮壓，他們還要消除仍然給維新派以變法的寄託和將來可能導致不測的「隱患」——光緒皇位的依然存在。這種進一步的倒行逆施，當然只能激發維新派更加強烈的反抗，建儲「消息甫傳，薄海內外保皇會眾，先為力爭，先後發電者四十六處，一地皆數萬千人，多言若果廢上，另立新主，必皆不認，且必合眾討賊」[14]。所謂「合眾討賊」，實際上就是武裝勤王。政變發生以來，鑒於血的教訓，勤王之念時時出沒於維新派的心中。康有為當時寫下了不少這樣的詩句以抒發決心與慈禧後黨集團武力對抗而又無處尋覓現實力量的悲憤胸臆：「南宮慚奉詔，北闕入無軍。抗議誰曾上，勤王竟不聞。吏無敬業卒，空討武曌文。痛哭秦廷

13　《與蕙仙書》，丁文江、趙豐田編：《梁啟超年譜長編》，頁177-178。
14　《致濮蘭德書》，《康有為政論集》上冊，頁424。

去，誰為救聖君」；「誓覓荊卿入秦庭，亢圖窮盡神光橫。忽見朱虛掃
諸呂，蕩滌殘婉洗豢嬰」；「仗義清君側，誓身雪國恥。……金輪成牝
朝，誰為勤王起」。[15]「己亥建儲」事件的發生，無異於對維新派的
「勤王」情結予以了一個更為強烈的刺激。雖然由於各種政治力量的
制約，建儲計劃未能實施，光緒安然地被下諭「祝三十萬壽」[16]下引
該書同此版本，不再另注。，但建儲投下的陰影又因為義和團運動的
驟興而變得更加濃厚。

義和團運動本身是一個反帝愛國運動，但當它興起之後，卻被慈
禧後黨集團用來為他們煽動盲目排外情緒，以發洩對英日等國祖護維
新派和光緒帝的憤恨，進一步鞏固守舊黑暗局面的企圖服務。其結果
是義和團運動的迅猛發展使慈禧後黨集團失去對它的控制，八國聯軍
的入侵令清朝統治者進退兩難，而東南地區督撫們與列強的「互保」
行動也使得清廷的如意算盤更難實現。在短短的幾個月內，中國北方
特別是京津地區，出現了一種政局十分動盪而混亂的局面。這在維新
派看來，自然是將懷抱已久的「勤王」之念付諸實施的絕好機會。康
有為在1900年7月發出的《致各埠保皇會公函》中，十分樂觀自信地
分析道：「此次諸賊之結拳匪，此殆天亡之，以興我新黨者。何以言
之？偽府諸賊盤踞北京，根深蒂固，擁兵甚眾，天下無事，金甌未
缺，我一旦起而與之相抗，雖有名義之正，聞者風從，彼偽賊獲罪於
天，必不久全。然耗力竭智，亦需時日，乃足破之。今則天奪其魄，
鬼焚其穴，結匪自蹈，激外自殺。……今也我以逸待彼之勞，我以整
待彼之亂，即論兵法，已無可勝。外結萬國之深仇，內生各督之抗
拒，不成為政府，不足為朝廷。今幸外國之兵未能大集，苟延殘喘，

---

15 《康有為政論集》上冊，頁379、386、388。
16 馬洪林：《康有為大傳》（瀋陽市：遼寧人民出版社，1988年），頁381。

再延一月，西兵既至，亡可翹足以待耳。我新黨乘斯時以起義軍，遠在南方，固成割據，而彼無如何，即進搗賊穴，亦以疲弊而難自救，故曰天與之會，不可失也。」[17]康有為稱義和團為「拳匪」是完全錯誤的自不待言，他對由於義和團運動興起而造成的清廷政治危機也估計過高，但他看到了慈禧後黨集團統治在內外衝擊之下所出現的空前混亂的局面，決意不失時機地大力開展勤王運動，畢竟表現了政治上的敏銳和勇敢。

據丁文江、趙豐田先生的研究：「這次的勤王運動是保皇會所從事的一件大事，……當時幾乎是全體總動員，規模很大。那時候南海先生駐新加坡主持一切，先生（指梁啟超）在檀香山負責籌款，並計劃聯絡各事。當時保皇會總局在澳門，有何穗田、王鏡如、歐榘甲、韓文舉等負責。日本方面有葉湘南、麥孟華、羅普、麥仲華、黃為之等負責。而在國內從事實際運動方面則有唐才常、狄葆賢主持於滬、漢，梁炳光、張學璟活動於兩粵。此外徐勤奔走於南洋，梁啟田運動於美洲。」[18]可見這次勤王運動維新派花費了很大的力量。為了取得勤王運動的成功，維新派不得不克服歷來對所謂「亂民」的偏見與恐懼，廣泛聯絡會黨作為起事的基本力量（儘管在這方面還做得很不夠），並且與革命派在某種程度上進行合作。在政治思想上，維新派則朝激進的方向急劇發展。雖然他們仍以「保救光緒」相號召，但其政治目的卻發生了顯著的變化。最集中的表現就是他們大大突破了「君權變法」這一政治模式的束縛，決意推翻慈禧後黨集團掌權的清朝政府，而建立一個完全由維新派主持的新政權。這種政治意圖維新派在不少文獻中都有明確的表露，在此不妨略錄幾種。其一，康有為

---

17 《致各埠保皇會公函》，《康有為政論集》上冊，頁414。
18 丁文江、趙豐田編：《梁啟超年譜長編》，頁198-199。

的《致各埠保皇會公函》（1900年7月16日）：「偽府既倒，新黨已於上海設立國會，預開新政府，為南方立國基礎，將來迎上南遷，先布告各國，保護西人洋行教堂等事，義軍一赴，即與各國訂約通商，復我維新之治。」[19]其二，康有為的《致濮蘭德書》（1900年7~8月）：「若僕新黨立政，必能和親各國，保護教人，而於貴國拯救之德，尤思所報。」[20]其三，梁啟超的《致南海夫子大人書》〔光緒二十六年（1900年）三月十三日〕：「今日我輩舉義，與秦、漢之交，元、明之季，諸豪傑全然不同。……故最要之著，莫如先開府，與外人交涉，示之以文明舉動，使其表同情於我，而又必須示以文明之實事，使其信我實有統治國民之力量」，「大軍甫動，即須以西文公文布告各國，除聲明舉兵大義之外，有最要者數事：一、保護西人身命財產；二、若用兵之地，西人商務因我兵事而虧累者，我新政府必認數公道賠償；三、北京政府舊借國債以海關作抵者，我新政府所管轄之地有稅關者，即依其稅關所抵之數照舊認還。以上三條，與外國交涉最緊要者。……新憲法雖與西人無涉，亦當布告，使人重我也」。[21]撇開這些設想大都具有紙上談兵的性質不論，維新派的計劃實際上等於就是要推翻整個清朝政府，而光緒只是以皇帝的個人身份被保留下來；無論是南方立國也好，廣東開府也好，或者是新黨新政府制定和頒佈各項內外政策，都是維新派在建立自己的政權和完全按照自己的政治意願行事。儘管他們還是信誓旦旦地表示要「保救光緒」，讓其「復權」，迎其「復辟」，等等，究其實際，不過是把光緒作為一種政治的旗號而已。

---

19 《致各埠保皇會公函》，《康有為政論集》上冊，頁413。

20 《致濮蘭德書》，《康有為政論集》上冊，頁426。

21 丁文江、趙豐田編：《梁啟超年譜長編》，頁216、217、220-221。

三

　　勤王運動失敗之後，至1907年初保皇宣告結束，維新派「保救光緒」的目的又一次發生了重要變化，即由決意推翻慈禧後黨集團掌權的清朝政府，變為反對革命排滿，主張實行立憲。

　　導致這次變化的原因很多，主要有三點。一是自立軍起義的失敗，使維新派遭受很大的損失和打擊，由於根本的階級屬性的制約，他們（除極少數人外）沒有進一步前進而成為革命派，而是由激進退回到保守的立場；二是革命派勢力的壯大和革命運動的迅速發展，對維新派造成了很大壓力，為了保住原來所有但現在正逐漸失去的政治優勢，維新派不得不展開與革命派的競爭；三是清廷先後舉辦「新政」和宣佈「預備立憲」，在一定程度上起了緩和維新派與清廷對立情緒的作用，增加了維新派對清廷的幻想。這一時期維新派保皇目的的中心點是反對革命，突出地表現在兩件事上。

　　第一件是康有為撰寫並發表《答南北美洲諸華商論中國只可行立憲不可行革命書》和《與同學諸子梁啟超等論印度亡國由於各省自立書》。這是維新派內部進行的思想鬥爭。康有為撰書的目的，是要糾正維新派中出現的革命思想傾向，防止維新陣營的分化。在1902年春夏間，「保皇會員中有很多人因痛恨清廷『還鑾』北京後，仍然沒有變法的誠意和決心，紛紛主張『革命』、『自立』」[22]。維新派的代表人物之一梁啟超此時竟是鼓吹最力的一位。他自謂當時是「日倡革命排滿共和之論」[23]，並認為大談革命的在康有為門弟子中還有超過自己十倍者[24]。這種情況生動地表明瞭維新派（雖然只是表現在部分人身

22　同上書，頁285。

23　《清代學術概論》，《飲冰室合集‧專集》之三十四，頁63。

24　《與夫子大人書》，丁文江、趙豐田編：《梁啟超年譜長編》，頁286。

上）與清朝封建專制統治相對立的程度。不過,梁啟超等人的鼓吹革命多半還只是一種情緒的宣洩,他們與實際興起的革命運動並未發生什麼聯繫,也不意味著他們要重新發起一場已失敗過一次的武裝勤王運動;他們在革命與保皇之間有所搖擺,但還談不到立場發生根本的轉變。因此,經過康有為嚴加責備和婉言勸告,加上革命派和清政府兩方面各種因素的影響,維新派的這些革命言論便逐漸減少並完全消失了。

第二件是維新派(或曰保皇立憲派)與革命派展開大論戰。這是維新派直接與革命派進行的大規模的思想鬥爭,是長期以來改良與革命兩大政見之間矛盾分歧的激化。維新派反對在中國進行暴力革命由來已久。早在戊戌政變前,維新派反對革命的主張就屢屢見之於各種文字。不過,由於在較長一段時期內革命派勢力弱小,在實際上並不產生什麼大的政治影響,所以維新派並未直接與革命派發生思想鋒。在勤王運動中,維新派在政治主張上還一度與革命派相當接近,雙方有過短暫的互相協作。但是,隨著民族危機的進一步深化和清廷變得越來越令人失望,反清革命運動便迅速發展起來,逐漸趕上和超過維新派的政治影響。這樣,兩大政治勢力就不可避免地發生各個方面的直接衝突。最初的衝突係由維新派在檀香山等地將華僑乃至興中會的革命勢力變成了保皇勢力所引起,為此孫中山親赴檀香山等四大島「與保皇大戰」[25]。衝突的實質是雙方都要爭取海外華僑的財力支持。隨後,以中國同盟會成立為嚆矢,雙方集中在日本展開了全面的思想交戰,以爭奪輿論的陣地。兩派衝突的結果,是彼此大大加深了原來就已存在的分歧和隔膜,並由政見上的對立走向情感上的敵視。

必須指出的是,維新派的反對革命與主張實行君主立憲是互為表

25　《復黃宗仰函》,《孫中山全集》第一卷,頁229。

裏的關係，換言之，反對革命並不是要維護君主專制，而是要實行君主立憲。維新派對君主立憲的追求可以追溯到戊戌政變之前，但明確地將君主立憲作為現實的政治目標，則到了發動勤王運動之後。而與革命派的論戰，從某種意義上講，正是要對實現君主立憲的目標從理論與實際可能上進行一次論證。從這點上說，維新派對革命的辯駁，只是維護君主立憲政治主張的一種方式（當然是很不得體的一種方式）。因此，維新派這一時期保皇的目的就需要從既反對革命又主張君主立憲這樣兩個方面加以理解，而不能將反對革命簡單地等同於擁清護滿。

四

綜觀維新派的保皇目的，雖然每個時期的中心之點各不相同，但總的來看，是不無積極意義的。

第一，它表現了維新派決不屈服於慈禧後黨集團的殘酷鎮壓，始終堅持政治改革，堅持愛國救亡的鬥爭精神。從戊戌政變開始到保皇活動結束，維新派所受到的來自清廷的政治迫害從未間斷，在某些方面，清廷對保皇黨人的打擊甚至比對革命派更加嚴厲。但維新派並未因此而畏懼退縮消沉，而是始終站在清朝封建專制統治的對立面，沒有從維新的立場後退一步。

第二，它反映了維新派政治思想主張不斷發展的趨勢。如前所述，維新派保皇的目的經過了由重新恢復君權變法、決意推翻慈禧後黨集團統治到反對革命排滿、主張實行立憲的變化，這些變化當然不能一概都說成是進步，比如，他們在對革命的辯駁中就暴露出了許多嚴重的局限性和消極落後性。但從維新派自身政治思想的發展演變來看，總的趨勢仍是進步性的，這就是維新派對君權的依附性逐漸減

少，而政治權力意識和政治獨立性不斷得到加強。正是由於這種進步，維新（保皇）思潮就得以與隨後而起的立憲思潮有機地交接，以新的姿態繼續對中國的變革發生影響和作用。

第三，單就維新派對革命派的論戰而言，也並非只有謬誤的一面。比如，維新派指出滿族不是中華民族之外的異族，單靠暴力革命不能建立起真正的民主共和制，一統的皇權被打倒之後勢必出現分裂割據的政治局面，等等，在理論上應該說都有其正確性，在後來的實踐中也得到了證明，不宜一概加以抹殺。關鍵問題在於維新派雖然看到了革命派在理論上存在的某些弱點和中國資產階級革命的某些局限，卻無力在革命派已經達到的認識基礎上再前進一步，反而在政治實踐上大大落於革命派之後，這樣，他們的議論就變成了一種消極的指責，只會引起人們的反感。

第四，即使就「保救光緒」這一形式來看，也不是毫無意義的。戊戌政變後，光緒固然失去了任何政治權力，但這並不等於他也失去了任何政治價值。相反，在整個保皇運動期間，光緒仍然是各方政治勢力注視的一個焦點。慈禧後黨集團為了廢除光緒的帝位而不惜使用了從捏造病情、公然建儲直至盲目排外等種種利令智昏、鋌而走險的惡劣手段，付出了使義和團群眾遭到更多殺害、被迫簽訂屈辱的《辛丑合約》等慘重代價。英、日等列強國家從自身利益出發，聯合一致對廢除光緒的計劃進行阻遏。劉坤一等地方督撫對清廷的廢立之舉和宣戰之詔也採取了不合作、不實行的強硬態度。至於保皇會所團聚的廣大海外華僑和上海等地的大批紳商，更是以「保救光緒」為己任。這當然不是因為光緒本人有什麼實力，而是因為光緒帝位的存在，有著象徵維新未泯，象徵最高統治集團分裂，乃至象徵慈禧後黨集團不能為所欲為到底等多種意義。對此，各方都不能不做出反應，並進而為了各自的利益，在光緒帝位存與廢的問題上開展種種形式的鬥爭。

維新派的保皇活動就是其中最重要的一種。

維新派「保救光緒」的目的終究未能實現。無論他們是希望重現「百日維新」的變法盛況，還是力圖奪取慈禧後黨集團的政權，或者呼喚能夠避免革命的君主立憲，結果都一一成為泡影。但這不是因為維新派在戊戌政變後走向了墮落和反動，而是當時中國不具備必要的歷史條件使然，是維新派所固有的軟弱性、妥協性以及空想性使然。

《戊戌奏稿》考略

　　《戊戌奏稿》一書於宣統三年（1911年）在日本出版，內收康有為戊戌年間所上奏摺二十篇，編書序文五篇，歷來被作為研究康有為及維新派變法思想、綱領和主張的基本依據。

　　1973年，臺灣學者黃彰健著《康有為戊戌真奏議》，於附錄中對《戊戌奏稿》的「真偽」進行鑒定，認為除兩篇外，書中奏摺、序文皆係戊戌政變後重撰之作。黃的結論是正確的。但由於當時史料的缺乏和僅限於附帶考訂，黃著對該書的說明過於粗疏。除此之外，我國大陸史學界對《戊戌奏稿》「真偽」問題的提出則較晚。1981年中華書局出版湯志鈞編《康有為政論集》，將《戊戌奏稿》全部作為真件收入。同年，陳鳳鳴發表《康有為戊戌條陳匯錄》[1]一文，根據故宮博物院圖書館所藏光緒二十四年（1898年）內府抄本《傑士上書匯錄》（以下簡稱《匯錄》），指出《戊戌奏稿》與康有為戊戌年進呈原稿有不同；次年孔祥吉著文[2]，主要據《匯錄》，結合其它清代文書檔案，進一步分析「《戊戌奏稿》的改竄及其原因」，引起了史學界的高度重視。但是，《匯錄》所載康有為戊戌條陳僅有七件與《戊戌奏稿》直接相關，陳、孔二文只是據以證明了《戊戌奏稿》部分內容的「改竄」，而全書的考訂工作，尚亟待進行。下面試圖在前述研究基礎上，對此作一探討。筆者考察《戊戌奏稿》，係以康有為戊戌年所

1　《故宮博物院院刊》1981年第1期。

2　《晉陽學刊》1982年第2期。

擬上奏原件（包括草稿和進呈稿）作為標準，展開兩個方面的工作：
一是考訂《戊戌奏稿》所收條陳是否戊戌年所撰寫，以證其文獻價值
的大小；二是比較原件與非原件的異同，以觀其思想認識的真相。按
此設想，筆者將《戊戌奏稿》所收條陳大致分為四類情況，逐篇考析
如次。

一　屬於原件草稿，與進呈稿有文字差異的兩篇

《進呈俄羅斯大彼得變政記序》（簡稱《俄序》）

　　該文原載《南海先生七上書記》，戊戌三月上海大同譯書局石印
本（下同），係戊戌年原件。《戊戌奏稿》錄《俄序》署「戊戌正
月」。查《康南海自編年譜》（簡稱《自編年譜》，見《戊戌變法》第
四冊，下文不另注），康有為於光緒二十四年（1898年）戊戌正月初
三（以下除標明者外，皆用農曆）被總理衙門召見後，「上乃令條陳
所見，並進呈《日本變法考》及《俄彼得變政記》」。正月初七日康上
《請誓群臣以定國是摺》即《上清帝第六書》，隨後「晝夜繕寫《日
本變政考》、《俄彼得變政記》二書，忙甚」。第六書遞總署後，「抑壓
遲遲，至二月十三日（據《匯錄》應為二月十九日）乃上，即下總署
議，……時進呈《俄彼得變政記》，……已而俄人索旅順、大連灣」。
可見，《俄序》進呈當在二月。又，《匯錄》載有戊戌三月三日總理衙
門大臣《據情代奏摺》，言：「茲於本年二月二十日復據該主事至臣衙
門續遞條陳一件（即《上清帝第七書》），並譯纂《俄彼得變政記》一
冊，……懇代為具奏。臣等未敢壅於上聞，謹照錄該主事續遞條陳及
所遞《俄彼得變政記》，恭折進呈御覽。」與《自編年譜》所記相
合。因此，《俄序》應上於戊戌二月二十日，而不是「正月」。《俄

序》所用書名為《俄羅斯大彼得變政記》，與《匯錄》及《自編年譜》所記書名《俄彼得變政記》有異。按如同係進呈稿，書名不應有二。筆者推測，這種差別可能是因為《俄序》係草稿所致。《南海先生七上書記》所載《上清帝第七書》亦係草稿，與《匯錄》所收進呈稿多有文字差異（詳後），似可作一佐證。

《呈請代奏皇帝第七疏》（簡稱《第七疏》）

該文原載《南海先生七上書記》，係戊戌年原件。《戊戌奏稿》錄《第七疏》，署「正月」。據《匯錄》，康有為於二月二十日上遞總理衙門「條陳一件，並譯纂《俄彼得變政記》一冊」（見前考），該條陳即為《第七疏》進呈稿《譯纂〈俄彼得變政記〉成書，可考由弱致強之故，呈請代奏摺》，可知署「正月」為誤。以《匯錄》所收進呈稿與《第七疏》相校，文字多有差異，進呈稿對《第七疏》的修改達三十餘處，可見《第七疏》實為戊戌年上奏草稿。

二 本有原件，日後重撰，內容有異或大異的十二篇

《請開學校摺》（簡稱《學校摺》）

該文原載《戊戌奏稿》，署「戊戌五月」。查《自編年譜》，康有為於戊戌五月曾上折請開學堂。五月二十二日上諭改各地書院為學堂即據此折發出。《知新報》第六十三冊（1898年8月27日出版）曾載康上於「五月」的《請飭各省改書院、淫祠為學堂摺》，內容與《自編年譜》所記相合，可知為原折。但《知新報》所載尚非原折進呈稿，進呈稿今見於《匯錄》，即《請改直省書院為中學堂，鄉邑淫祠為小學堂，令小民六歲皆入學，以廣教育，以成人才摺》，兩相對照，文

字多有差異，前者實為原折草稿。《學校摺》內容則與《自編年譜》和原折皆不合，可見並非原件，而繫日後重撰。原折主要內容有二：一是概言泰西各國由於教育發達而人才興盛，國家富強，以說明興學開民智的重要性。二是著重提出兩條「興學至速之法」：其一將各書院等皆改為學校，以善後等款作經費；其二「改諸廟為學堂，以公產為公費」。《學校摺》大部分內容細舉歐美各國及日本學校教育情況，僅於折末提出「立學」的簡單建議，而多與原折相異，且未涉及立學經費、改廟宇為學舍諸問題。

《請厲工藝獎創新摺》（簡稱《獎新摺》）

該文原載《戊戌奏稿》，署「五月」。查《自編年譜》，康有為於戊戌五月曾上折請獎賞創新。原折今見於《匯錄》，即《請以爵賞獎勵新藝新法新書新器新學，設立特許專賣，以勵人才、開民智而濟時艱摺》。《獎新摺》內容與之相異甚大，可見並非原折，而繫日後重撰。原折主要內容有三：一是考「歐洲富強之原，由於厲學開新之故」，對歐洲近世自培根以來科技發展的歷史和成就作了詳細的記敘。此點《獎新摺》僅有數語言之。二是論「今欲保國自立」，非獎新不能為功。此點《獎新摺》無。三是提出獎新的具體辦法。《獎新摺》所擬獎勵方法與此有異。

《請尊孔教為國教，立教部教會，以孔子紀年而廢淫祀摺》（簡稱《尊孔摺》）

該文原載《戊戌奏稿》，署「六月」。查《自編年譜》，康有為於戊戌五月初一日曾上折請尊孔教，《戊戌奏稿》署「六月」為誤。原折今見於《匯錄》，即《請商定教案法律，釐正科舉文體，聽天下鄉邑增設文廟，謹寫〈孔子改制考〉進呈御覽，以尊聖師而保大教、絕

禍萌摺》。《尊孔摺》內容與之大異,可見並非原折,而繫日後重撰。原折有兩大主要內容為《尊孔摺》所無:一是開孔教會以定教律、辦教案;二是變科舉八股之制以發明孔子大道。其它內容、文字均有異。

《謝賞編書銀兩,乞預定開國會期,並先選才議政,許民上書事摺》(簡稱《謝賞摺》)

該文原載《戊戌奏稿》,署「六月」。查《自編年譜》,康有為具折謝賞編書銀兩,是在戊戌「七月」,《戊戌奏稿》署「六月」為誤。原折今見《匯錄》,即《恭謝天恩並陳編纂群書,以助變法,請及時發憤,速籌全域,以免脅制而圖保存摺》,署「七月十三日」。《謝賞摺》內容與之大異,可見並非原折,而繫日後重撰。原折主要內容有三:首辯著《孔子改制考》一書的用意所在;其次總結光緒前至戊戌年的歷史,指出法不能變、新政不行的原因;最後,要求皇上不失變法時機,全變急變。三者皆為《謝賞摺》所無。

《請禁婦女裹足摺》(簡稱《禁裹足摺》)

該文原載《戊戌奏稿》,署「六月」。查《自編年譜》,康有為於戊戌六月光緒生日時曾「上《禁天下裹足摺》」。原折今見於《匯錄》,即《萬壽大慶,乞復祖制,行恩惠,寬婦女裹足以保民保國,延生氣而迓天庥摺》。《禁裹足摺》內容與之多異,可見並非原折,而繫日後重撰。原折主要內容有四:一是言裹足有「累及其夫其子,因而累及於國」和「傳種日弱,致令弱其兵弱其士弱其官」兩大害。《禁裹足摺》則僅言裹足使「傳種易弱」,於徵兵不利。二是敘裹足對婦女造成的痛苦和危害。此點《禁裹足摺》略同而稍詳。三是論禁裹足的重要性,請皇上於萬壽昌期特下明詔禁止婦女裹足。此點《禁裹足摺》僅有數語相關,且未言萬壽事。四是提出禁裹足的具體辦

法：「或姑從寬典，準令婦女已纏足者寬勿追究。自光緒二十年以後所生子女不准纏足，如有違犯，不得給予封典。」《禁裹足摺》所言辦法與此有異。

《請設新京摺》（簡稱《新京摺》）

該文原載《戊戌奏稿》，署「七月二十日後」。查《自編年譜》，康有為於戊戌七月底曾上折請遷都，今原折未見，但其要點《自編年譜》中多有記敘。兩相對照，無論在遷都目的，「棄舊京」之理由，新都的選擇，還是遷都的方式上，《新京摺》內容與《自編年譜》所記皆不相合，而與康有為草於1907年的《海外亞美歐非澳五洲二百埠中華憲政會僑民公上請願書》（簡稱《請願書》，見《康有為政論集》上冊，以下不另注）中請願第四事「營新都於江南，以宅中圖大」完全一致，且文句多有相似。可見《新京摺》並非原折，而繫日後重撰。

《請斷髮易服改元摺》（簡稱《斷髮摺》）

該文原載《戊戌奏稿》，署「七月二十後」。查《自編年譜》，康有為於戊戌七月底曾上折「請改維新元年以新天下耳目。又請變衣服而易舊黨心志」。今原折未見。按《自編年譜》所記，原折僅請改元易服，未言斷髮；《斷髮摺》則首請斷髮，與之不合。又，原折是康有為在政變即將發生，因而「日夜憂危」的情況下趕擬的，其宗旨是對抗舊黨，保存新政；《斷髮摺》言斷髮易服之旨則在變「儒緩之俗」，發「尚武之風」，亦與之不合。而折中所云：「竊聞德之冑子，以拔刀為戲，以面瘢為榮，雖好勇鬥狠，不足為訓，然其尚武至於如是也，夫是以強」，於康1907年所撰《請願書》中可找到內容完全相同的文字。由此可見，《斷髮摺》並非戊戌年原折，而繫日後重擬。

《進呈日本明治變政考序》（簡稱《日序》）

　　該文原載《戊戌奏稿》，署「正月」。查《自編年譜》，康有為於戊戌正月初三日被總理衙門召見後，上令「進呈《日本變法考》」。康隨即「晝夜繕寫《日本變政考》……忙甚」。但書寫成後，由於發生了「旅大事件」，遲至三月初仍未進呈：「是時以旅大事，朝廷震悚，不遑及內政，故寫書已成不進。」直到三月「初八日」（據《匯錄》應為二十日），才進呈《日本變政考》，同時呈「《泰西新史攬要》、《時事新論》等書」。又，《匯錄》載有戊戌三月二十三日總理衙門大臣《據情代奏摺》，言：「茲於本月二十日復據該主事遞到條陳二件，仍懇代為具奏。……謹將該主事續遞條陳三件及所遞《日本變政考》、《泰西新史攬要》、《列國變通興盛記》共三種，恭折進呈御覽。」其中「條陳二件」，一為《進呈〈日本變政考〉等書，乞採鑒變法摺》，一為該折附片。因此，《日序》原件應上於戊戌三月，而不是「正月」。進呈書籍名稱，《匯錄》所收進呈原折及《自編年譜》皆作《日本變政考》（《自編年譜》中亦有不一致處），《戊戌奏稿》則作《日本明治變政考》，與之不合。據《自編年譜》，《日本變政考》一書曾於戊戌三月和五月兩次進呈。五月進呈本「共十二卷，更為撮要一卷，政表一卷附之」，而三月進呈本據《匯錄》則為「十卷」。今三月本未見，五月本則見於故宮藏本《日本變政考》，但缺「撮要一卷」。該書篇首有序，云：「因為刪要十卷，以表注附焉」，似照錄三月本原序。以此與《日序》相比較，意旨略同而具體內容和文句大異。由上可見，《日序》並非戊戌年原序，而繫日後重撰。

《進呈法國革命記序》（簡稱《法序》）

　　該文原載《戊戌奏稿》，署「六月」。查《自編年譜》，康有為於

「七日（七月之誤）進《法國變政考》」。關於書名，《匯錄》所載《進
呈〈日本變政考〉等書，乞採鑒變法摺》中言：「臣尚有《英國變政
記》、《法國變政記》……若承垂採，當續寫進。」故宮藏本《日本變
政考》「跋」亦言：「其它英、德、法、俄變政之書，聊博採覽。」
《戊戌奏稿》書名作《法國革命記》，且《法序》中皆言法國「革
命」，無一「變政」之語，則與《自編年譜》等不合。又，《法序》中
言法君之誤在未「立行乾斷，不待民之請求迫脅」而「開議院」、「行
立憲」、「明定憲法，君民各得其分」，皇上應以此為鑒，意旨與《戊
戌奏稿》中《請定立憲開國會摺》等相同，而與戊戌年康基本政治主
張相異。由此可見，《法序》並非戊戌年原序，而繫日後重撰。

《進呈波蘭分滅記序》（簡稱《波序》）

該文原載《戊戌奏稿》，署「七月」。查《自編年譜》，康有為於
「六日（六月之誤）進《波蘭分滅記》」，《戊戌奏稿》作「七月」與
之不合。又，《波蘭分滅記》三冊現藏故宮博物院，書首載有原序，
《波序》與之大異。可見《波序》並非戊戌年原件，而繫日後重撰。
原序內容有二：一是認為波蘭滅亡的原因在於波王變法遲疑不決，尤
其是貴族大臣加以阻撓；二是指出中國現狀與波蘭相似，俄國逼迫而
貴族大臣「未肯開制度局以變法」，宜以波事為鑒。《波序》推波蘭所
以分滅之由，則一在其君，上制於太后，下制於大臣，未能早開「國
會」；一在其親貴大臣，守舊賣國，「誅囚才賢，壓抑新法，蒙閉人
主，力拒國會」；一在其民，不早爭「開國會」，以致無救於亡，與原
序旨意迥然有別。

《應詔統籌全域摺》（簡稱《應詔摺》）

該文原載《知新報》第七十八冊（1899年1月22日出版）。《戊戌

奏稿》錄該折署「正月初八日具奏」。查《自編年譜》，康有為戊戌正月初三日受總理衙門王大臣召見後，曾於正月初七日上折請「誓群臣以定國是，開制度局以定新制」。原折今見於《匯錄》。《應詔摺》內容與之相差頗大，可見並非戊戌政變前原折，而繫日後重撰。原折最重要的內容是提出以開制度局為中心的變法綱領和條理。《應詔摺》與此意旨相同而文句多異。

《敬謝天恩並統籌全域摺》（簡稱《統籌摺》）

該文原載《知新報》第七十八冊。《戊戌奏稿》錄該折署「五月一日」。查《自編年譜》，康有為戊戌五月初一日曾具折謝恩，「陳『大誓群臣，統籌全域，開制度局』三義」。原折今見《匯錄》，即《請御門誓眾，開制度局以統籌大局摺》。《統籌摺》內容與之差別甚大，可見並非戊戌年原折，而繫日後重擬。原折主要內容有三：一是「審時勢而定從違」，此點為《統籌摺》所無。二是「籌大局而定制度」，此點《統籌摺》分作「統籌全域以圖變法」和「開局親臨以定制度」兩條，意旨略同而文句大異。三是「誓群臣而明維新」，此點《統籌摺》作「御門誓眾以定國是」，兩者內容有較大差異。

三 本有代擬原件，日後改撰，內容有異或大異的五篇

《請告天祖，誓群臣，以變法定國是摺》（簡稱《國是摺》）

該文原載《戊戌奏稿》，署「四月」。按照《戊戌奏稿》，該折係康有為自上之折。查《自編年譜》，戊戌四月康所撰「請定國是折」只有兩件：一件是代楊深秀所擬之折，原折見《戊戌變法檔案史料》，即《請定國是，明賞罰，以正趨向而振國祚摺》；另一件是代徐致靖所擬之折，原折藏故宮博物院明清檔案部，收《康有為政論

集》，即《請明定國是疏》。二折均繫代人草擬，康並無請定國是的自上之折；以《國是摺》與代擬原折相對照，內容差異甚大。可見《戊戌奏稿》所錄並非原折，而繫日後改撰。代擬原折主要內容有二：一是請明定國是，著重強調守舊、開新之間的根本對立，指出守舊者的破壞、阻撓對實行新政的嚴重危害，強烈要求皇上於新舊兩途明定趨向，不再遊移徘徊。《國是摺》雖亦請明定國是，但未言守舊開新之黨爭，未論皇上的曖昧態度，對「守舊親貴」的指斥亦遜於代擬原折。二是大用賞罰，「賞擢」開新者，「罷斥」守舊者。此點為《國是摺》所無。

《請廢八股、試帖、楷法試士，改用策論摺》（簡稱《廢八股摺》）

該文原載《戊戌奏稿》，署「四月」。按照折中文句，該折係四月二十八日光緒召見後康有為的自上之折。查《自編年譜》，自光緒召見後至五月初五日上諭廢八股改策論之前，康撰過兩件請廢八股之折。一是代宋伯魯所擬「廢八股之折」，原折見《戊戌變法檔案史料》，即《請變通科舉，上法祖制，特下明詔，改八股為策論，以作人才而濟時艱摺》。一是以「請廢八股及開孔教會」等為內容的奏摺，原折今見《匯錄》，即《請商定教案法律，釐正科舉文體，……以尊聖師而保大教，絕禍萌摺》，廢八股為其中內容之一。此外，康並無請廢八股的自上之折。又，《廢八股摺》篇首即言「奏為恭謝天恩，特許專折奏事」。據《自編年譜》，康「具折謝恩」是在五月初一日，內容是「再陳『大誓群臣，統籌全域，開制度局』三義」，從總體上提出變法維新的建議。該折原件今見《匯錄》。既以此專折謝恩，似不應在此之前便以「恭謝天恩」為由言事，而內容卻以廢八股為中心。康有為於光緒召見後便「發書告宋芝棟，令其即上廢八股之

折」，是因為召見時光緒已對康提出的廢八股建議明確表態「可」，康想趁勢促其實現。而「謝恩」上折是對整個召見中「面對未詳」的要事書面上呈，顯然不可能限於廢八股事。對此，五月初一日「謝恩」原折中已說得很明確：「臣……蒙聖恩，許令將面對未詳者，準具折條陳，……臣所欲言而未詳者，審時勢而定從違，籌大局而定制度，誓群臣而明維新而已。」而《廢八股摺》卻云：「竊臣……荷蒙召對，……又令隨時上陳，特許專折奏事。……臣竊惟今變法之道萬千，而莫急於得人才，得才之道多端，……則莫先於廢八股矣。……面對未詳，敢為我皇上先陳之。」顯與前折相悖。可見《廢八股摺》並非戊戌年間所擬，而繫日後改撰。以廢八股原折與改撰之折相比較，廢八股改策論意旨相同而文句大異；在具體內容上，有若干不同之處。

《請廣譯日本書、派遊學摺》（簡稱《譯書遊學摺》）

該文原載《戊戌奏稿》，署「五月」。查《自編年譜》，康有為於戊戌四月曾代楊深秀草《請開局譯日本書摺》、《請派遊學日本摺》。兩折原件今見於《戊戌變法檔案史料》。可知康當時是將「譯日本書」和「派遊學」二事分別擬折，由人代上，並未另外自上《譯書遊學摺》，該折當繫日後改撰。以代擬原折與《譯書遊學摺》相比較，譯書、遊學意旨略同而字句多異，內容差別較大。

《請開制度局議行新政摺》（簡稱《制度局摺》）

該文原載《戊戌奏稿》，署「七月」。據《自編年譜》和《匯錄》，戊戌七月康有為所上有關開制度局折僅有《恭謝天恩並陳編纂群書以助變法摺》。該折《戊戌奏稿》中已重撰為《謝賞摺》。此外，光緒召見之後，康有為還曾多次草折請開制度局。其中，有上於五月

初一日的《請御門誓眾，開制度局以統籌全域摺》，該折《戊戌奏稿》中已重撰為《統籌摺》。另有於「五月時」分別代楊深秀等五人所草言「制度局之意」的奏摺，可知請開制度局本有代擬原折，惜原折今皆未見。按《制度局摺》內容及文句，多有與《戊戌奏稿》中其它奏摺相同或相似之處。如該折言變法必須先後有序，條理繁詳，如匠人築室必先有規劃，製衣者裁縫必先計尺度等，即見於《統籌摺》；又如該折言開法律局以收「治外法權」，定新律以「與萬國交通」等，即與《應詔摺》立法律局條略同。由此可見，《開制度局》折亦係戊戌政變後改撰。

《請計全域，籌鉅款，以行新政、築鐵路、起海陸軍摺》（簡稱《籌款摺》）

該文原載《戊戌奏稿》，署「七月二十後」。查《自編年譜》，康有為僅於戊戌二月分別代宋伯魯、陳其璋草擬過《請統籌全域籌鉅款摺》，《戊戌奏稿》署「七月」誤。代宋、代陳折原件今分藏於故宮博物院明清檔案部和臺北中央研究院近代史研究所，分別收入《康有為政論集》和《康有為戊戌真奏議》二書。《籌款摺》內容與此二篇代擬原折相異甚大，可見並非原折，而繫日後改撰。又，《籌款摺》內容與戊戌年間基本史實多有相悖之處。《籌款摺》言「統籌全域」，內容為「行新政、築鐵路、起海陸軍」三事，最後則落實於「大籌鉅款」之策，此與康的基本變法主張不合。查戊戌二月康代宋、陳草折後，言「統籌全域」之折有二，一是上於五月初一日的《請御門誓眾，開制度局以統籌大局摺》，一是上於七月十三日的《恭謝天恩，並陳編纂群書以助變法，請及時發憤，速籌全域，以免脅制而圖保存摺》，二折言「統籌全域」都是要求詳細制定全面變法的規劃，並最後落實於「開制度局」。康有為對開制度局一事看得頗重，將其視做

舉辦新政各事的前提，戊戌七月「軍機四卿」曾「亟亟欲舉新政」，康有為「以制度局不開，瑣碎拾遺，終無當也，故議請開懋勤殿以議制度」。因此，康不可能在此同時又視「行新政」等三事即為「統籌全域」，並將「大籌鉅款」作為關係全域的當務之急。進一步考察，《籌款摺》中所言「行新政」等三事均有不符史實之處。「行新政」中包含的「設巡警」、「整土田」、「行自治」、「改判獄」等主張，不見於康有為前此所提出的新政條陳；「築鐵路」所云「前臣請築鐵路……」，係指收入《戊戌奏稿》中的《請廢漕運，改以漕款築鐵路摺》，該折本無原折，繫日後另撰（見後考），因而不足信；「起海陸軍」中所言建海陸軍主張，亦不見於康前此奏議，而是與寫於1907年的《請願書》中的有關內容相似。

四　本無原件，日後另撰，內容與戊戌年變法主張有異或大異的六篇

《請停弓刀石武試，改設兵校摺》（簡稱《停武試摺》）

該文原載《戊戌奏稿》，署「四月」。查《自編年譜》，無上此折的記載。據黃彰健考訂：「今檢實錄，武試停弓刀步石，在戊戌二月庚辰已有明詔。康此折長達六面半，其中六面係說明武試為什麼應停弓刀步石，實與當時情事不合。」[3] 又，康有為代宋伯魯擬《請改八股為策論摺》（上於戊戌四月二十九日）言：「夫武科已改試槍炮矣，況文科關係尤巨乎。」可作黃考的補充。由此可見《停武試摺》並非原折，而繫日後另撰。

3　黃彰健編：《康有為戊戌真奏議》（臺北市：臺北中央研究院歷史語言研究所，1974年），頁450。下引該書同此版本，不再另注。

《請裁綠營，放旗兵，改營勇為巡警，仿德日而練兵摺》（簡稱《裁兵摺》）

　　該書原載《戊戌奏稿》，署「五月」。查《自編年譜》，無上此折的記載。《裁兵摺》言：「臣前請遼蒙準藏，皆改大藩，設總督，宿重兵。」按此請不見於《自編年譜》和現存戊戌年康有為所上奏議，而與1907年康所擬《請願書》中有關內容完全相合。又，《裁兵摺》主要言裁綠營、放旗兵、改營勇為巡警、仿德日而練兵等四事。查現有史料，戊戌時期康有為關於軍事改革方面的建議主要見於《上清帝第二書》、《上清帝第三書》等奏議。以《裁兵摺》與之相對照，除裁綠營一事相同外，其它主張均大異。由上可見，《裁兵摺》並非戊戌年原折，而繫日後另撰。《請定立憲開國會摺》（簡稱《立憲摺》）該文原載《戊戌奏稿》，注明「代內閣學士闊普通武」，署「六月」。查《自編年譜》，無代闊普通武擬此折的記載。相反，對闊普通武所提出的「請開議院」的主張，康有為持反對態度：「內閣學士闊普通武嘗上疏請開議院，上本欲用之，吾於《日本變政考》中，力發議院為泰西第一政，而今守舊盈朝，萬不可行，上然之。」嚮往議會政治而又反對即開議院（國會），是康有為戊戌年間基本的政治態度。他所極為重視並反覆強調的變法綱領性措施是開「制度局」。「制度局」的開設雖與「三權鼎立之義」有密切關係，但與開國會和實行虛君制又有重大區別。因此，康不可能在主張開制度局的同時，又提出「立行憲法，大開國會」的要求。《立憲摺》的內容與康戊戌年間的政治主張不合，而與康草於1907年的《請願書》中請願第一事「立開國會以實行立憲」相同。由此可見，《立憲摺》並非戊戌年原折，而繫日後另撰。

《請君民合治，滿漢不分摺》（簡稱《合治摺》）

　　該文原載《戊戌奏稿》，署「六月」。查《自編年譜》，無上此折的記載。該折中提及「內閣學士闊普通武請行憲法而開國會」，此即指《戊戌奏稿》中所載代闊普通武所擬《立憲摺》。前已考析代闊普通武折並非原折，則《合治摺》亦係戊戌政變後所另撰。又，《合治摺》中若干重要內容，如言魏文帝之令皇族、功臣盡改漢姓，請「立裁滿漢之名而行同名之實」，析「國號」與「朝號」之別，請去朝號而定國號為「中華」等，皆見於康1907年撰寫的《請願書》。

《請廢漕運，改以漕款築鐵路摺》（簡稱《廢漕摺》）

　　該文原載《戊戌奏稿》，署「七月」。查《自編年譜》，無上此折的記載。又據《自編年譜》記，戊戌七月康有為曾「草折言官差並用之制，……乃言方今官制，誠不可不改，然一改即當全改，統籌全域，如折漕之去漕運，……尤為要義也。上即大裁冗散卿寺，……並及漕運」。該折原件今見於《匯錄》，即《釐定官制，請分別官差以行新政，以高秩憂耆舊，以差使任才能摺》，所言與《自編年譜》所記皆合，惟無「去漕運」等語，則言「漕運」等恐係康記憶有誤。再，按照康有為戊戌年變法的設想，舉行新政需別設專門機構，另選「通才」任職，「故請開十二局及民政局」，十二局中第七局即為鐵路局，「掌天下開鐵路事」。而戊戌六月十五日，光緒已明諭「於京師專設礦務鐵路總局」，特派總理各國事務王大臣王文韶、張蔭桓「專理其事」。上於戊戌「七月」的《廢漕摺》卻建議「以漕運總督缺為鐵路總督」，不僅與康的變法設想不合，且「與當時情勢不合」。[4]由上可見，《廢漕摺》並非戊戌年原折，而繫日後另撰。

4　黃彰健編：《康有為戊戌真奏議》，頁480。

《進呈突厥削弱記序》(簡稱《突序》)

　　該文原載《戊戌奏稿》，署「戊戌五月」。查《自編年譜》，無上此書的記載。《突序》中言：「竊幸恭逢我皇上神聖英武，維新變法，且決立憲。」按戊戌年間光緒並無「決立憲」之事，康有為亦無此條陳。「決立憲」之說見於《戊戌奏稿》所錄《立憲摺》、《合治摺》和《謝賞摺》，此三折前已考析皆非戊戌年原折，而繫日後撰寫。由此可見，《突序》亦非戊戌年原序，而繫日後另撰。

　　根據以上考察，我們認為，《戊戌奏稿》由於絕大多數篇目係戊戌年後所撰寫，且內容與戊戌年原件有異或大異，因而全書不宜再作為評價康有為及維新派戊戌年間思想認識的基本文獻依據。但是，《戊戌奏稿》中尚以與原件不同的文句，表達了康有為戊戌年的相當一部分真實想法；更值得注意的是，它鮮明地反映了戊戌政變後其思想認識所發生的變化，就這兩方面而言，《戊戌奏稿》仍然具有重要的價值。

犬養毅題記與《大同書》手稿寫作年代辨析

　　關於康有為的《大同書》何時寫成，史學界從20世紀50年代起一直存有爭議。1980年前，爭議各方所依據的《大同書》，皆為該書刊本，手稿則未獲見。1980年以來，在上海博物館和天津圖書館先後發現了《大同書》的手稿[1]，為研究《大同書》成書年代提供了最新和最可靠的史料。

　　除手稿本身的內容外，特別值得注意的是，在天津圖書館所藏手稿本的第一冊卷首有日本人犬養毅寫的題記，全文為：

> 南海先生僑寓東京距今殆四十年也。先生出示《大同書》稿本廿餘篇，是時起稿以後已經廿餘年，深藏篋底。先生晚年僅刊第一篇，無幾棄世。此著先生一生心血之所注，雖敷衍《禮運》一篇，實為先儒未發之學。予尤服研鑽之精，造詣之深矣。犬養毅。[2]

　　題記表明，包括題記這次在內，犬養毅先後兩次讀過《大同書》的手稿。而據現有記載，即使在與康有為關係密切的門生弟子中，有幸一睹《大同書》手稿者也是極少的。因此，對於考察《大同書》的

1　該手稿於1985年由江蘇古籍出版社影印出版，題名為《康有為〈大同書〉手稿》。

2　見《康有為〈大同書〉手稿》。

成書年代，此題記具有重要的意義。

1985年，朱仲岳先生發表《〈大同書〉手稿南北合璧及著書年代》[3]一文，主要根據犬養毅的題記，證以其它史料，對《大同書》的成書年代提出了一種新說，認為：「《大同書》成書及流傳經過大致是：1898年9月12日康有為去日本時，已有稿本『廿餘篇』。在東京時曾向日本人『出示』此稿，以後即隨康有為周遊列國，『辛丑、壬寅間，避地印度，乃著為成書』」，而此稿本「廿餘篇」的具體寫作時間「當指康有為自稱做『人類公理』之時，即1884年」。要之，就是認為康有為於1884年便已寫出了《大同書》的手稿。此說頗為新穎，但仔細考析，還有不少值得商榷之處。

朱文以犬養毅題記作為立論的主要依據，可是，文中對該題記所作的解釋在幾個關鍵問題上都是有誤的。

第一個問題是：康有為向犬養毅「出示」《大同書》稿本是在何時何地？

朱文認為，「出示」的時間是在1898年9月～1899年2月，即康有為第一次在日本之時[4]；地點是在東京。朱文作此推斷，依據的是題記第一句：「南海先生僑寓東京距今殆四十年也。」但這一推斷並不準確。

題記第一句包含著兩個意思：一是提到康有為僑寓東京之事，當指康有為第一次到日本，因為康有為到日本共三次，只有這次「僑寓」東京；二是感歎康有為僑寓東京距題記之日已差不多四十年[5]。

3　《復旦學報》1985年第2期。以下凡引該文不再另注。

4　康有為第一次在日本的時間應為1898年10月～1899年4月。參見湯志鈞：《戊戌變法史》，頁524、527。

5　「四十年」是個約數。犬養毅題記未署時日，但由犬養毅卒於1932年，題記中有「先生⋯⋯無幾棄世」可知，題記應寫於康有為1927年3月卒後-犬養毅1932年5月死難之前。題記之日距康有為僑寓東京之時相距29~34年。

該句談及地點（「東京」）和時間（「殆四十年也」），顯然是用以表達對故友的懷念之情，與下文何時何地「出示」《大同書》並無直接關係。「出示」句雖緊接第一句，但講的已是另外一回事，不能僅僅因為兩句話上下相承，就認為兩件事（即「僑寓東京」和「出示《大同書》」）也一定發生在同一時期。在康有為到日本的三次中，除第二次（1899年10月）係回香港探母病，僅在神戶作短暫停留，因而不可能有「出示」之事外，上述第一次僑寓東京，第三次於1911年6月～1913年11月居神戶須磨，都有「出示」的可能性（這裏，我們假定《大同書》寫於何時還不能加以確定，因為按照該書寫成於1901~1902年的事實，康有為1898年僑寓東京時也沒有出示《大同書》的可能性）。而究竟是在哪一次，這就需要題記之外的史料來加以證明。

　　檢索史料，犬養毅所云「出示」，康有為有過一段明確的記載。1919年，康有為在發給犬養毅的一則電文中這樣寫道：「惟昔在湯河，同浴溫泉，曾以《大同書》就正於執事，執事以為自有東亞數千年以來，未嘗有此書也。非執事之遠識，孰能賞心及此。」[6]這段記載足以說明我們解決康有為於何時何地向犬養毅「出示」《大同書》的問題。地點，電文中已直接指出是在「湯河」，當為日本神奈川縣湯河原町。那麼時間是在哪一年呢？查康有為與犬養毅同遊湯河原，只有過1912年10月這一次，亦即康有為第三次在日本之時。當時，康有為剛送梁啟超回國不久，多次到日本各地旅遊。其中有一次就是與犬養毅、阮鑒光一起遠遊日光山、湯河原等地。[7]關於這次與犬養毅等人同遊，康有為在1913年寫的《送三水徐勤君勉應僑選議員歸國

6　《電犬養木堂轉達日本內閣撤兵交還文》，《康有為政論集》下冊，頁1068。

7　馬洪林：《康有為大傳》，頁436。

序》中也有提及：「日本前文部大臣國民黨魁犬養毅、議員柏原文太
郎同遊於熱海，驅車於湯河，俯仰海山，縱論人物……。」[8]康有為
向犬養毅「出示」《大同書》，應該就在此時。這與題記所云「是時起
稿以後已經廿餘年」也相符合。因為按康有為的說法，《大同書》寫
於1884年，從該年到1912年，共28年，即「廿餘年」。假如「出示」
的時間不是1912年而是朱文所認為的1898~1899年，那麼與1884年相
距僅十四五年，顯然與「廿餘年」不符。

　　第二個問題是：康有為向犬養毅出示的《大同書》稿本，是否就
是犬養毅題記的稿本。

　　朱文認為兩者就是同一個稿本。理由是題記中說「是時起稿以後
已經廿餘年，深藏篋底」，證以其它史料，可知「起稿」就是《大同
書》的最初寫作，而題記本從字跡、行文、摘引等方面的特徵來看，
「決非定稿付印之本，乃原始屬草之本」，因此兩者是同一件東西。
然而，這一理由並不可靠。

　　第一，「起稿」云云，顯然不是犬養毅可以證明的事實，而只能
是從康有為本人口中聽到的一種說法，但這種說法本身是需要加以證
實的（至於朱文引證的其它史料，筆者後文再析）。

　　第二，根據題記，犬養毅親眼所見到的是「《大同書》稿本廿餘
篇」。朱文注意到了「此處所言廿餘篇……不知作何篇幅」，但沒有看
出正是此點表明《大同書》的「出示」本與題記本不是同一稿本。我
們知道，題記本是原始稿本，在體例上，全稿僅分成八卷，偶有小
題，而不分篇章，因此在篇幅上，很難說成是「廿餘篇」。而且，如
果「出示」本就是題記本，那麼犬養毅舊物重睹，在題記中應會加以
明確的說明，而不會另以「《大同書》稿本廿餘篇」相稱。

　　第三，題記本手稿字跡潦草，多圈改勾劃，閱讀不易，康有為既然以《大同書》「就正」於友人，似也不應以此草稿相示。

　　凡此種種，筆者以為只有用「出示」本與題記本是兩個不同的稿本才能解釋。

　　那麼，事實上，除了現存題記本之外，《大同書》是否還有其它稿本呢？有。這就是1913年在《不忍》雜誌上發表的《大同書》的稿本。康有為1919年在《大同書》刊本的序言中寫道：「此書有甲乙丙丁戊已庚辛壬癸十部，今先印甲乙兩部，蓋已印《不忍》，取而印之，余則尚有待也。」又，康有為的弟子錢定安在1935年中華書局出版的《大同書》序言中寫道：「是書凡十卷，前二卷早已印行，餘均草稿。在甲戌，由武進蔣竹莊先生之介，獲交舒君新城於中華書局謀梓以行世。」可見《不忍》雖僅刊出《大同書》的甲乙兩部分，但全書已分為十部，且章節分明，似已基本定稿。筆者以為，康有為於1912年10月向犬養毅出示的《大同書》稿本（出示了「廿餘篇」），就是這個定稿本（亦即錢定安說的「草稿」）。

　　第三個問題是：康有為向犬養毅「出示」的《大同書》稿本寫於何時？

　　朱文認為是寫於康有為自稱做「人類公理」之時，即1884年。其主要依據也是題記中「是時起稿以後已經廿餘年，深藏篋底」這句話。前已指出，此話本係出自康有為之口，確否尚待證實，因此不可直接引以為據。

　　要弄清「出示」本寫於何時，有必要首先弄清作為原始手稿的題記本的寫作年代。對此，湯志鈞先生專門進行過研究，認為「手稿（即題記本）的發現，有力地證明康有為不可能在1884年即已撰有《大同書》，而是政變以後遊歷歐美，避居印度時所撰」，「手稿的發

現，使我們無可懷疑地認定它是1901～1902年間所撰」。[9]這一結論主
要有兩大證據：（1）手稿中記載1884年以後的事蹟很多，而且這些記
載都寫在正文之中，可見手稿是撰於1884年以後。（2）康有為1901～
1902年在印度大吉嶺著有《政見書》（即《答南北美洲諸華商論中國
只可行立憲不能行革命書》）、《論語注》、《孟子微》等，這些著作現
手稿俱在，將《大同書》手稿與之相比，在稿本裝幀、筆跡、紙色等
方面完全一致，可見它們應撰於同一時期。[10]筆者認為，這兩個證據
都確鑿不移，據此而得出的結論，應該說正確解決了《大同書》手稿
的寫作年代問題。

　　既然《大同書》的原始稿本寫於1901~1902年，那麼「出示」本
的寫作（實際上是在前一稿本的基礎上進行修改定稿及抄正工作）時
間當然應在此之後。後到多久？前已指出，「出示」的時間是在1912
年10月，那麼，「出示」本（至少是其中「廿餘篇」）的寫定應不晚於
此。關於這點，還有一個可資考察的材料。這就是在康有為家屬於
1961年捐贈的文稿中，另有一種《大同書》抄本（大概也就是1956年
古籍出版社重印《大同書》時從康有為家屬那裏借到的抄本），係用
紅格竹紙抄寫，紙的中縫有「遊存簃」三字。[11]查康有為1912年在日
本須磨居於奮豫園，而「遊存簃」（又名「遊存別墅」）可能就是設在
該園中的一個書齋的名字。[12]康有為在奮豫園一直住到1913年11月離
開日本為止。筆者推測，《大同書》的抄寫當在此時，《大同書》全書
的定稿可能亦在此時或此時之前不久。

9　《〈大同書〉手稿及其成書年代》，湯志鈞著：《康有為與戊戌變法》，頁130、128。

10　湯志鈞：《康有為與戊戌變法》，頁128-131。

11　湯志鈞：《康有為與戊戌變法》，頁126。

12　馬洪林：《康有為大傳》，頁433。康有為此時寫過題為《須磨遊存簃夏日即事六
　　首》的詩。

　　以上考釋概括起來說就是：康有為於1901~1902年寫成《大同書》的最初稿本之後，於1911年6月~1913年11月第三次在日本期間基本上完成了對該著的修改定稿工作；其間，於1912年10月曾向犬養毅出示定稿本的廿餘篇，並稱此稿寫於廿餘年之前，一直深藏篋底。1913年定稿本的甲乙兩部在《不忍》雜誌上公開發表。這就是《大同書》從開始寫做到正式刊佈的大致過程。

　　除主要依據犬養毅題記外，朱文還引了其它五條史料，以證明《大同書》初稿的確寫於1884年。但這五條史料中，引自《康南海自編年譜》的兩條[13]只能說明康有為於1884~1885年編寫過《人類公理》，不能證明寫作了《大同書》；引自「今本」《大同書》甲部、乙部的兩條[14]和康有為1919年所寫《大同書題辭》的一條[15]，則是康有為「倒填成書年代」。對這些史料，早在20世紀50年代就有論者作過深入的辨析，而《大同書》手稿的發現，使之得到了完全的證實。[16]

　　筆者還要補充的一點是：可以證明康有為自云《大同書》著於1884年是「倒填年月」，還可引他本人於1902年寫的《大同書成題詞》中的兩句：「廿年抱宏願，卅卷告成書。」這兩句詩表明康有為雖然當廿年前，即約1884年時，便開始立下了描繪人類社會大同遠景的「宏願」，但這一「宏願」只是在廿年後才得以著成為書。這兩句

---

13 其一：「……是歲（1884年）編『人類公理』，游思諸天之故……」其二：1885年，「乃手定大同之制，名曰『人類公理』」。

14 《大同書》甲部《入世界觀眾苦·緒言》：「康有為生於大地之上……吾地二十六周於日有餘矣。」乙部《去國界合大地》小注：「吾作此在光緒十年，不二十年而俄立憲矣」；「吾作此在光緒十年，不二十年而高麗亡」。

15 《大同書題辭》：「吾年二十七，當光緒甲申（1884年）……感國難，哀民生，著《大同書》。」

16 詳見《論〈大同書〉的成書年代》、《〈大同書〉手稿及其成書年代》，轉引自湯志鈞：《康有為與戊戌變法》。

詩反映的史實是真實的。可是，當康有為於1911~1913年對《大同書》進行定稿，並準備發表一部分時，他卻有意將成書年代倒填為1884年，並在1912年10月向犬養毅出示定稿本時以倒填的年代相告，而這大概是康有為對倒填年代的最早傳播。

慈禧不反對變法嗎

　　勃興一時的戊戌變法，是被慈禧為首的後黨鎮壓下去的。但在解釋慈禧發動政變的原因時，當時新舊兩派人物如王照和陳夔龍等都發表過這樣一種見解，就是慈禧其實並不反對變法，政變只不過是「家務之事」或單純的權力之爭。[1]這一見解近幾年重被提起，並被論者進一步加以引申，認為慈禧當時不但不反對變法，而且對整個變法運動基本持肯定和贊同態度，維新派卻以慈禧為敵，結果是招致了扼殺變法的政變。這就不僅涉及如何評價慈禧，而且涉及如何評價維新派和維新運動等一系列重要問題，不可不加以深入的討論。

一

　　王照在論慈禧不反對變法時提出了一個基本論據，即「慈禧但知權利，絕無政見」[2]。這個論據能不能成立，筆者以為是判斷慈禧究竟反不反對變法首先要弄清的一個關鍵性的問題。如果確如王照所言，那麼不論慈禧與維新派存在著何種分歧，都沒有新舊對立的性質；如果慈禧不是沒有政見，那麼，我們就必須將其政見與維新派及光緒帝的政治主張進行比較之後再作判斷。

　　所謂政見，就是對政治問題的看法。而當時清朝統治者面臨的最

1　王照：《方家園雜詠二十首並紀事》，《戊戌變法》第四冊，頁359；陳夔龍：《夢蕉亭雜記》，《戊戌變法》第一冊，頁481。

2　王照：《方家園雜詠二十首並紀事》，《戊戌變法》第四冊，頁359。

大的政治問題,就是要不要變法和如何變法。在這方面,我們並未見到直接出自慈禧之手的文獻。但根據現有史料,慈禧對這些政治問題並非毫無看法,恰恰相反,她一直有著明確的見解。早在戊戌年之前,慈禧就對急切想要變法的光緒帝說過:「變法乃素志,同治初即納曾國藩議,派子弟出洋留學,造船制械,凡以圖富強也。若師日人之更衣冠,易正朔,則是得罪祖宗,斷不可行。」當光緒帝將馮桂芬的《校邠廬抗議》一書呈遞閱覽時,慈禧「亦稱其剴切」,但「戒帝毋操之過蹙」。[3] 從這些記載可知慈禧有兩條政見,即變法不能得罪祖宗,變法不能操之過急。其中慈禧所言作為「素志」的變法,顯然並不是維新派的變法,而只是辦洋務的同義語。而《校邠廬抗議》恰好是一部以宣傳洋務思想為主要內容之一的著作,因此它得到了慈禧的讚語。我們不可把慈禧的贊成洋務等同於贊成維新派的變法。

對上述兩條政見,慈禧在戊戌年間是一再加以強調的。據金梁《四朝佚聞》記載:「戊戌變法,(光緒帝)亦事事請懿旨,太后方園居,厭其煩,遂諭帝但無違祖制,可自酌。」[4] 這就是說,只有在無違祖制的前提下才可「變法」。另據《周馥年譜》記載:「……康有為屢上救時之策,大臣多保奏,上信任之。時太后退居頤和園,不與政,但屬上勿專信新進急切改圖而已。」[5] 除了重申「變法」不能太快之外,慈禧還加上了不可「專信新進」即不可專信維新派一條。

如果說,由於處在不斷高漲的變法運動之中,慈禧的上述政見還表達得較含蓄,那麼,當政變發生,慈禧闡述自己的政見就鋒芒畢露了。就在戊戌年八月初六日,即慈禧宣佈「訓政」,政變正式爆發的當天,慈禧當著慶親王奕劻、端郡王載漪和諸軍機御前大臣的面,設

3　費行簡:《慈禧傳信錄》,《戊戌變法》第一冊,頁464。

4　《四朝佚聞》,《戊戌變法》第四冊,頁221。

5　《周馥年譜》,《戊戌變法》第四冊,頁211。

置竹杖，疾聲厲色地對光緒帝進行了第一次審訊。此記錄見於蘇繼祖的《清廷戊戌朝變記》，記錄稱：「是日太后御便殿，……訊問皇上曰：『天下者，祖宗之天下也，汝何敢任意妄為！諸臣者，皆我多年歷選，留以輔汝，汝何敢任意不用！乃竟敢聽信叛逆蠱惑，變亂典型。何物康有為，能勝於我選用之人？康有為之法，能勝於祖宗所立之法？汝何昏憒，不肖乃爾！』……復向皇上曰：『變亂祖法，臣下犯者，汝知何罪？試問汝祖宗重，康有為重，背祖宗而行康法，何昏憒至此？』皇上戰慄對曰：『是固自己糊塗……』太后厲聲怒曰：『難道祖宗不如西法，鬼子反重於祖宗乎？康有為叛逆，圖謀於我，汝不知乎？尚敢迴護也！』」[6]話語雖多，其基本意思與慈禧此前表達過的「政見」也沒有什麼不同，無非是強調祖宗之法決不能變，維新派決不能信，等等，這可以說是慈禧一貫的政治態度。

既然慈禧不是「但知權利，絕無政見」，而是有著上述明確的政見，那麼，她與維新派及支持維新派的光緒帝之間就勢必發生嚴重的政治衝突，就不可能肯定和贊同他們的變法。

先看維新派。對於祖宗之法，他們明確表示：「祖宗之法，以治祖宗之地也，今祖宗之地不能守，何有於祖宗之法乎？」[7]還進一步指出：「夫中國二千年來，以法治天下，而今國勢貧弱，至於危迫者，蓋法弊致然也。」[8]因而變法不能僅「補苴罅漏，彌縫缺失」，而必須「盡棄舊習，再立堂構」。[9]對於變法之緩急，他們早在1888年即戊戌前十年就大聲疾呼：「……國事蹙迫，在危急存亡之間，未有若今日之可憂也」，「故從臣之言，及今亟圖，猶為可治……否則恐數年

6　蘇繼祖：《清廷戊戌朝變記》，《戊戌變法》第一冊，頁346-347。
7　《康南海自編年譜》，《戊戌變法》第四冊，頁140。
8　《上清帝第三書》，《康有為政論集》上冊，頁140。
9　《上清帝第四書》，《康有為政論集》上冊，頁152。

後，四夷逼於外，亂民作於內，於時乃欲為治，豈能待我十年教訓乎？恐無及也」。[10]在膠州灣事件發生後所撰寫的《上清帝第五書》中，康有為要求迅即變法的語氣更為強烈，明言「宗社存亡之機，在於今日；皇上發憤與否，在於此時。若徘徊遲疑，因循守舊，一切不行，則⋯⋯沼吳之禍立見，烈晉之事即來，職誠不忍見煤山前事也」[11]。百日維新期間，康有為在不少奏摺中都表露出對加快變法步伐的渴望。這種對變法之事焦急萬分的心情與慈禧的「勿⋯⋯急切改圖」恰成鮮明的對比。對於新舊兩派，維新派更是堅決主張扶新抑舊，請求朝廷對阻撓、誹謗、破壞變法的守舊大臣毫不留情地予以重罰，這方面的史料不勝枚舉。最能表明維新派以新排舊、以新代舊態度的，是康有為提出的開制度局的主張。這一主張的實質，是企圖在光緒帝的支持之下，由維新派的代表人物組成從中央到地方的新政領導機構，從而實際上部分乃至全部奪取守舊派所掌握的權力。這一主張在守舊派中所引起的敵對情緒也是異常強烈的，他們感到康有為欲「盡廢內閣六部及督撫、藩臬司道」，因而惶恐不已，一時「京朝震動，外省悚驚，謠謗不可聽聞矣」。有的軍機大臣甚至表示：「開制度局，是廢我軍機也，我寧忤旨而已，必不可開。」[12]

再看光緒帝。他雖然沒有獨立的變法思想，但由於受維新派的影響，在一些重大的原則問題上，與維新派的變法思想一致。這一點，在光緒帝親自召見康有為時的談話中表現得很明顯。當時，對君權變法抱著莫大希望的康有為，面對光緒帝的詢問，發表了許多對變法問題的基本見解。其中既談到「非盡變舊法與之維新不能自強」，「所謂變法者，須自制度法律先為改定，乃謂之變法。今所言變者，是變事

10 《上清帝第一書》，《康有為政論集》上冊，頁53、60-61。

11 《上清帝第五書》，《康有為政論集》上冊，頁209-210。

12 《康南海自編年譜》，《戊戌變法》第四冊，頁153。

耳，非變法也。臣請皇上變法，須先統籌全域而全變之，又請先開制度局而變法律，乃有益也」，又談到「皇上欲變法，惟有擢用小臣，廣其登薦，予之召對，察其才否，皇上親拔之，不吝爵賞，破格擢用」，等等。對這些重要見解，光緒都表示贊同，並要康有為在召見之後繼續「具折條陳」[13]。這種一致性，我們從政變前夕光緒帝親筆寫給楊銳的密詔中還可以更清楚地看出來。這道極不尋常的密詔寫道：「近來朕仰窺皇太后聖意，不願將法盡變，並不欲將此輩老謬昏庸之大臣罷黜，而用通達英勇之人，令其議政，以為恐失人心。……今朕問汝，可有何良策，俾舊法可以全變，將老謬昏庸之大臣，盡行罷黜，而登進通達英勇之人，令其議政，使中國轉危為安，化弱為強，而又不致有拂聖意。」[14]密詔表明，光緒帝贊成維新、支持變法有著比較牢固的思想基礎。對維新派提出的具體的變法主張，光緒更是差不多言聽計從，許多被直接採納到雪片似下達的新政詔令之中。對其中某些要害性的變法建議，如開制度局等，光緒帝雖然無力將其最後變為諭旨，但也為它們能夠被採納做過很大的努力。[15]在裁撤冗官、開設議院等問題上，光緒帝甚至表現得比維新派更激進一些，以致康有為亦覺得如此速變不妥。[16]

　　將慈禧的「政見」與維新派及光緒的變法態度對比，我們不難看出兩者之間的嚴重對立：一方固守祖法，一方卻要堅決破除祖法；一方苟且偷安，一方卻要快變急變；一方信賴舊大臣而仇視維新派，一方卻要由維新派將舊大臣取而代之。因此，從根本上說，慈禧是反對變法的，她與維新派及光緒帝之間的矛盾是不可調和的。

13　《康南海自編年譜》，《戊戌變法》第四冊，頁145-147。
14　趙炳麟：《光緒大事匯鑒》卷九，轉引自湯志鈞：《戊戌變法史》，頁418。
15　孔祥吉：《戊戌維新運動新探》，頁270-217。
16　《康南海自編年譜》，《戊戌變法》第四冊，頁157-158。

二

　　然而，在相當一段時期內，慈禧並沒有禁止光緒帝和維新派的一切變法言行，在戊戌年間反而還給予了光緒一定的「事權」，使他得以「急切改圖」；在百日維新時期，慈禧還「批准」了許多由維新派提出而由光緒帝採納頒佈的新政措施，使變法運動一時顯得有聲有色。這似乎又證明慈禧並不反對而是贊同和支持變法。如何分析這種表面上看起來極為矛盾的現象，是弄清慈禧究竟反不反對變法的另一個關鍵性問題。

　　如前所述，慈禧與維新派及光緒帝之間客觀上存在著嚴重的「政見」之爭，但是，除了政見之爭外，慈禧與光緒帝、后黨與帝黨之間還長期存在著權力之爭。為了保有或爭得權力，對立的雙方有時需要做出這樣那樣的讓步。慈禧在戊戌年間允許光緒帝有一定的事權，就正是權力之爭中的一個讓步。

　　導致慈禧對光緒帝讓步的因素是多方面的。一是由於祖制的約束。眾所週知，慈禧有著極強的權力欲，但礙於祖制，她也不能自己當皇帝；當光緒帝完婚後，她也不得不在表面上「撤簾歸政」。慈禧雖歸政卻毫不放權，這一點於祖制仍顯有違礙，因而當不滿的朝臣議論慈禧「把持」大權，不允光緒「放手辦事」時，慈禧便不得不慎重地加以考慮。[17]二是由於時勢的逼迫。中日甲午戰後，逐漸出現了列強瓜分中國的狂潮，把持朝廷大權的慈禧統治集團已使中國蒙受了割地賠款的奇恥大辱，面對新的更大的危機，又仍然是因循守舊、「舉朝無一策」[18]；相比之下，倒是積極主張變法的光緒帝和帝黨顯示出

---

17 蘇繼祖：《清廷戊戌朝變記》，《戊戌變法》第一冊，頁346。
18 費行簡：《慈禧傳信錄》，《戊戌變法》第一冊，頁46。

某些勵精圖治、重新振作的氣象，對輿論產生影響，被人們所看重。這無疑構成一種頗大的壓力，迫使慈禧不得不在政治上相應地予以表示，以改善自身的形象。三是由於光緒帝本人的力爭。據記載，百日維新之前，光緒帝曾不顧一切地向慈禧爭權：「至廿三年終，德人佔據膠州，上益憂懼，至今春，乃謂慶王曰：『太后若仍不給我事權，我願退讓此位，不甘作亡國之君。』」[19]正是因為光緒帝表示出了一種近乎決裂的態度，加上慶親王奕劻從中斡旋，慈禧才最後做出了放權的決定。

由此可見，慈禧給光緒帝一定的事權，只是證明了她在權力鬥爭中的一種無可奈何、極不情願，而且極為有限的退讓，而不能證明她不反對變法。

那麼，所謂慈禧「批准」光緒帝所發佈的新政詔令是否能夠證明她不反對變法呢？也不能。在「百日維新」中，光緒帝於頒發新政詔令之前，的確大都請示過慈禧，慈禧對此持何種態度，蘇繼祖《清廷戊戌朝變記》中有一條十分重要的記載：「每有稟白之件，太后不語，未嘗假以辭色；若遇事近西法，必曰：『汝但留祖宗神主不燒，辮髮不剪，我便不管。』實由於皇上說話，不及媒蘗者之言悅耳易入也。」[20]就是說，對於光緒帝的請示，慈禧都從未明確表示過贊同，倒是不斷重申了她歷來所堅持的不可變更祖法的原則。固然，「太后不語」也可以說是沒有反對，但沒有反對與是否反對畢竟不是一回事。因此所謂「批准」變法，準確地說只是「容忍」罷了，正如她對光緒帝爭權暫時採取了容忍態度一樣。慈禧也不是對件件新政之事都能容忍，如對於開制度局的建議，慈禧就諭令奕劻「只管議駁」[21]。

19 蘇繼祖：《清廷戊戌朝變記》，《戊戌變法》第一冊，頁331。

20 《戊戌變法》第一冊，頁342。

21 蘇繼祖：《清廷戊戌朝變記》，《戊戌變法》第一冊，頁337。

又如裁撤漕運，本已明發諭旨，但慈禧「不肯裁漕」[22]迫使光緒刪去原旨中有關裁漕的內容。還有開懋勤殿之事，當光緒帝「稟請太后之命」時，「太后不答，神色異常」，使光緒帝當時就「懼而未敢申說」，從頤和園回宮後則「自知有變，召見楊銳授以密諭，命與康有為等設法挽救」。[23]

從慈禧對光緒帝態度的變化中，我們亦可看出她對待變法的真實立場。百日維新之初，慈禧口頭上也曾「溫語慰帝」，似乎「聽其變法」，但行動上卻是緊握實權，廣設耳目，以防變法可能帶來的不測。而一旦光緒帝開始變法，慈禧便「憎帝操切」，聽了守舊派對光緒帝的控告後則「怒愈不可解，帝入請安，漸不假辭色」。光緒帝這才知道「後宿準變法者，特門面語，非由衷出」[24]。

完全可以說，對整個變法運動從始至終，慈禧不僅在基本政見，而且在實際行動上，都沒有真正肯定和贊同過。當然，與維新派和光緒帝同時承受著外患巨大逼壓的慈禧，有時也難免會為變法者悲憤的情緒所感染，在某些方面產生一些共鳴。對此需要加以具體分析。如慈禧在讀到康有為於膠州灣事件後給清帝的「初上之書」即第五書時，「亦為之動，命總署王大臣詳詢補救之方，變法條理，曾有懿旨焉」[25]。是第五書中的哪些內容打動了慈禧，沒有見諸記載。筆者以為，依據第五書，很可能是那些「萬國報館議論沸騰，咸以分中國為言。若箭在弦，省括即發，海內驚惶，亂民蠢動。……瓜分豆剖，漸露機牙，恐懼回惶，不知死所」，「職恐自爾之後，皇上與諸臣，雖欲苟安旦夕，歌舞湖山而不可得矣，且恐皇上與諸臣，求為長安布衣而

22　《康南海自編年譜》，《戊戌變法》第四冊，頁158。，

23　蘇繼祖：《清廷戊戌朝變記》，《戊戌變法》第一冊，頁342-343。

24　費行簡：《慈禧傳信錄》，《戊戌變法》第一冊，頁464-465。

25　蘇繼祖：《清廷戊戌朝變記》，《戊戌變法》第一冊，頁331。

不可得矣」[26]之類振聾發聵的言詞引發了慈禧這位清廷最高統治者的感觸。但被感動並不等於就是贊同維新派變法，慈禧這時只是想通過王大臣進行詢問，具體瞭解一下康有為的主張。至於對這些主張持何種態度，則要根據其它史實才能確定。

三

　　既然慈禧對變法至多只是容忍而非真心支持，那麼，她在無形中就給維新運動劃定了一個限度，這就是變法不能違背她的基本「政見」。可是，照此限度，所謂變法，就只會是一場新的洋務運動，這顯然是維新派和光緒帝都不能接受的。因此，隨著維新運動的發展，限制與反限制的明爭暗鬥便日趨嚴重。其結果，就是發生了慈禧徹底剝奪光緒帝權力、嚴厲鎮壓維新運動的政變，這本來是說明慈禧反對變法的一個最有力也最確鑿的證據。但在一些論者看來，政變只是帝後權力之爭而不是新舊之爭，慈禧之所以發動政變，是因為她的權勢地位面臨被剝奪的危險，而不是因為她從根本上反對變法。事實是否如此，是弄清慈禧反不反對變法的又一個關鍵。

　　的確，帝後之間存在著由來已久的權力鬥爭。在這場鬥爭中，帝後兩黨都有個人對最高統治權的渴望，有維護各自一派私利的需求，甚至有純粹屬於個人恩怨好惡的爭鬥。因此毫無疑問，不能把帝後權力之爭簡單地等同於新舊之爭。然而，在權力之爭中又不可分割地交織著新舊之爭。並且，由於當時民族矛盾的急劇尖銳和變法運動的迅速發展，帝後黨爭越來越多地受到新舊之爭的影響和制約。

　　第一，帝後兩黨本身不僅是清朝統治階層中利益有別的政治集

26　《上清帝第五書》，《康為有政論集》上冊，頁201-203。

團，而且分別具有新舊兩種不同的政治傾向。光緒帝與維新派多方面的一致已見前述。作為帝黨領袖的翁同龢，在變法運動中也曾表現得相當積極，他的種種努力對溝通光緒帝與維新派的聯繫、建立帝黨與維新派的政治同盟，起了關鍵性的作用。雖然他在新學偽經、孔子改制等理論上與康有為有很大分歧，但直到被後黨黜退為止，他都是變法運動的重要參與者和推動者。其它對變法運動表示同情和支持，熱心投身其間的帝黨重要人物還有張蔭桓、文廷式、陳熾、沈曾植、沈曾桐、丁立鈞等人。應該說，帝黨作為一個整體，是當時變法勢力的一個重要組成部分。與此相反，後黨則以代表守舊勢力而著稱。其中一種是贊成洋務而反對維新，慈禧、榮祿等可算入此類。一種是極端守舊，凡與西學西法有關的東西都嫉之如仇，這類人以徐桐、剛毅等為典型。這兩類人都站在變法運動的對立面。帝後兩黨涇渭分明的政治傾向，就使他們之間的權力之爭同時鮮明地帶上了新舊之爭的性質。

　　第二，帝後權力之爭的逐步加劇，與雙方的新舊之爭有著直接的聯繫。我們可以幾次重大鬥爭回合為例：首先，帝黨中堅人物文廷式、翁同龢僅在兩年多時間中就先後被後黨革職並驅逐回籍，其原因是他們都積極參加了變法活動，尤其是翁同龢，堪稱指引光緒帝走上變法之路的導師，協助維新派在政治舞臺上一顯身手的良友，後黨因而必欲去之而後快。其次，在驅逐翁同龢的同時，後黨下令凡二品以上大臣授新職都要具折在慈禧面前謝恩，這是為了防止臣工受康有為「蠱惑亂政」的影響，產生「妄為之心」[27]；又令榮祿署直隸總督，統領董福祥、聶士成、袁世凱三軍，更明白無誤地是為了預防和對付「定國是詔」發佈之後，變法可能帶來的不測。最後，在「百日維新」中，光緒帝毅然用權，先免除後黨御史文悌之職，後又堅決將後

27 蘇繼祖：《清廷戊戌朝變記》，《戊戌變法》第一冊，頁334。

黨官員懷塔布、許應騤等六人革職，是因為他們都肆意阻撓變法。對諸如此類的重大鬥爭，如果離開了新舊鬥爭即變法與反變法鬥爭的內容，就無法作準確的說明。

第三，慈禧終於發動的戊戌政變，是對聯合變法的帝黨和維新派的共同鎮壓，不但超出了帝後黨爭的範圍，而且是新舊兩大勢力矛盾不可調和的集中體現。這一點，從政變發生的原因中就可以看得很清楚。史學界過去較普遍地認為，政變發生的原因是由於袁世凱告密，使慈禧知悉了維新派「誅祿錮後」的計謀，因而立即動手鎮壓。事實上，政變發生的直接原因是由於戊戌八月初三日後黨御史楊崇伊所上請「即日訓政」的密摺，導致慈禧最後定下政變的決心。[28]密摺上後的第二天，慈禧經過兩天的布置安排，便斷然發動了政變。可見，變法超過了慈禧所能容許的限度，這才是發動政變的實質所在。

---

28 房德鄰：《戊戌政變史實考辨》，胡繩武主編：《戊戌維新運動史論集》，頁251-254。

地域文化研究叢書·嶺南文化叢刊 A0203008

嶺南人物與近代思潮　　上冊

作　　者	宋德華
責任編輯	蔡雅如
發 行 人	陳滿銘
總 經 理	梁錦興
總 編 輯	陳滿銘
副總編輯	張晏瑞
編 輯 所	萬卷樓圖書股份有限公司
排　　版	林曉敏
印　　刷	百通科技股份有限公司
封面設計	菩薩蠻數位文化有限公司

出　　版　昌明文化有限公司

桃園市龜山區中原街 32 號

電話 (02)23216565

發　　行　萬卷樓圖書股份有限公司

臺北市羅斯福路二段 41 號 6 樓之 3

電話 (02)23216565

傳真 (02)23218698

電郵 SERVICE@WANJUAN.COM.TW

大陸經銷

廈門外圖臺灣書店有限公司

　電郵 JKB188@188.COM

ISBN 978-986-496-020-0

2017 年 7 月初版

定價：新臺幣 300 元

如何購買本書：

1. 劃撥購書，請透過以下郵政劃撥帳號：

　帳號：15624015

　戶名：萬卷樓圖書股份有限公司

2. 轉帳購書，請透過以下帳戶

　合作金庫銀行 古亭分行

　戶名：萬卷樓圖書股份有限公司

　帳號：0877717092596

3. 網路購書，請透過萬卷樓網站

　網址 WWW.WANJUAN.COM.TW

大量購書，請直接聯繫我們，將有專人為您

服務。客服：(02)23216565 分機 10

如有缺頁、破損或裝訂錯誤，請寄回更換

國家圖書館出版品預行編目資料

嶺南人物與近代思潮 / 宋德華著. -- 初版. --

桃園市：昌明文化出版；臺北市：萬卷樓

發行, 2017.07　冊；　公分. -- (地域文化研究

叢書. 嶺南文化叢刊)

ISBN 978-986-496-020-0(上冊：平裝). --

1.政治思想史　2.中國政治思想

570.92　　　　　　　　　　　106011192